実践で学ぶ！

学生の社会貢献

―スポーツとボランティアでつながる―

田中暢子
松本格之祐
吉田勝光
櫻井智野風
加藤知生

［編著］

成文堂

まえがき

　我が国において、「ボランティア」という気運が国民の間に広まり、またボランティア活動をコーディネートするといった知識や技術が高まったのは、1991年の阪神・淡路大震災が契機であるといわれている。スポーツ界においても、1998年の長野オリンピック・パラリンピック競技大会や2002年の FIFA World Cup、東京マラソン大会などを通じて、スポーツを「ささえる」活動に意義を見出す人も増えてきた。

　しかし歴史を辿れば、1964年の東京オリンピック大会やパラリンピック大会で支援者や協力者として「オリンピックにふさわしい国」として評価を受けられるようにと集められ関わるようになった人がいたり、翌年の1965年より、青年海外協力隊事業がわが国政府の事業として発足し活動が始まったりはしていた。

　そして、2013年9月に開催が決定した東京2020オリンピック・パラリンピック競技大会では、「大会ボランティア」と「都市ボランティア」を合わせて11万人以上の人々の活躍が期待されている。2012年のロンドンオリンピック・パラリンピック競技大会では、大会ボランティアはゲームズ・メーカー（Games Maker）と称され、競技大会を支えただけでなく、国民のボランティア精神を高めるに大きな貢献をした。一方で、こうしたボランティア活動は、安上がりの政策的手段として活用される危険性もあるとの指摘もある。

　本稿は、こうした歴史的経緯や議論も踏まえながら、時にボランティア、支援、国際開発などと幅広く「スポーツと社会貢献」を捉えるものである。これは、スポーツや健康を学ぶ学生が、スポーツ界に何らかの貢献をしてもらいたいとの思いからである。この思いを実現するには、学生が単純に「人の役に立ちたい」という思いだけで現場に出るのではなく、多角的な知識をもって活動に取り組んでもらいたいとの主旨による。ここでいう知識とは、社会貢献活動をするにあたり、誰と協働し、その協働する人やその領域とは何かといった、学生が社会貢献活動する上で必要な基礎知識をさす。そのため、章構成は、大きく「概説」「対象者」「実践現場と方法論」の3部で構成し、学生が実際の活動前、活動中、活動後に理論から実践を学びやすいよう工夫した。具体的には、社会貢献活動を取り巻く社会背景を示す「概説」を第1章に置き、第2章に社会貢献活動における対象者を示す「どのような人と関わるのか」、そして実践現場と方法を具体的に学べるよう、第3章に「どこで活動するのか」、第4章「スポーツ・運動指導

にあたって」、第5章「怪我・事故の防止」である。

　桐蔭横浜大学スポーツ健康政策学部では、2008年の学部創設当初より、「社会貢献論」や「サービスラーニング実習」という講義を開講し、また「サービスラボ」を開設して、ボランティア活動などに関心のある学生を様々な形で支援してきた。この本を出版するに至ったきっかけは、編者グループによる障害者に対する「スポーツと社会貢献活動」をどのように問うべきかとの議論にあった。そのため、内容の一部に障害者に関する議論が多いことはあらかじめご了承頂きたい。なお初版である本稿については、「社会貢献」「ボランティア」「開発」「協力」「支援」といった言葉をあえて統一していない。広く社会貢献とすることで、活動形態を限定せず、また活動に多様性を持たせたいと考える。いずれにせよ、桐蔭横浜大学に限らずスポーツや健康を学ぶ学生が、この本を通して、自身が関わる社会貢献活動に価値や意義を見出し、スポーツによって社会に貢献しうる人材になってもらいたい。

　　2018年8月

編者を代表して
田 中 暢 子

目　次

まえがき………………………………………………………………………… i

第 1 章　概　説

1　社会貢献活動……………………………………………………………　3
2　学生が社会貢献活動に関わる意義……………………………………　13
3　ボランティア活動………………………………………………………　18
4　スポーツボランティア…………………………………………………　27
5　共生社会からの意義―東京2020に向けた日本の変化―……………　33
6　社会貢献と健康…………………………………………………………　39

第 2 章　どのような人と関わるのか

1　障害者①―障害とは―…………………………………………………　47
2　障害者②―身体障害―…………………………………………………　53
3　障害者③―知的障害・発達障害―……………………………………　61
4　障害者④―精神障害―…………………………………………………　66
5　障害者⑤―車いす使用者に対するガイド例―………………………　71
6　障害者⑥―視覚障害者・聴覚障害者に対するガイド例―…………　75
7　障害者⑦―クラス分け―………………………………………………　77
8　障害者⑧―関連資格・養成講習―……………………………………　84
9　高齢者の特性……………………………………………………………　93
10　子どもとは………………………………………………………………　99
11　子ども①―乳幼児・学童―……………………………………………102
12　子ども②―小学校―……………………………………………………110
13　子ども③―中学校―……………………………………………………115
14　子ども④―インクルーシブ教育―……………………………………120
15　子ども⑤―障害児―……………………………………………………125

- 16 子ども⑥―児童施設―……………………………………………………130
- 17 外国人………………………………………………………………………134
- 18 女性の健康づくり…………………………………………………………139
- 19 スポーツとジェンダー……………………………………………………143

第3章　どこで活動するのか

- 1 組織・団体…………………………………………………………………151
- 2 指定管理者制度……………………………………………………………161
- 3 総合型地域スポーツクラブ………………………………………………164
- 4 グループホーム……………………………………………………………169
- 5 介護施設……………………………………………………………………173
- 6 療育機関……………………………………………………………………179
- 7 野外活動関連施設…………………………………………………………185

第4章　スポーツ・運動指導にあたって

- 1 指導者としての心得………………………………………………………193
- 2 運動指導論①―概説―……………………………………………………199
- 3 運動指導論②―子ども―…………………………………………………205
- 4 運動指導論③―障害者―…………………………………………………210
- 5 運動指導論④―高齢者―…………………………………………………215
- 6 ケガの予防…………………………………………………………………218
- 7 ストレッチング……………………………………………………………227
- 8 テーピング…………………………………………………………………234

第5章　ケガ・事故の防止

- 1 応急手当（ファーストエイド）…………………………………………243
- 2 一次救命処置（Basic Life Support：BLS）……………………………250
- 3 リスクマネジメント（法的対応）………………………………………254
- 4 熱中症対策…………………………………………………………………261
- 5 障害者を対象としたイベント運営………………………………………265

第6章　地域支援

　1　防災支援・農業支援・健康支援……………………………271

第7章　実習現場から

　1　サービス・ラーニング実習―桐蔭横浜大学の例―……………281
　2　「サービス・ラーニング実習」参加者の声………………………287
　3　「サービス・ラーニング実習」協力機関・団体紹介………………294
　4　官学連携事業での健康支援ボランティア…………………………320

あとがき………………………………………………………………323

事項索引………………………………………………………………325

第 1 章

概　説

1 社会貢献活動

社会貢献活動の意義

　社会貢献という用語の意味は、広辞苑第7版では、「社会のためになるよう力をつくすこと」とされており、一般的には、「社会全体の発展や公共の利益に寄与すること」と受け取られている。

　最近、個人や民間団体、NPO法人、企業、大学等の様々な主体が社会の一員として、社会的な課題等に積極的に関わり、貢献することの重要性が叫ばれ、そうした観点からの「社会貢献活動」が注目されている。しかしながら、その意義については、必ずしも明確な定義付けがなされていない。

　このテキストでは、社会貢献活動の意義を多くの企業やNPO法人などが使用している用例に基づき、次のように定義することとしたい。

> **社会貢献活動の意義**
> 　社会貢献活動は、国内外の社会的な課題解決のために、個人や民間団体、NPO法人、企業、大学などの様々な主体が、自発的な意思で直接の対価を求めることなく、その保有する人的・物的・知的資源などを提供し、社会的な役割を自ら担うほか、社会全体の発展や公共の利益に寄与する取組に参画し支援する活動のことである。
>
> 　この中の「人的な貢献」とは、人々が時間や労力を提供し社会に貢献することであり、「物的な貢献」は、金銭的な支援や施設・機材、物資の提供などを行い貢献することである。また、「知的資源を提供」するとは専門的なノウハウや知識、技術の提供のことである。それ以外にも、新しい傾向としては「動的な貢献」（交流の場づくり、イベントや事業の創出、情報発信、広報活動、連携ネットワークなどの『お互いがつながる、支え合う貢献』）も最近盛んになっている。こうした社会貢献活動の代表的なものの一つとして、ボランティア活動は位置付けられる。社会貢献活動は人々が連帯し共に生きる社会を創造するために、今日、きわめて重要な役割を担っている。

社会貢献活動に関連する用語

社会貢献活動への理解をいっそう深めるため、ここでは社会貢献活動を表わす際に、よく用いられる関連用語について基本的なものを取り上げ説明する。

1　フィランソロピー（Philanthropy）

フィランソロピーの語義は、ギリシア語の「愛する」を意味する philos と「人類」を意味する anthoropos との合成語である。そのことから、元々は「博愛」や「慈善」と訳されてきたが、近年は、個人や企業などが社会的な課題解決という公益のために、主として金銭的援助（寄付）や時間、労力の提供を行ったりするボランタリーな活動、すなわち社会貢献活動を示す言葉の一つとして使われる。

日本でも公益社団法人として「日本フィランソロピー協会」が設立され、現在多くの企業が会員としても参加し、寄付活動やボランティア活動などを展開している。（会員29法人、賛助会員88法人、2017年現在）

2　メセナ（Mécénat）

メセナは、フランス語で、「直接の見返りを期待しない芸術支援活動」をいう。多くは「企業メセナ」として、企業による文化芸術活動の支援を意味する用語として使われ、主として文化芸術活動の支援における社会貢献活動を行う場合に使われるのが一般的である。

3　CSR（Corporate Social Responsibility）

企業は、自らの経済的利益のみを追求する存在ではなく、社会公共の課題に対しても自発的に役割（責任）を果たすべき存在であるという考え方に基づいた社会貢献活動を「CSR」という言葉で表す。1990年代から、企業を中心に使われるようになった。

社会貢献活動の一つとしての寄付やボランティア活動のほか、法令遵守・コンプライアンス（公正・公平な業務遂行）、地球環境問題などへの積極的な取組などを広く含む言葉としても用いられている。

また、最近では、企業は本業そのものも含めて社会的な価値をより追求していく必要があるのではないかとの問題意識から、「CSV（Creating Shared Value）」という言葉が提唱され、注目されている。CSV は文字どおり共通価値の創造の略であるが、企業が社

会のニーズや課題に向き合い、それらに取組むことで社会的な価値をより創造し、その結果、経済的な価値も生み出されることを指し示す表現として徐々に受け入れられつつある。

地域貢献、国際貢献

1　地域貢献

　地域貢献は、広く社会貢献活動の中で、地域社会の課題に取組む場合に用いる。

　本来、企業であれ、大学等の教育機関であれ、各々の組織体は、その業務運営の基盤となる地域社会と遊離しては存続ができないものである。現在、我が国では、地域社会や家族形態等の変容により、地域社会のつながりや支え合いといったセーフティネット機能の低下や個々人の孤立化などの様々な課題が指摘されている。

　こうした課題解決に、個人や団体、企業や大学等の様々な主体が、各々の特色などを活かして、地域と密接な連携を図り、地域の活性化に貢献していくことが求められる。また、そうした地域への貢献や還元によって、地域社会からも様々なフィードバックが得られ、新たな価値の創造などにもつながるといった効果も期待される。

　平成23（2011）年に公布施行された「スポーツ基本法」のなかでも、その前文で「スポーツは、人と人との交流及び地域と地域との交流を促進し、地域の一体感や活力を醸成するものであり、人間関係の希薄化等の問題を抱える地域社会の再生に寄与するものである。さらに、スポーツは、心身の健康の保持増進にも重要な役割を果たすものであり、健康で活力に満ちた長寿社会の実現に不可欠である」と明記し、スポーツ活動が地域社会に果たす役割に言及している。

2　国際貢献

　国際貢献とは、国際社会の一員として地球規模の課題等に対して取組み、その役割を果たし寄与していくことである。国が外交の一環として行う発展途上国に、主に資金や物資の提供などを行う政府開発援助（ODA）の取組や青年海外協力隊（JOCV）のように、国などが主導してボランティアを募り若者やシニア層を海外に派遣し援助・支援活動を行う例もある。しかし、現在はそうした活動だけではなく、個人や市民レベルで行う民が主体となった様々な国際貢献的な活動が活発になっている。例えば、人権、貧困、難民、保健衛生・医療、環境保全、資源・エネルギー、軍縮・平和、災害支援、開発援助など様々な地球的規模の問題に、非政府・非営利の立場から、従来の手法にとら

われず、先駆的・創造的に取組むNGO、NPOの活動などが、その例として挙げられる。

なお、前述のスポーツ基本法の前文の中でも、この国際貢献に関連して、次のような記述がなされている。「スポーツの国際的な交流や貢献が、国際相互理解を促進し、国際平和に大きく貢献するなど、スポーツは、我が国の国際的地位の向上にも極めて重要な役割を果たすものである」。今後、スポーツの振興、健康づくりの分野においても世界に目を向けた様々な貢献活動がいっそう期待される。

> 参考①　「JICA」
> 　JICAは、独立行政法人国際協力機構（Japan International Cooperation Agency）で、日本の政府開発援助を一元的に取扱い、開発途上国などへの国際協力を行う機関である。前身の1974年に設立された外務省所管の国際協力事業団が基となり、平成15（2003）年に独立行政法人に移行して現在に至っている。
>
> 参考②　JICAボランティア「青年海外協力隊（JOCV）」
> 　青年海外協力隊は、アメリカのJ.Fケネディが提唱した「平和部隊（Peace Corps）」などに影響を受けた日本の青少年団体や大学教員らの有志がまとめた構想や開発途上国への現地調査団の派遣などがきっかけとなり、東京オリンピックが開催された翌年の1965年に外務省と当時の文部省との連携共同により発足した。正式には、Japan Overseas Cooperation Volunteersであるが、最近ではJICAボランティアという言葉が定着している。
> 　主な目的は、①開発途上国の経済・社会の発展、復興への寄与、②異文化社会における相互理解の深化と共生、③ボランティア経験の社会還元とされ、20～39歳までの青年が、原則2年間、海外支援のために派遣される。活動分野は農林水産、保健衛生、教育、文化・スポーツの振興、環境保全、地域計画・行政など多岐にわたっている。
>
> 参考③　「フェアトレード（fair trade）」
> 　伝統的な手工芸品や農産物を公正な価格で取引し、企業や地主などから不当に搾取を受けている発展途上国の人々の経済的・社会的な自立を支援する活動である。従来の一方的な開発途上国への資材や物資などの支援援助ではなく、公平な取引条件のもと、持続的な形で開発途上国の生産者と買い手側との対等の交易協力関係を構築し、途上国の現地での産業を生み出していく取組である。謂わば、「水を提供するのではなく、水を得る井戸の掘り方を伝える」活動の先駆けである。こうした活動もNGO（非政府機関）やNPO（非営利団体）が先駆的に開発し、定着させた活動と言われている。

広がる社会貢献活動（多様な実施主体）
(1) 個人（ボランティア、ボランティアグループなど）
(2) 各種団体、公益法人（公益を目的とする事業を行う法人、例えば公益社団法人、公益財団法人、独立行政法人など）
(3) 企業（直接支援、協働事業など）
(4) NPO、NPO法人（認証法人、認定・特例認定法人）、NGO（教育、文化、スポー

ツ、福祉、環境保全・自然保護、動物愛護、国際交流・国際貢献、子育て支援など）
(5) 社会教育施設（公民館、図書館、博物館、青少年教育施設など）
(6) スポーツ・文化施設（施設の公開利用、交流イベントの実施など）
(7) 小中高等学校（校庭開放、コミュニティ・スクール、地域学校協働活動など）
(8) 大学・短期大学、高等専門学校（地域連携、教職員・学生のボランティア活動、公開講座、オープンキャンパス、大学ミュージアム、コンソーシアム、産学官連携、知の還元、目に見える形での社会貢献など）

以上述べてきた社会貢献活動に関する実施主体や内容などを図解すると次の図表1のように整理することができる。

図表1　社会貢献活動の概況

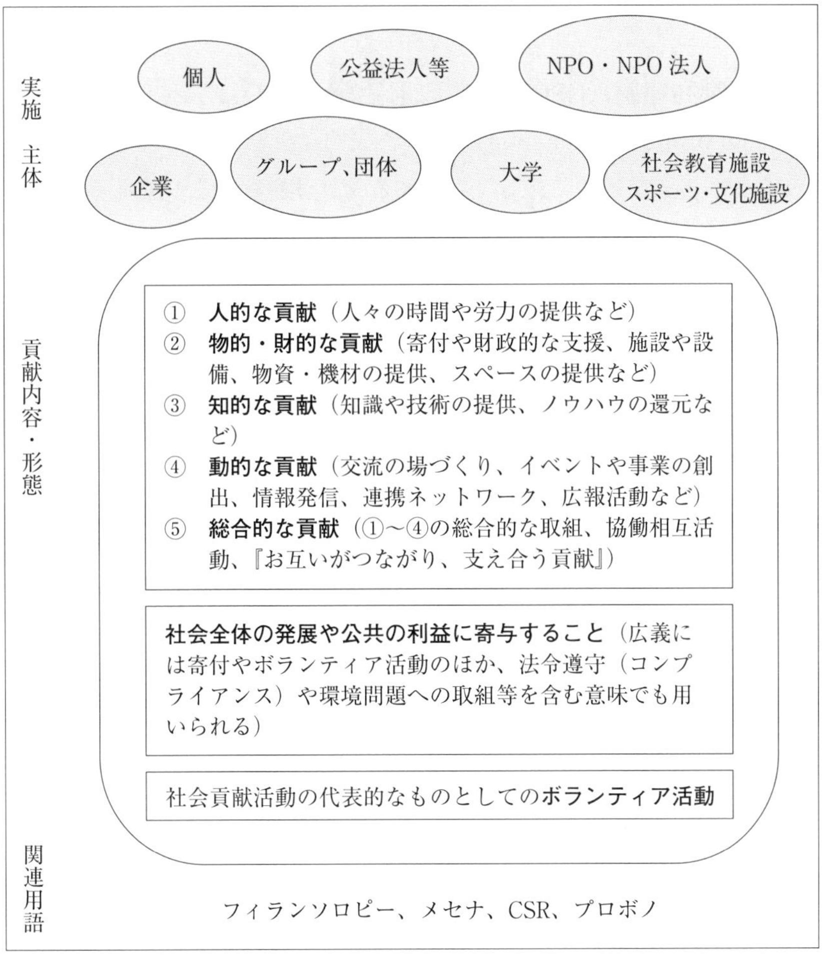

実施主体：個人、公益法人等、NPO・NPO法人、企業、グループ・団体、大学、社会教育施設・スポーツ・文化施設

貢献内容・形態：
① **人的な貢献**（人々の時間や労力の提供など）
② **物的・財的な貢献**（寄付や財政的な支援、施設や設備、物資・機材の提供、スペースの提供など）
③ **知的な貢献**（知識や技術の提供、ノウハウの還元など）
④ **動的な貢献**（交流の場づくり、イベントや事業の創出、情報発信、連携ネットワーク、広報活動など）
⑤ **総合的な貢献**（①〜④の総合的な取組、協働相互活動、『お互いがつながり、支え合う貢献』）

社会全体の発展や公共の利益に寄与すること（広義には寄付やボランティア活動のほか、法令遵守（コンプライアンス）や環境問題への取組等を含む意味でも用いられる）

社会貢献活動の代表的なものとしてのボランティア活動

関連用語：フィランソロピー、メセナ、CSR、プロボノ

（筆者作成）

社会貢献活動の主な担い手「NPO や NGO」など

　様々な社会貢献活動を行う上で、個人やボランティアグループ、公益団体、公益法人など多様な実施主体が考えられるが、近年は、従来の公益的な機関だけではなく、市民レベルでの民間の非営利組織としてのNPO等の活動が活発になってきている。

　とくに、NPOは取組を持続的・継続的に行ううえで、また、社会貢献活動に関心のあるボランタリーな主体と支援を求めている関係機関などとをつなぐ中間支援機関としても大きな役割を担いつつあり、そうした活動のいっそうの推進が期待されている。

　ここでは、このようなNPOに代表される社会貢献活動の担い手の概況を解説することとする。

1　民間の非営利組織（NPO）と非政府組織（NGO）

　NPOは、non-profit organizationであり、民間非営利組織と訳される。1990年代にアメリカから入ってきた用語である。直訳すると「非営利組織」であるが、行政から独立した存在であること、特に市民による自発的な活動組織であることを明確にするために、「民間」という語があえてつけ加えられて訳されている。活動領域は、保健・医療・福祉、社会教育、まちづくり、文化・芸術・スポーツ、環境保全、災害救援、地域安全、人権・平和、国際協力、男女共同参画社会、子どもの健全育成など、多岐にわたっている。

　NPO法人制度は、1998（平成10）年に成立した「特定非営利活動促進法（NPO法）」によって、従来の公益法人制度の仕組みより簡易に法人格を取得できる途を開いたものである。NPOは、民間レベルでの活動のため、原則として法律や公序良俗に反しない限り、制約もなく自由に柔軟な活動を行うことができるが、NPO法人の認証を受けると社会的な信用が高まり、活動の巾がさらに広がるとされている。

　また、NGOは、non-governmental organizationの略称であり、非政府機関、民間（非政府）団体のことである。人権、貧困、難民、環境、資源エネルギー、軍縮・平和、開発援助など様々な地球的規模の問題に非政府・非営利の立場から取り組む市民レベルの国際協力組織を指す。

　NGOについては、1946年に国連で経済社会理事会NGO協議制度が誕生して現在に至っている。この制度の下で、審査で認められた団体は国連（経済社会理事会）NGOと呼ばれ、経済社会理事会及びその下部機関などの会合に、投票権のないオブザーバー資

格ながら、参加し意見を述べることができる。このように、現在、NGO は国連の場や世界的な会議でも活躍し、国際社会においてその影響は無視できないほど大きなものとなっている。我が国でも、日本国際協力 NGO センター（JANIC）などの支援・ネットワーク組織が生まれ、政府もその支援に乗り出している。

なお、スポーツの分野では、国際オリンピック委員会（IOC）も国連と密接な関係にある著名な国連 NGO の一つである。

> NPO と NGO
> ともに社会的な活動を行う民間団体であるが、NPO が非営利を NGO が非政府を強調するという違いがある。NPO は、地域社会に密着し福祉やまちづくりなどに取り組む団体で多く用いられる。これに対して NGO という言葉は、国連と非政府組織との協力関係をうたった国連憲章第71条で使われている言葉に由来するため、どちらかというと、国際的な活動を行う団体に NGO が用いられる傾向がある。また近年、これらの組織を総称して「市民社会組織」（Civil Society Organizations）と呼ぶ動きもある。

2 NPO の主な活動

NPO の活動は、ボランタリー人の自主的・自発的な活動を基調とすることから、社会的な様々な課題などを踏まえ、活動分野は NPO の目的に応じて幅広く創造的なものが行われる。例えば、森や里山を守り育てる活動、町並みを保存する活動、子どもの虐待を防止する活動、子育て支援活動、地雷の除去撤廃に取組む活動など様々である。しかし、1998（平成10）年に制定された「特定非営利活動促進法」では、NPO 法人として認証を受けた法人が行う活動について次のような分野を例示している。

(1) 活動内容……NPO 法が掲げる20の分野

この法律では、以下の活動分野で、不特定かつ多数のものの利益の増進に寄与することを目的とするものを特定非営利活動としている。

①保健、医療、又は福祉の推進を図る活動
②社会教育の推進を図る活動
③まちづくりの推進を図る活動
④観光の振興を図る活動
⑤農産漁村又は中山間地域の振興を図る活動
⑥学術、文化、芸術、スポーツの振興を図る活動
⑦環境の保全を図る活動
⑧災害救援活動
⑨地域安全活動
⑩人権の擁護又は平和の推進を図る活動
⑪国際協力の活動

⑫男女共同参画社会の形成の促進を図る活動
⑬子どもの健全育成を図る活動
⑭情報化社会の発展を図る活動
⑮科学技術の振興を図る活動
⑯経済活動の活性化を図る活動
⑰職業能力の開発、雇用機会の拡充を支援する活動
⑱消費者の保護を図る活動
⑲こうした活動を行う団体の運営等に関する連絡、助言、援助
⑳こうした活動に準ずる活動として都道府県又は指定都市の条例で定める活動

(2) 特定非営利活動法人（NPO法人）の設立要件

　民間の活動は、本来、自主的・自発的に自由で柔軟に活動や運営ができることが基本であるが、特定非営利活動促進法では、公益の増進にいっそう寄与することなどを目的に、法人格の付与を行う制度を設けており、一定の基準を満たした法人を特定非営利活動法人（NPO法人）と称することができるとしている。この認証を受け、法人格を取得することでNPO法人として組織的な基盤の充実につながり、社会的な信頼性もいっそう高まるといった効果などがある。現在、この法律におけるNPO法人の認証を受ける主な要件は次のとおりである。

　　NPO法人となるための基準
　① 特定非営利活動を行うことを主たる目的とすること
　② 営利を目的としないこと（団体の構成員に対し収益を分配したり、財産を還元したりすることを目的としない）
　③ 社員の資格の得喪に関して、不当な条件を付さないこと
　④ 役員のうち報酬を受ける者の数が、役員総数の3分の1以下であること
　⑤ 宗教活動や政治活動を主たる目的とするものではないこと
　⑥ 特定の公職者（候補者を含む）又は政党を推薦、支持、反対することを目的とするものではないこと
　⑦ 暴力団又は暴力団若しくはその構成員、構成員でなくなった日から5年を経過しない者の統制の下にある団体ではないこと
　⑧ 10人以上の会員（社員）を有するものであること

　さらに、2012（平成24）年に法律の一部改正が行われ、NPO法人のうち、所轄庁によって、一定の基準を満たすものとして認定を受けた法人は「認定NPO法人」となることが可能とされた。この認定NPO法人になると、税制上の優遇措置を受けることができる。

3　企業の社会貢献（CSR（Corporate Social Responsibility））

　企業が行う社会貢献活動について、よく使われる用語としてCSRがある。CSRは、日本では1990年代頃から、それまでの企業が用いてきたフィランソロピーやメセナと並んで使われるようになった。このCSRが強調される背景には企業は、自身の経済的利益の追求のみを追及する存在ではなく、社会公共に対しても自発的な活動をすべき存在、社会的な責任を担う役割を負っているとの考え方に基づく。

　企業が行うCSR（社会貢献活動）の意義は、（社）日本経済団体連合会がまとめた報告書では「CSRの意義に関しては単一の定義はないが、この報告書では社会貢献活動に関わってきた企業の担当者の共通認識として、『社会貢献とは、自発的に社会の課題に取り組み直接の対価を求めることなく、資源や専門能力を投入し、その解決に貢献すること』と捉えることとした。」としている（（社）日本経済団体連合会「CSR時代の社会貢献活動（中間報告）2007」）。

　多くの企業が行っている社会貢献活動の例としては、①資金の支援、②物品の支援、③スペースの提供、④人材による支援、⑤広報支援、⑥社員のボランティア活動などが挙げられる。

　最近では、企業や個人事業主など各分野の専門家が「職業上持っているスキルや知識・経験」を特に活かした社会的・公共的な目的のために行うボランティア活動などが注目され、そうした社会貢献活動のことを、ラテン語に元々の語源を持つ「プロボノ」（PRO BONO PUBLICOの略）という用語で表わすようになってきている。

4　大学に期待されている社会貢献

　近年、大学に対しては、大学が本来持っている教育・研究機能と並んで、第3の機能としての「社会貢献」の重要性が強調されるようになってきている。2005（平成17）年に出された中央教育審議会答申「我が国の高等教育の将来像」でも、このことについて、次のような指摘がなされている。

　「大学は、教育と研究を本来的な使命としているが、現在においては、大学の社会貢献（地域社会・経済社会・国際社会等の広い意味での社会全体の発展への寄与）の重要性が強調されるようになってきている。当然のことながら、教育や研究それ自体が長期的観点からの社会貢献であるが、近年では、国際協力、公開講座、産学官連携等を通じた、より直接的な貢献も求められるようになっており、こうした社会貢献の役割を、言わば大学の『第三の使命』としてとらえていくべき時代になっているものと考えられる。」としている。

また、2007（平成19）年に一部改正された学校教育法では、新たに第83条第2項が追加され、「大学は教育研究を行い、その成果を広く社会に提供することにより、社会の発展に寄与するもの」との文言が盛り込まれた。

　例えば桐蔭横浜大学では、地域との連携事業や一般市民を対象とした公開講座やセミナーなどの実施がなされているほか、教職員や学生らによるボランティア活動も行われている。

参考文献

伊藤俊夫編著（2012）生涯学習・社会教育実践用語解説、（財）全日本社会教育連合会。
日本ボランティア社会研究所編（2003）ボランティア学習事典「まあるい地球のボランティア・キーワード145」、春風社。
山岡義典編著（1997）NPO基礎講座（市民社会の創造のために）、ぎょうせい。
内閣府 NPO ホームページ https://www.npo-homepage.go.jp/（参照日2017年7月28日）。
外務省（2016）「国際協力とNGO」パンフレット http://www.mofa.go.jp/mofaj/gaiko/oda/files/000071852.pdf（参照日2017年7月28日）。
文部科学省国立教育政策研究所社会教育実践研究センター編（2013）企業とボランティア活動に関する調査研究報告書　http://www.nier.go.jp/jissen/chosa/rejime/2012/03/00_all.pdf（参照日2017年7月28日）。
文部科学省国立教育政策研究所社会教育実践研究センター編（2012）地域におけるNPO活動やボランティア活動等の実態に関する調査研究報告書　http://nier.go.jp/jissen/chosa/rejime/2011/02_npo_vol/00_all.pdf（参照日2017年7月28日）。
日本生涯教育学会ホームページ（2007）生涯学習研究e事典、大学の社会貢献、http://ejiten.javea.or.jp/content5950.html（参照日2017年7月28日）。

（服部英二）

2 学生が社会貢献活動に関わる意義

> 社会貢献活動が持つ教育的な意義、青年期の成長発達への教育効果

　社会貢献活動は、その活動そのものに社会や公共の利益に寄与するという意義があるが、その一方で、学生にとっての様々な教育的な意義が各方面から指摘されている。

　特に今日、青少年期の成長発達の過程において社会との関係が希薄であったり、かつては日常的に得られた様々な体験の機会が得にくくなっている中にあって、学生が社会貢献活動を通して他者や社会と積極的に関わり、そこでの実践的で体験的な活動を行うことは極めて大きな教育的意義を有する。

　例えば、大学生にとっては社会生活の基本を身につける貴重な機会となり、社会に積極的に関わる態度を養い、社会での自らの役割を見いだすことができる。さらには、自分が持っている能力やスキルなどを実際の場面で発揮することによって、他者から受容され、認められるなどその成長発達にとって非常に有効な経験を積むことができる。

　社会貢献活動は様々な面で、青年期の若者の人格形成に影響を及ぼし、その成長発達にとって大きな教育効果が期待される。

1　社会貢献活動は「社会を知る」「自分を発見する」「学びを深める」うえで効果的

　では、実際に社会貢献活動は、具体的にどのような教育的な意義があるのだろうか。
　ボランティア活動の普及実践に永年携ってきた興梠寛氏は、若者たちがボランティア活動や社会体験など社会に貢献する活動を行うことでの教育的な意義を大きく次のような3つの観点から、取りまとめた。
　第1に、他者や社会に関わることを通して、地域社会の課題や世界的規模でのグローバル社会で起こっている諸問題などに直接触れることができ、社会に対する関心が高まり、社会への理解が促される「社会問題への理解（Understanding Social Issues）」に役

立つという観点である。第2に、ボランティア活動を通して若者たちが自らの生き方を見つめ直すことができ、「自己への探究（Personal Insight）」につながるのではないかとの教育効果である。第3に、習得したスキルや学校で学んだ学習成果などを社会に還元活用し、さらなる学習を深めていくという「学習成果の応用（Application of Skills）」に関するものである。つまり、これらは、平易な言葉で表すと「社会を知る」「自分を発見する」「学びを活かし、深める」といった教育効果と考えられる。

　次に、各々の観点をもう少し掘り下げてみよう。「社会問題の理解」については①および②、「自己への探究」については③、「学習成果の応用」については④のとおりである。

①社会を知る、社会の課題に気づく、社会の中での役割を考える、新しい世界との出会い
　先ず、第1の「他者や社会に関わること」については、社会貢献活動の場、特にボランティア活動の分野は多岐にわたる。こうした日常生活では普段中々触れることができない様々な社会的な課題の現場に直接立ち会うことができ、実際に支援を必要としている人たちの実態や要望を肌で感じ知ることができる。現在、社会で起こっている最前線の場に触れられる。自分が今まで知り得なかった新しい世界に出会える。社会への関心を深め、社会に積極的に関わる態度や連帯感・愛着心を身につけることができる。社会での自らの役割を見出すことにつながるといった効果が挙げられる。

②様々な人々との交流、社会性の体得、魅力的な人との出会い、将来を考える契機
　また、他者や社会との関わりの中で、社会の様々な価値観を持つ人や世代の違う人々と出会うことで、そうした人々との接し方、コミュニケーション力を身につけることができるとともに、社会性などを磨くことが可能となる。さらには、魅力的な人々との出会いが刺激となり、これからの生き方のヒントを得たりする機会ともなり得る。

③自己充足感の体得、自己との対話、自分探しの機会、自分自身との出会い
　第2の「自己の探究」の観点からは、例えば、ボランティア活動の中で、何かを成し遂げた体験や、人に頼られたりする体験を通じて、「満足感や達成感」、「自己充足感」などが得られる。様々な体験や多様な人々の触れ合いを通じて、自分の持ち味や可能性、自分らしさ、今まで自分だけでは分からなかった自分自身の魅力や欠点に気づく。自分自身を見つめる機会ともなる。将来を考えるきっかけが得られる。生きる喜びや本当の楽しさを知ることができ、自己実現が図られることなどが挙げられる。

④成果の実践の場での応用、知による貢献・役に立つ喜び、社会的な役割体験、学習と実践との好循環、行うことによって学ぶ（Learning by doing）、実践力・課題探究力等の啓培、永遠の価値との出会い

さらには、第3の「学習成果の応用」の観点については、大学で学習した成果などを社会貢献活動という実践の場で活かし（discharge）、社会的な課題の解決に役立てる。

また、逆に、ボランティア活動などの中で身につけたことや気づいたことを持ち帰り、実践の場での学びを大学での学修に活かし深める(charge)。こうした学習と実践との繰り返し循環の中で、真に学ぶ意味を問い直し、自分が学んできたことを社会に還元していく喜びを知り、実践力、応用力なども身につけることができると考えられる（図表1）。

図表1　学習成果の応用―「学び」「実践」さらなる「学び」―

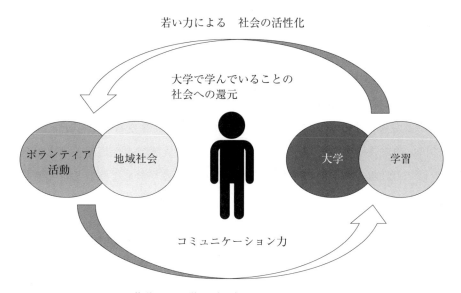

もちろん、ボランティア活動など社会貢献活動に携わる一人一人は、各々その想いや動機も異なるし、実際に活動を行う場なども多種多様であることから、こうした教育効果はあくまで一般的なものである。各々の個々人が何に感銘を受け、何を学びとるかは、その人次第である。

2　学生たちがボランティア活動で得たこと

　では次に、実際に学生たちは、ボランティア活動をどのように受けとめているのであろうか。このことを全国社会福祉協議会が行った全国的な調査から探ってみたい。

　この調査は、10代から80歳以上にわたる幅広い層を対象とした調査でボランティア活動をしている人に「ボランティア活動で得られたこと」を複数回答で答えてもらった結果である。この調査の中で、20代の回答結果を特に取り出し、まとめてみた（図表2）。

図表2　学生の意識

①活動自体が楽しい	71.1%
②自分の人格形成や成長にプラスになっている	68.7%
③多くの仲間ができた	65.1%
④新しい知識や技術を習得することができた	65.1%
⑤人と協力したり連携したりする楽しさを知った	51.8%

（全国ボランティア活動実態調査2009（平成21）年度　全国社会福祉協議会）

　この結果を見ると、「活動そのものが楽しい」とか「多くの仲間ができた」などと併せて、「自分の人格形成や成長にプラスになっている」、「新しい知識や技術を習得することができた」などが20代の若者では比較的高い比率を占めており、約7割に達している。このことから、ボランティア活動は、社会的な意義もさることながら、若者層にとっては自分の成長にとってプラスになる、楽しさを実感でき充実感・達成感を得られ心を満たしてくれるものとして、また、他者との触れ合う貴重な機会として位置付けられていることが読み取れる。

3　現代の学生にとって、実践的な体験活動の場としての社会貢献活動

　社会貢献活動は、現代の学生自身にとっては、社会の変化の中で日常的には中々得られにくくなった直接体験や社会参加体験など豊かな体験活動の機会や場を補完し、多様な人々と触れ合う場を提供するものとして大きな役割を担っている。

　このことを踏まえ、現代の大学生にとっての社会貢献活動の具体的な意義や効用を改めてまとめてみると次のとおりとなる。

実践的な体験活動の場としての　社会貢献活動
①社会の課題を知る（社会の課題に気づく、広い視野を獲得する）
②実際の社会に触れる（コミュニケーション力が身につく、社会性の体得）
③他者と触れ合う（多様な世代、様々な人々との交流が図られる）

④社会の中での役割を学ぶ（社会の一員としての意識が育まれる）
⑤自分自身との対話ができる（自分をみつめる、自己への探究が促進される）
⑥深く学ぶことができる（学びと実践を往還させることで学習が深まる）
⑦進路決定に役立つ（自分自身の将来や進路決定に影響を及ぼし、寄与できる

　以上みてきたように、ボランティア活動などの社会貢献活動は、その教育的な意義が大きく、成長期の若者にとって重要なものとなっている。

　このため、近年、数多くの大学や短大等において、社会と連携しつつ実践的な活動を行う教育プログラムの開発などが積極的に行われつつある。その一つとしてサービス・ラーニング授業が挙げられる。それ以外にもフィールドスタディ、地域協働活動なども行われつつある。また、学生の課外活動としてのボランティア活動を組織的に支援する取組なども行われ、多くの大学等においてボランティアセンターなどの設置がなされている。

> 参考　サービス・ラーニング
> 　ボランティア活動の持つ潜在的な教育力や自己啓発力に着目し、大学などの学校の教育活動の中で、ボランティア学習を積極的に組み込み、社会貢献（社会へのサービス）活動に参加しつつ学ぶという「サービス・ラーニング」に代表される教育方法がイギリス（コミュニティ・サービス）やアメリカ（サービス・ラーニング）を中心に編み出され、我が国でも取り入れられつつある。
> 　桐蔭横浜大学において、スポーツ健康政策学部発足と同時に開設がなされた「社会貢献論の授業、サービス・ラーニング実習」は、こうしたものの一つである。
> （注）イギリスでは、地域社会との助け合いを基調とした「コミュニティ・サービス」、アメリカでは、社会に貢献サービスしつつ学ぶという視点から「サービス・ラーニング」と呼ばれている。

参考文献

興梠寛（2003）希望への力〜地球市民社会の「ボランティア」、光生館。
日本ボランティア社会研究所編（2003）ボランティア学習事典、まあるい地球のボランティア・キーワード145、春風社。
稲生勁吾ほか編著（1987）学習ボランティア活動、実務教育出版。
立田慶裕編（2004）参加して学ぶボランティア、玉川大学出版部。
生涯学習審議会答申（1992）今後の社会の動向に対応した生涯学習の振興方策について。
青少年問題審議会意見具申（1994）「豊かさとゆとりの時代」に向けての青少年育成の基本的方向〜青少年期のボランティア活動の促進に向けて〜。

（服部英二）

3

ボランティア活動

「個人主義」と「共同体主義」の相克

　現代日本社会に生きる私たちの心の中では、相反する二つの考えが逆方向に同時に進むというアクロバティックな状況が生起している。

　一つは、日々の生活で頻繁に見聞きする「自己選択・自己責任」というフレーズに象徴される「個人主義」という考え方である。「これから何を食べるか」「どんな仕事に就くか」「結婚するか、しないか」というような、人生のすべての選択肢は、常に私たちの目の前にひらかれている。ただし、どのような選択をしようとも、その結果責任は自己が100パーセント負わなければならない。私たちが生きる日常を想起すれば、この考え方がいかに正しいかが理解できる。

　しかし同時に、私たちの心のうちでは個人主義とは真逆の思想が脈々と息づいている。それは「個人はコミュニティ（＝人と人とのつながり）の中でこそ存在できる」という「共同体主義」という考え方である。1995年の阪神・淡路大震災がきっかけとなって爆発的に盛んになったボランティア活動は、コミュニティを重要視する人々の考え方をよく表している。

　1995年は「ボランティア元年」と呼ばれるのだが、作家の小田実は、震災の中で生き埋めになった人を助け出したのは、警察でも、消防隊でも、自衛隊でもなく、隣り近所の市民であったことを強調した。「もっともかんじんなことはおたがい自らの意思に基づいて助け合うことです。『ボランティア』というのはつまりそうした人間のことです」（『殺すなと共生』岩波書店、1995年）。被災者同士の自主的な相互扶助、助け合いこそがボランティアの原点であることはいうまでもない。

　つまり現代日本社会は、個人主義と共同体主義という相反する動きが同時進行するという錯綜した状況にあるのである。

　ところで、現在、多くの人が関心を寄せる「ボランティア」の語源は、ラテン語で「自由意志」を意味する「ボランタス（voluntas）」にさかのぼることができる。それがフランス語を経由して英語の「ボランティア（volunteer）」になった。その後、1896年に

アメリカで「ボランティア　オブ　アメリカ（Volunteers of America）」という名前のNPOが設立されたのがきっかけとなり、広く一般に知られるようになった。

　もちろん、このことばが日本に入ってくる以前から、日本社会では、相互扶助の精神が連綿と息づいていた。たとえば、茅葺き屋根の葺き替えや田植えなどの重労働を一軒ずつ、一枚ずつ、村人が総出でおこなう「結(ゆい)」や「講(こう)」と呼ばれる共同作業はこの一例であるし、「向こう三軒両隣」ということばが示す近所づきあいを大切にする精神は、日本社会がいかに共同体の重要性を認識していたかをよく表している。つまり、洋の東西を問わず、相互扶助の精神は人間社会では普遍的なものなのである。

　ただ、現代的な意味と意義ということで考えれば、ボランティアは、単なる「相互扶助の精神」よりも、もう少し奥が深く一筋縄ではいかない側面を持っている。それをこれからみていこう。

ボランティアの三要件

　現代社会におけるボランティアには「無償性」「自発性」「公益性」の三要件が必要であると言われている。

　無償性とは、金品やサービスなどの経済的な報酬がともなっている行為は、ボランティアとは呼べないという意味である。ただ、ボランティアをすることによって充実感や達成感という自分が内発的に感じる「利得」は、無償性を損なうものではない。

　自発性とは、その行為は自発的に、自らの意思に基づいておこなわれなければならないという意味である。したがって、被災現場に駆けつけてゴミを片付ける行為を誰かからの強権的な命令に従って嫌々おこなったのであれば、それはボランティアとは言えない。

　公益性とは、その行為が社会の役に立たなければならないという意味である。特定の個人や団体だけの利益にしかならない行為はボランティアとは呼べないし、単なる自己満足的でしかない行為もボランティアではない。つまり行為の有用性の方向が社会に向いていなければならないのだ。

　ただし、今、この三要件は社会の変化に連動してその内実を変質させてきている。たとえば、日本の政府開発援助を一元的におこなう機関である国際協力機構は、青年海外協力隊と呼ばれる国際ボランティア活動を世界的な規模で展開している。1965年に始まったこの事業は、2016年9月現在、世界70カ国に計2,053名を派遣している。

　1965年度に、わずか40名の派遣から発足した国際ボランティアという国家プロジェク

トが、約50年の時を経てここまで巨大化したわけだが、それにはいくつかの理由があると思われる。

障害者スポーツとの関連でいえば、2016年の秋募集で、「水泳」「柔道」「バスケットボール」などの種目で障害者アスリートへの指導者を募集していたことからもわかるように、障害者スポーツへの理解と普及が世界的にすすんだことが挙げられる。

三要件との関連でいえば、隊員たちが無償ではなく有償で活動をしていることが挙げられる。たとえば現地では、派遣国の物価などを勘案して600米ドル〜1,510米ドル／月の現地生活費が、一方日本では、40,000円〜55,000円／月の国内手当が支給されている。

経済的な利得があるという青年海外協力隊というボランティア活動は、ボランティア活動の現代的な困難をよく表している。突き詰めていけば、そもそも、まったく無償の利他的行為は想定可能なのかという問題が浮上するからだ。たとえば、ボランティア活動の現場でよく見聞きする言葉の一つに「困った時はお互いさま」というフレーズがある。相互扶助という美徳を含む日本的な表現ではあるが、この言葉には「今あなたを助けておけば、もしも自分が困った時にはあなたに助けてもらえるだろう」という打算と下心が混入している。18世紀の哲学者イマヌエル・カントはこうした素朴な思惑を「功利主義」だとして厳しく批判した。そして「しなければならない。だからするのだ（＝してはいけない。だからしないのだ）」という利得を一切含まない考えに基づいた行為こそが真の道徳であると主張した。

また、自発性にも疑義を呈することはできる。現代では、学校や企業が社会貢献の一貫として、生徒や社員をボランティア活動に参加させる場合が多々ある。この場合は、自己の完全無垢な自発性ではないから、ボランティアとはいえないのだろうか。

あるいは、公益性といえども、特定の他者や集団の利益にはまったくならずに、公共だけの利益になるような活動はありえない。

こうして考えていくと、ボランティアの三要件は、ボランティアを考え、行動するときに、哲学的な問いを私たちに投げかけているといえる。つまり「他者のために行動する」という人間社会が普遍的にもっているボランティア精神の本質を考え続けることは、個人主義と共同体主義という思想的対立を乗り越え、新しい社会を構想し、創造することにもつながっているのである。

ボランティアが一般化した背景

2001年、国連総会で「2001年をボランティア国際年とする」ことが、満場一致で採択

された。この採択には以下の4つの目的があった。

①ボランティアに対する理解を深める。
②ボランティアへの参加が促進される環境を整備する。
③ボランティアのネットワークを広げる。
④ボランティア活動を推進する。

　1995年が日本社会でボランティアにとってのターニング・ポイントとなったことと、それからわずか6年後の2001年に国連総会でボランティア国際年が採択されたという両者の同時代性は、けっして偶然ではない。1990年代、人類は地球規模で生起するさまざまな社会問題に直面しており、それらの解決のために、ボランティアが世界的に要請されていたからである。具体的には、HIVの世界的かつ爆発的な流行、旧東側諸国で多発した民族紛争、新自由主義のグローバル化による貧困と格差の拡大、そして阪神・淡路大震災（1995年）という大規模な災害など、個人の力では太刀打ちできない問題群が噴出していたのだ。つまり、社会的な背景が、ボランティアの必要性や重要性を高めたのだ。

　2001年、世界に向けて高らかに宣言されたボランティアリズムが大きな成果をあげ、ボランティアの有用性が社会的に認知されたことをうけ、国連は2013年にさらなる決議を総会でおこなった。そこでは、ボランティアリズム、貧困削減、持続可能な開発、保健、教育、若者のエンパワメント、気候変動、防災、社会統合、社会福祉、人道支援、平和構築、そして社会的排除と差別の克服にとって重要な要素であることが確認された。さらに、大きなスポーツ・イベントの開催準備と運営に貴重な貢献をしている国内・国際ボランティアの活動を通じた、平和という理想を推進するボランティアリズムとスポーツのつながりの増進を賞賛している。

　こうした国連の取り組みと、それを基にした日本の政策が融合し、私たちの心にボランティア精神が醸成されて、日本はもとより、青年海外協力隊員の増加というように、世界的な規模でボランティア活動が活発化していったのである。

　こうしたボランティアの歴史的変遷を踏まえたうえで、ここからは障害者スポーツとボランティアを考えていこう。

「介助者＝手足」論とはなにか

　障害者スポーツにおけるボランティアを考える場合、福祉の現場で議論されている「介助者＝手足」論はおおいに参考になるだろう。「介助者＝手足」論とは、障害者の意

思を事前に察知して、それを先回りしておこなってしまう介助者の「思いやり（＝おせっかい）」に対する批判として生まれてきた。

　つまり善意に満ち溢れた機転を利かすことで、障害者の「自分でできることは自分でしたい」という自立の精神まで摘み取ってしまうのである。こうした「思いやり（＝おせっかい）」に対して障害者が「介助者にやってもらいたいことはこちらが指示を出すから、それ以外のことはしないでほしい。介助は介助であって、それ以上のものであってはならない。介助者は意思など働かせず、単なる「手足」として障害者の思い通りに動いてくれればそれでよい。介助者の意思や主体性は、障害者には、ときに邪魔なものでしかないのだ」と抗議の声を上げたのである。これが「介助者＝手足」論の要点だ。

　障害者自身から発せられたボランティア精神に対するクレームは、障害者スポーツとそれに対するボランティアを考える場合に、多くの示唆を私たちに与えてくれる。

　例えば、障害者スポーツを観戦していると「大きな困難を乗り越えて……感動をありがとう」というフレーズに出会うことが多い。一見、障害者アスリートを賞賛する愛に満ち溢れたこのフレーズには、差別と偏見が潜んでいることを私たちは自覚しておく必要があるだろう。障害者アスリートの「パフォーマンス」ではなく、そこにたどり着くまでの「プロセス」を過度に讃えることで、結果的に、健常者アスリートの障害者アスリートに対する「パフォーマンス」の優位性を肯定することにつながるからだ。

　ウサイン・ボルトの走りに私たちが感動するのは、彼が人一倍努力したその「プロセス」を想像してではない。ボルトが、他のアスリートの誰よりも速く走ることができる、しかも人類がこれまで経験したことがないスピードで走ることができるという驚異的な「パフォーマンス」の一点にのみ、私たちは大きな感動を覚えるのである。

　こうしてみると、「介助者＝手足」論と「感動をありがとう」には、その根底に共通した、障害者に対する眼差しが潜んでいることに私たちは気づく。つまり、障害者スポーツにかかわってボランティア活動をおこなう場合、ひとりよがりの善意や愛情は、ともすれば素朴な偏見や悪意よりも、無垢なるがゆえにより有害で悪質になる可能性があるということだ。

　そうであるならば、障害者スポーツに参加するボランティアは障害者の「透明な道具（＝手足）」に徹し、自己の意思や主体性は一切封印しなければならないのだろうか。

　だが、ボランティアがまるで感情と心を持たない機械や、歌舞伎の黒子のように振る舞い続けることは可能なのだろうか。

　想像するまでもなく、それはおそらく不可能だろう。障害者が、介助者の善意の発露だと理解したうえで、「おせっかい」にいらだった生身の人間であるように、ボラン

ティアも障害者と同じように喜怒哀楽を感じ、それらの多様な感情とともに一瞬一瞬の生を生きている生身の人間だからである。

したがって、次に構想されるべきは、ひとりよがりの善意や愛情を乗り越えたところにある、「障害者」と「健常者」という単純な二元論を溶解した、新たな関係性をつくりあげていくことだろう。

なぜならば、多様な障害をひとくくりにして「障害者」という単語で表すことができるほど障害の内実は単純ではないし、すべての障害者に共通する一枚岩のアイデンティティなどないからだ。個々の障害者を考えてみても、ある時は自己の障害を痛感するときもあれば、ある時には障害の有無などを全く意識しないこともあるだろう。またその日の天候や自身の体調によって、できることとできないことが違っていたり、苦痛が軽減・増加されることもあるだろう。障害者自身が持つ自己の障害に対する意識や感情や程度は、常に一定しているわけではない。障害はけっして固定化などされておらず、それはきわめて流動的なものであり、その場その場の位置性なのだ。さらに、こうした状況の変化に連動して、本人のアイデンティティも常に暫定的にならざるをえない。

つまり、障害のプロセスも内容も程度も個々人によって、あるいは状況によって異なっているにもかかわらず、それらをひとまとめに眼差して、彼らを一律的かつ常態的に「障害者」と見做すこと自体がナンセンスなのである。「障害者」と「健常者」という従来から唱えられていた単純で二元論的な考え方は破綻しているのだ。

このことを理解したうえで、人と人との新たな関係性を基盤とする、新たな社会の構築を見据えて障害者スポーツに対するボランティア活動に参入していく。こうした困難な挑戦を繰り返していくそのプロセスが、21世紀型のより良き社会の創造につながっていくのである。

ボランティア活動の意味と意義／わが国における「ボランティア」

ボランティア活動にどのような意義を見出すかは人それぞれ異なる。しかも「障がい者／健常者」の区別にかかわるものではない。

ここでは、まずボランティアについて基本的なことをもう一度確認しておこう。

英語 Volunteer（ボランティア）は、前節でもふれられているように語源はラテン語で「自由意思」を意味する Voluntas（ボランタス）に由来する。

これはラテン語 Vol（ウォロ）を語幹として、英語でほかに「意思」を意味する will

になる。したがって、ボランティアは、自らの意思にもとづく「自発性」から発して、何者にも強制されない「無償性」がその特徴として挙げられる。英和辞典で「自発的無償行為者」なる意味が掲出されるのもそのためである。

わが国でボランティアの語が一般化するのは第二次大戦後とされる。戦前戦中には、国家のために奉仕する、滅私奉公が推奨された。戦後は、この何者かに無償で「滅私」する奉公・奉仕のニュアンスを避けるため、おもに社会福祉分野で「ボランティア」のカタカナ語がもちいられた。ここからボランティアにおいては「自発性」が重要な要素として考えられていることがわかる。

また、ボランティアは文部省生涯教育審議会1992年答申で「個人の自由意思に基づき、その技能や時間等を進んで提供し、社会に貢献すること」と定義される。この「公共性」は「社会性」と言い換えることもできよう。さらに、一例だが、「かながわパラリンピアン推進理念」には「すべての人が自分の運動機能を活かして同じように楽しみながらスポーツをする、観る、支えること」を目指すとあるから、そのように考えると公共性や社会性は他者を「支える」という視点でも捉え直すことが可能となる。

これらのことをふまえれば、ボランティアの意義には個人的意義（自発性、無償性）、および社会的意義（公共性）という二つの側面があるといえる。そこで、まず個人的意義について考えてみたい。

ボランティア活動の個人的意義／自発性のパラドックス

ボランティアは一方的に「困っている人を助けてあげることだ」と考えられがちだが、じつはそうではない。慶應義塾大学教授・金子郁容によれば、ボランティアをしていると「助けられているのはむしろ私の方だ」との感想をもつという。

ある日、金子のもとにアメリカの空港職員から国際電話が入る。「英語の出来ない日本人漁師が、宿泊先が見つからず困っている」。彼は一旦電話を切り、漁師の所属する会社に問い合わせるなどして、宿泊先を探しあて、折り返しアメリカに電話した。その結果、漁師は空港で一晩過ごさずに済んだらしい。生死にかかわることではない。困っていた人を助けただけである。だが、「実は、力をもらったのは私の方だったというのが実感だった」「自分の力というものは、それを与える人がいてはじめて存在できるのだなと思った」と述べている。

さらに、金子はボランティア活動において「自発性のパラドックス」といわれる事態が起こると述べる。しかも、その経験をとおしてボランティアの担い手は世の中で起こ

る出来事に対して主体的に参画するようになるという。

　基本的にボランティアは、他者に対して傍観的な立場を取ろうとしない人たちである。しかし、自らすすんでとった行動が、結果として自分自身を追いこみ、苦しい状況に身を置くことになる。ボランティアの現場ではそのようなことがしばしば起きる。これを金子は「自発性のパラドックス」と呼んでいる。この体験を経ることで、あらゆる問題を自らと切り離すことなく、単なる傍観者ではないかたちでボランティアに参加することが可能になるというのである（『ボランティア：もう一つの情報社会』岩波新書、1992年）。

　助けるつもりが助けられ、個人の力がおよぶ範囲が極めて小さいことを自覚する。そのことで、かえって他者との結びつきの重要性に気づかせられる。我われは誰かを助け、支えながら、じつは、そこに自らの存在意義を見出す。これはボランティアにおける自発性がもたらす個人的意義の一端といえるであろう。

　では、次にボランティアの社会的意義についてみてみよう。

ボランティア活動の社会的意義／障害者におけるボランティアの意義

　1995年の阪神・淡路大震災は、「ボランティア元年」とされることは前節でふれた。被災者同士の自主的な相互扶助、助け合いこそがボランティアの原点であることはいうまでもない。とはいえ、そののち多くのボランティアが活動に参加したことで地域を越えた新たな絆が結ばれることになった。しかも、この震災以後、日本各地で起きた災害では、全国のボランティアと、そのコーディネーターが真っ先駆けつけるシステムが構築されるようになる。

　各々のボランティア組織を結びつけ、調整するボランティアコーディネーターの存在なくして、多くの善意はスムーズに発揮されることはない。これは行政や法律に基づくものではなく、既存の制度では十分対応できない面を、ボランティアが補完するという新正面を開いているといえる。

　こうした新たな試みの構築こそ、ボランティアの社会的意義の一端といえよう。

　さきに金子が述べていたことは、哲学者・鷲田清一のケアをめぐる次のような指摘とも共通している。「ひとは世話をしてもらう、聴いてもらうばかりでなくて、じぶんだってひとの世話ができる、じぶんだって聴いてあげられる、じぶんだってここにいる意味があるのだ、という想いが閑かに湧いてくるとき、ちょっとばかり元気になるもの

だ」(『〈弱さ〉の力』講談社、2014年)。

　しかも、ボランティア活動は個人の能力と関心に応じて自分の出来るところから出発すればいい。看護や炊き出しはもちろん、自転車修理、掃除、ペットの世話などなど、出来ることは数多(あまた)ある。そう考えるなら、「障害者／健常者」の区別にかかわらず、自分の出来ることから、助け合い、支え合う、ボランティア活動をとおして、自己の存在意義を確認することが可能になるといえる。

（今泉隆裕・大野哲也）

4 スポーツボランティア

スポーツボランティアの定義と分類

1 スポーツボランティアの定義

スポーツボランティアの定義は、2000（平成12）年に文部省（現・文部科学省）の「スポーツにおけるボランティア活動の実態等に関する調査研究協力者会議」において、「地域におけるスポーツクラブやスポーツ団体において、報酬を目的としないで、クラブ・団体の運営や指導活動を日常的にささえたり、また、国際競技大会や地域スポーツ大会などにおいて、専門的能力や時間などを進んで提供し、大会の運営をささえる人」と定められた。

2 スポーツボランティアの分類

スポーツボランティアは役割とその範囲から、3つに分類できる。定期的な「クラブ・団体ボランティア」、不定期的な「イベントボランティア」、トップアスリートやプロスポーツ選手による「アスリートボランティア」である（図表1）。

スポーツ政策におけるボランティアの位置づけ

1 国のスポーツ政策における位置づけ

わが国のスポーツ政策におけるスポーツボランティアの位置づけを確認するために、スポーツ振興基本計画とスポーツ基本計画での「ボランティア」および「スポーツボランティア」の文言の出現数とその掲載内容をまとめた（図表2）。出現数をみると、2000（平成12）年に策定されたスポーツ振興基本計画では、「ボランティア」の文言は6箇所で掲載されているが、「スポーツボランティア」の掲載は無く、計画の見直しを行った2006（平成18）年版に、ようやく「スポーツボランティア」の文言が1箇所加わった状況であった。2012（平成24）年に策定したスポーツ基本計画では、逆に「ボランティア」の文言は無く、「スポーツボランティア」の文言が14箇所と過去最も多く掲載されてい

図表1　スポーツボランティアの分類（3分類）

クラブ・団体 ボランティア （クラブ・スポーツ団体） 〈日常的・定期的活動〉
ボランティア指導者 （監督・コーチ、指導アシスタント）
運営ボランティア （役員・監事、会計係、世話係、運搬・運転係、広報など）

イベント ボランティア （地域スポーツ大会、国際・全国スポーツ大会） 〈非日常的・不定期的活動〉
専門ボランティア （審判、通訳、医療救護、データ処理、大会役員など）
一般ボランティア （受付・案内、給水・給食、記録・掲示、運搬・運転、ホストファミリーなど）

アスリート ボランティア
トップアスリート・プロスポーツ選手 （ジュニアの指導、施設訪問、地域イベントへの参加など）

（笹川スポーツ財団『スポーツ白書2017』（2017））

図表2　国のスポーツ計画にみるキーワードの出現数と掲載内容

国のスポーツ政策の 具体的な方向性を示す資料	Keywordの出現数 ボランティア	Keywordの出現数 スポーツボランティア	スポーツボランティア等の掲載内容
スポーツ振興基本計画 （2000～）	6	0	総合型SC、国際大会でのボランティア活動。教職員の地域でのボランティア活動
スポーツ振興基本計画 （2006～）	5	1	総合型SC育成に有償スタッフやスポーツボランティアとして取組むことを期待
スポーツ基本計画 （2012～）	0	14	国は機運醸成、地方公共団体は功績者を讃え、地方公共団体・スポーツ団体は参画機会を提供。大学生のボランティアを支援
第2期スポーツ基本計画 （2017～）	9	6	スポーツボランティアの育成。大学の先進事例支援。ボランティア団体間の連携。障害者スポーツへのボランティア・障害者自身のボランティア活動促進。

（文部科学省、スポーツ庁の資料より筆者作成）

た。最新の第2期スポーツ基本計画では、「ボランティア」が9箇所、「スポーツボランティア」は6箇所と両文言に分かれた掲載になっている。

掲載内容については、2000（平成12）年の計画では、総合型地域スポーツクラブや国際大会でのボランティア活動、学校の教職員による地域でのボランティア活動が推奨されていた。2006（平成18）年の計画で、唯一掲載された「スポーツボランティア」は、『総合型地域スポーツクラブの育成に、有償スタッフやスポーツボランティアとして取組むことを期待する』と地域クラブでの活動についてのみの記載であった。2012（平成24）年の計画では、スポーツボランティアに対して、国が取組むべきこと、地方公共団体・スポーツ団体が取組むべきことを明示し、大学生のボランティア活動を支援することにも言及している。最新の第2期の計画では、ボランティア団体間の連携や、障害者スポーツへのボランティアの参画、障害者自身がボランティアとして活動することを促進する内容となっている。このように、スポーツボランティアに対する取組みについては、国のスポーツ政策の中でも、徐々に広範囲に位置付けられてきていることが確認できる。

2　自治体のスポーツ政策における位置づけ

国がスポーツ基本計画を策定すると、それに基づき自治体はスポーツ推進計画を策定する流れとなる。2013（平成25）年策定の「東京都スポーツ推進計画」をみると、本文中に「支える」が20箇所、「ボランティア」が18箇所、「スポーツボランティア」が3箇所明文化されており、他の自治体よりもその数は多かった。これは、2020東京大会を見据えてと考えられる。また内容としては「第4章スポーツ推進策の事業展開」の「戦略1　スポーツに触れて楽しむ機会の創出」の(2)方向性として、『スポーツボランティアの活動支援』が掲げられている。このように自治体のスポーツ推進計画をみれば、その自治体のスポーツボランティアへの取組みの度合いや内容を把握することができる。

全国調査にみるスポーツボランティアの現状

1　成人のスポーツボランティア実施率の推移

わが国のスポーツボランティアの現状を、笹川スポーツ財団の全国調査の結果から確認すると、図表3のとおり、成人の過去1年間のスポーツボランティアの実施率は、調査開始の1994（平成6）年から2016（平成28）年までの23年間、7％前後で推移しており、横ばいの状態が続いている。男女の実施率の差も、調査開始当初ほどではないもの

30 第1章 概 説

図表3 成人のスポーツボランティア実施率の推移（全体・性別）

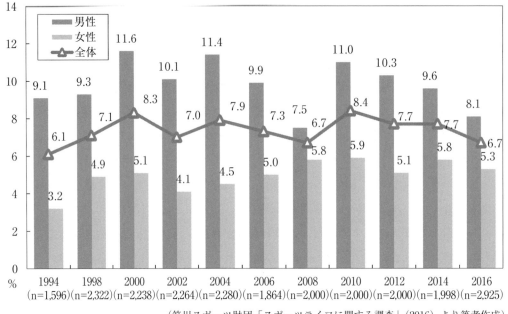

（笹川スポーツ財団「スポーツライフに関する調査」(2016) より筆者作成）

図表4 成人のスポーツボランティア実施率・実施希望率（全体・性別・年代別）

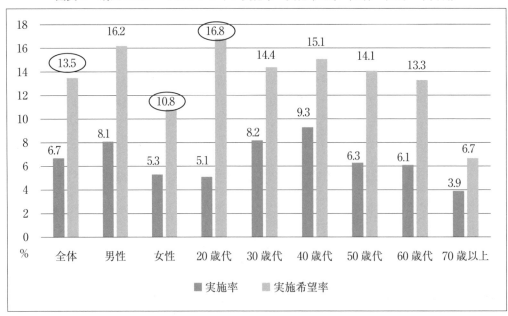

（笹川スポーツ財団「スポーツライフに関する調査」(2016) より筆者作成）

の、依然として、男性の実施率が女性を上回っている状況である。

2 成人のスポーツボランティア実施率と希望率

次に、実施率にあわせてスポーツボランティア活動の実施希望をみると（図表4）、成人全体の実施希望率は、実施率の約2倍で、性別でも同様の結果であった。成人女性の実施率は約5％であるが、実施希望率は約10％であり、女性はスポーツボランティアに興味・関心が無いわけではないことがわかる。女性もスポーツボランティア活動を行う条件が整えば、現在の男性と同程度の実施率になることも期待できる。

年代別の結果をみると、実施率が最も高いのは40歳代であるが、実施希望率が高いのは20歳代の約16％であった。20歳代の実施希望率が最も高かったのは、2014（平成26）年調査に続いて2回目となる。今後の動向を注視する必要があるが、2019年ラグビーW杯や東京2020大会の開催など、国内で開催されるビッグスポーツイベントへの期待の表れではないかと推察される。

その他、スポーツボランティアに関する動向

1 大学でのスポーツボランティア教育

2020東京大会組織委員会との連携協定の一環として、大学におけるスポーツボランティア講座の開設が進んでいる。順天堂大学スポーツ健康科学部（15コマ）は2015（平成27）年から、亜細亜大学経営学部は前期15コマの講義と後期演習（通年）で2017（平成29）年から、早稲田大学スポーツ学術院は2017（平成29）年後期から15コマの映像授業で実施している。この3大学は、それぞれ笹川スポーツ財団と連携・協力の協定を締結し、NPO法人日本スポーツボランティアネットワークの協力を得て、資格認定講座も開催し、履修後のレポート等による審査を経て合格した者には「スポーツボランティア・リーダー」資格が付与される内容となっている。

2 ビッグスポーツイベントでのスポーツボランティア戦略

2016（平成28）年12月、東京都と（公財）東京オリンピック・パラリンピック競技大会組織委員会は、合同で『東京2020大会に向けたボランティア戦略』をまとめ発表した。内容としては、ボランティアの募集や研修など運営のあり方、参加者の裾野拡大に関する基本的な考え方を示すほか、大会後に向けた取組等についての連携や東京都以外の会場を有する自治体との連携などについても明文化されている。もちろん、ボランティア

の活動内容や、応募の条件、今度のスケジュールなども明らかになっている。

3　スポーツボランティア関連情報

　現在、わが国のスポーツボランティアに関する情報を一元化したものは存在しない。スポーツボランティアの活動募集を掲載しているウェブサイトとして、まず「Yahoo!ボランティア」がある。環境や被災者支援、子ども・教育などの9つのカテゴリーに並んで文化・スポーツとして紹介されている。募集の内容をみると文化関連の情報が圧倒的に多いのが特徴である。次いで、NPO法人日本スポーツボランティアネットワーク（JSVN）が2014（平成26）年から、「スポボラ・net」というポータルサイトで、全国から加盟する約30の団体のスポーツボランティアの募集情報を随時掲載している。また、2020東京大会に向けて、東京都では「東京ボランティアナビ」というスポーツボランティアに関する情報サイトを、2016（平成28）年3月から開設している。これらのURLについては巻末の参考文献で紹介するので、一度はアクセス願いたい。

参考文献

笹川スポーツ財団（2017）スポーツ白書。
笹川スポーツ財団（2016）スポーツライフに関する調査。
スポーツ庁（2012）スポーツ基本計画。
スポーツ庁（2017）スポーツ基本計画。
文部科学省（2000）スポーツにおけるボランティア活動の実態等に関する調査研究報告書。
文部科学省（2000）スポーツ振興基本計画。
文部科学省（2006）スポーツ振興基本計画。
スポボラ・net、https://spovol.net/（参照日2018年6月21日）。
東京ボランティアナビ、http://www.city-volunteer.metro.tokyo.jp/index.html（参照日2018年6月21日）。
Yahoo! ボランティア、https://volunteer.yahoo.co.jp/（参照日2018年6月21日）。

〔工藤保子〕

5
共生社会からの意義
―東京2020に向けた日本の変化―

　わが国は、2011（平成23）年に施行されたスポーツ基本法により、国民誰もがスポーツをする権利があるとされている。加えて、2013年9月に2020年東京オリンピック・パラリンピック競技大会の開催が決定し、「多様性（Diversity）」や「包摂（Inclusion）」といったキーワードを軸として、スポーツ基本法に基づき、スポーツをするスポーツ基本計画を策定し、スポーツを通じた共生社会の実現に向けて取り組んでいるところである。言い換えれば、ジェンダー、年齢、障害の有無を超えてスポーツを推進していく政策が整備されつつある。

　では、なぜこうした多様性や包摂といった言葉と共に「スポーツを通した共生社会の構築」が謳われるのか。ひとつは、国際的に人種、性、障害、年齢などを理由とした差別を撤廃するといった方向性が認められていること、もうひとつは我が国が2019年から2021年にかけての「ゴールデンイヤーズ[1]」を契機に国をあげてスポーツを推進する気運があることによる。しかし、たとえば障害者を例にあげると、1年間にスポーツ・レクリエーションを行った日数を障害者と障害のない人で比較してみると、成人一般が、週1回以上が51.5％（2017、スポーツ庁）であるのに対し、障害者は20.8％（2017、スポーツ庁）である。つまり地域における障害者スポーツの普及促進が喫緊の課題といえる。

　そこで、わが国のスポーツ政策の一連の流れを辿りつつ、障害者スポーツの振興を事例とし共生社会の実現のための施策について概説する。

スポーツ政策の展開

　わが国は、1961（昭和36）年に制定されたスポーツ振興法を50年ぶりに改正し、2011（平成23）年8月に「スポーツ基本法」を施行した。

　この法では、スポーツは世界共通の人類の文化でありスポーツを通じて幸福で豊かな生活を営むことはすべての人々の権利であると定められており、スポーツ関連法において、我が国で初めて障害者スポーツの推進を明文化した法律でもある。具体的には、障

害者の自主的かつ積極的なスポーツの推進が基本理念として掲げられている。

2012（平成24）年3月に文部科学大臣により策定された「スポーツ基本計画」においては、性、年齢、障害の有無を問わず、広く人々がスポーツに参画できる環境を整備することが基本的な施策課題とされている。また、2020年東京オリンピック・パラリンピック競技大会を見据え、パラリンピックをはじめとする障害者スポーツにおける競技性が著しく向上していることを鑑み、2014（平成26）年4月1日から、従来、厚生労働省が行ってきたスポーツ振興の観点から行われる障害者スポーツに関する事業が文部科学省に移管された。その後「平成32年東京オリンピック競技大会・パラリンピック競技大会特別措置法」が制定され、「東京オリンピック競技大会・東京パラリンピック競技大会推進本部」の設置及び「2020年東京オリンピック競技大会・東京パラリンピック競技大会の準備及び運営に関する施策の推進を図るための基本方針」が翌年発表された。さらに、2015（平成27）年10月1日には、わが国のスポーツに関する施策を総合的に推進することを目的として「スポーツ庁」が設置された。

スポーツ庁は、2011（平成23）年に制定された「スポーツ基本法」の理念を実現するため、スポーツ自体の振興にとどまらず、障害者理解の促進や共生社会の構築等をはじめ、スポーツを通じた社会発展を図っていくことを使命としている（図表1）。

こうした中、第1期の平成24年度～28年度の5年間に続き、平成29年度（2017）から平成33年度（2021）までの5年間となる「第2期スポーツ基本計画」を策定した（図表2）。

第2期基本計画が対象とする5年間は、2019年ラグビーワールドカップ大会、2020年の東京オリンピック・パラリンピック競技大会、2021年のワールドマスターズゲームズ

図表1　障害者スポーツ施策に関する主な経過

年	経　過
2011年	スポーツ基本法が制定
2012年	スポーツ基本計画が策定
2013年	2020年東京オリンピック・パラリンピック競技大会の開催が決定
2014年	障害者スポーツの所管省庁が一元化
2014年	平成32年東京オリンピック競技大会・パラリンピック競技大会特別措置法が制定
2015年	2020年東京オリンピック競技大会・東京パラリンピック競技大会の準備及び運営に関する施策の推進を図るための基本方針を発表
2015年	スポーツ庁が創設
2017年	第2期スポーツ基本計画が策定

（筆者作成）

関西の開催が控えている。まさにわが国ではこれから、スポーツのゴールデンイヤーズが始まる。

図表2　第2期スポーツ基本計画のポイント

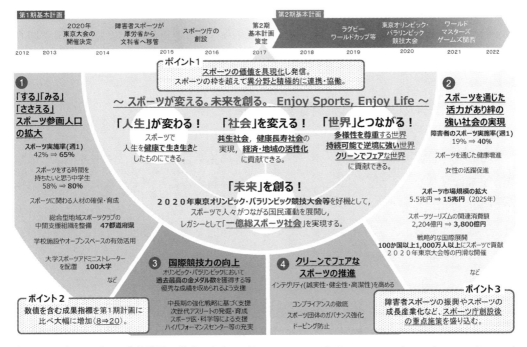

（スポーツ庁　スポーツ基本計画のポイント http://www.mext.go.jp/prev_sports/comp/a_menu/sports/micro_detail/__icsFiles/afieldfile/2017/03/23/1383656_003.pdf）

スポーツをする上で関連する法制度

わが国には、上記で取り上げたスポーツ基本法以外にも、障害者を取り巻く様々な法律がある。ここでは、障害者がスポーツ活動に参加する上で重要な2件を紹介する。

第1に、2016（平成28）年4月に全面施行された、「障害者差別解消法」である。つまり、政府全体、わが国全体として、共生社会の構築等に向けた取り組みの充実が求められている。

この法律は、すべての国民が、障害の有無によって分け隔てられることなく、相互に人格と個性を尊重し合いながら共生する社会の実現に向け、障害を理由とする差別の解消を推進することを目的としている（内閣府、2016）。この法律のもと、障害を理由に障害のある人の（スポーツ活動を含む）社会活動を妨げてはならない社会の実現に向けた取り組みは、今後、展開されていくことになった。

ふたつ目は、国土交通省、警察庁、総務省が関わる「高齢者、障害者などの移動などの円滑化の促進に関する法律」、通称、「バリアフリー法」がある。障害者や高齢者など、あらゆる人が社会活動に参加し、自己実現ができるよう、近年、建築物や交通機関におけるバリアフリー化が、この法の下、進められてきた。とはいえ、日本パラリンピアンズ協会（2016）の調査によると、5人に1人のパラリンピアンが、施設利用を断られたり、条件付きの施設利用であったことなどが報告されている。

障害者のスポーツに関する施策

第2期基本計画では、障害者スポーツの振興等の施策目標として「障害者をはじめ配慮が必要な多様な人々が、スポーツを通じて社会参画することができるよう、社会全体で積極的に環境を整備することにより、人々の意識が変わり（心のバリアフリー）、共生社会が実現されることを目指す」としている。具体的な数値目標としては、障害者の週1回以上のスポーツ実施率を40％程度（若年層（7〜19歳）は50％程度）としている（図表3）。

図表3　障害者のスポーツ実施率の向上

（スポーツ庁　第2期スポーツ基本計画解説 http://www.mext.go.jp/sports/b_menu/sports/mcatetop01/list/detail/__icsFiles/afieldfile/2017/04/14/jsa_kihon02_slide.pdf）

2020年東京オリンピック・パラリンピック競技大会を控え、スポーツ振興の機運が高まりを見せる中で、障害者スポーツに関する様々な施策に取り組むことにより、共生社会の実現へ繋がると考えられる。

女性のスポーツに関する施策

女性のスポーツ実施についても、図表4の報告がなされている。成人のスポーツ実施率が42.5％であるのに対し、20代、30代女性の実施率は27％程度である。加えて指導者や団体役員も女性の割合が少なく、女性がスポーツの世界でも活躍できるような社会を構築していくことが課題であるといえる。

図表4　女性の活躍促進

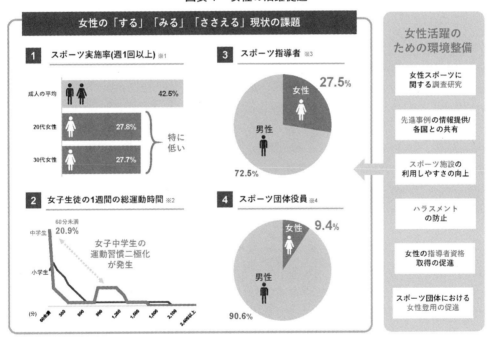

（スポーツ庁　第2期スポーツ基本計画解説 http://www.mext.go.jp/sports/b_menu/sports/mcatetop01/list/detail/__icsFiles/afieldfile/2017/04/14/jsa_kihon02_slide.pdf）

注
1）2019年ワールドカップラグビー、2020年東京オリンピック・パラリンピック競技大会、2021年のワールドゲームズといったメガイベントが我が国で開催されることを受け、ゴールデンイヤーズとされる。

参考文献

スポーツ庁（2017）スポーツ基本計画、URL：www.mext.go.jp/sports/b_menu/sports/mcatetop01/list/detail/1383656.htm（参照日2017年10月10日）。

馬場宏輝（2017）スポーツ政策、畑攻ほか編、基本・スポーツマネジメント、pp.70-75。

田中暢子（2013）戦後日本における障害者のスポーツの発展―1949年から1970年代に着目して―、体育研究、47：pp.11-24。

（兒玉　友・田中暢子）

6 社会貢献と健康

　社会貢献活動で得られるもののひとつは人々の健康である。社会貢献活動では、実習で関わる人々のみならず実習をする学生の健康にとっても良い影響を及ぼす。また、様々な場所で活動をする時には、活動（支援）をする本人が健康であることが大切である。ここでは、社会貢献活動がもたらす人々の健康と、支援をする場合の支援者の健康の重要性について考える。

私たちが目指すもの

　私たちは誰もが健康であることを望んでいる。健康の定義については、WHO憲章の前文に「Health is a state of complete physical, mental and social well-being and not merely the absence of disease or infirmity.（健康とは、病気でないとか、弱っていないということではなく、身体的にも、精神的にも、そして社会的にも、すべてが満たされた状態（ウエルビーイング[1]な状態）にあることをいう）。」と記されている。簡単に言うと、身体も、心も、人間関係も良い状態にあることを示している。しかし、健康は人生の目標ではない。多くの人が共通して考える人生の目標は、「自分が望む好きなことができること。活き活きした人生を送ること」である。このような人生の目標のために健康は重要な資源となる。健康でなければ、仕事やスポーツや旅行といった趣味を楽しむことができないだけでなく、毎日の生活にも影響を及ぼす。ウエルビーイングであるということは、その人が、自己実現を果たし、心地よく、健康的で、幸せだと感じ、自分の人生に満足していることまでを示す言葉とも言える。

人とのつながりと健康

　健康でいられるためどのようなことが重要だろうか。元気な身体で生まれてくること、バランスのとれた食事ができること、良い環境の中で生活すること、仕事があること、お金があること、などが考えられるが、その一つに、「人とつながること」があ

る。人間は、社会的動物と言われるように一人で生きているのではない。どのような生活を送っていても、人との関係の中で存在し、生活している。健康の定義でも示されている「社会的な健康」が重要である。ホルトランスタッドら（Holt-Lunstad et al., 2010）は、寿命に関連する事柄は何かについて、20世紀と21世紀に行われた148の研究をメタアナリシス[2]した。その結果、寿命と一番関連があるのが「つながりがある」ことであった。最近では、人とのつながりは健康と非常に関係が深いことが多くの研究成果によって示されている。

人とのつながりはなぜ健康につながるか

イチロー・カワチ（2013）は、人間関係と健康の関係についてのメカニズムを3つ示している。第1に、「人とのつながりが人の行動を決める」である。「朱に交われば赤くなる」ということわざもあるが、人間は周りの人の行動を真似する動物である。私たちの行動は、家族や友人、同僚などの行動に知らず知らずのうちに影響を受けている。例えば、中高生の喫煙者は、健康に望ましいと思われる生活習慣を持っていないことが多く、両親、姉、兄、友達といった周囲の者の喫煙状況の影響を受けていることがわかっている（尾崎，2005）。周囲への影響は、こういった悪い影響だけでなく、よい影響ももたらす。運動習慣を継続する要因として「友人」「同僚」が重要な要因として示されている（松本ほか，2011）ように、私たちが健康に良い行動を心がけることは、周囲の人を健康にすることができる。

第2に、「人と交わるだけで健康になる」である。一人では用事がなければ外出しなくても、友人と一緒なら外出する機会も増える。話をする、笑うといったことだけでも身体活動が増加し、健康につながる。また、人と交わることは、様々な発想を得ることができ、楽しみを見つけ、身なりを気にするようになるなど、認知的な面でも刺激を受けることができる。さらに、人間は、他者がいることで、自分の存在意義が確認しやすくなり、アイデンティティや自尊心を高めることができる。そして、職場のストレスが趣味のサークルで解消されるなど、複数の人間関係があることにより、逃げ道ができストレスを解消することにもつながる。

第3に、「つながりから生まれる支援の力がある」である。人とのつながりから生まれる支援は、「ソーシャルサポート」「ソーシャルキャピタル」といった言葉で示される。前者は家族、友人などの個人的な関わりを示し、後者はつながりのある地域社会といった意味合いを持つ。ソーシャルサポートは、「手段的サポート」「情緒サポート」

「情報サポート」などに分類される。つまり、サポートは直接に手を貸すことだけでなく、伝えることや、寄り添うことも重要な機能である。これらのサポートにより、困った時に助け合い、つらい時や悲しい時の寄り添い、役立つ情報のやりとりをすることによって、お互いを支え合い、健康につなげることができる。

健康をつくる／健康づくりを支援する

　オタワ憲章（WHO, 2005）では、ヘルスプロモーションについて、「Health promotion is the process of enabling people to increase control over, and to improve, their health.（ヘルスプロモーションとは、人々が自らの健康をコントロールし、改善することができるようにするプロセスである）」と定義している。ここから読み取れる重要な視点は、①健康をつくる主体は、医療者などではなく、（健康になりたい）個人やその集団であり、②健康を今よりもっとよい方向に自らコントロールし、改善すること、③人々が自分自身で「できる」ようにすることである。そして、この記述は到達点を示しているのではなく、④健康を築き上げていくプロセス、つまり、より上の健康に向かって生涯に渡って活動し続けることであることを示している。

　オタワ憲章では続けて、「To reach a state of complete physical, mental and social well-being, an individual or group must be able to identify and to realize aspirations, to satisfy needs, and to change or cope with the environment.（身体的、精神的、社会的にウエルビーイングな状態に到達するには、個人や集団が望みに気づいて明確にし、ニーズを満たし、環境を変えたり対処することができなければならない）」としている。つまり、健康づくりを支援するとは、当事者が①自身の意志・願望に気づいて特定すること、②目標とすべき姿や状態になるようにすること、そして、③環境（社会）を変えたり対処したりすることができるように働きかけることである。

　ヘルスプロモーションでは、その人自身の潜在的な力を引き出す働きかけとしてこれを「エンパワメント」の概念として示している。エンパワメントとは、人間関係・社会関係の中で「自分らしく・人間らしく共に生きる価値と力を高めること」である（北野, 2015, p.1）。ここには、人びとに夢や希望を与え勇気づけること、人が本来持っているすばらしい生きる力を湧き出させること、相手の能力を信じることであり、健康をつくるといった場面だけでなく様々な場面で自分の問題を自分の力で解決していく力をサポートするといった事柄を含んでいる。

社会貢献実習と健康づくり

　エンパワメントは人と人との関わりから生じるものである。個人がエンパワーされるためには他者からのファシリテーション[3]が必要である。すなわち、支援者に求められるのは相手を信じ、協働作業を通じて相手の力を十分に引き出すことである。社会貢献活動では、訪れた先の人々（関わった人々）がその人が活き活きした生活をするために求めていること（ニーズ）は何か、そのニーズを自分の力で達成するためにはどのようにすれば良いかを共に考え、行動を手助けし、時には仲間として一緒に活動することが期待される。

　また、当事者がエンパワーするためには、自由に意思表示をすることができる環境（社会）を作ることも大事である。高齢者や障害者などの支援に携わると高齢者も障害者も文句を言わないと感じることがある。自分の意思がないのではなく、自分の意思表示をする機会をこれまで与えられてこなかったという場合も少なくない。「最初から言っても無理だろう」「わがままだと思われるのではないか」といった想いにから発言を控えてしまっている場合や、「何を言っても仕方がない」と社会から目を背けてしまっている場合もある。こういった場合でも、学生に対してであれば、自由に自分の望みを語れたり、一緒に社会に目を向けてみることができるかもしれない。実習では、このようにしながらアドボケイト[4]としての役割を果たすことも可能である。アドボケイトは、本来個人が持つ権利を様々な理由で行使できない状況にある人に代わり、その権利を代弁し擁護することをする人のことである。その人たちに代わって、または、一緒になって、ここにこのような問題があることを社会に訴え、社会のシステムを変えていくための声を上げるような活動である。

　ところで、看護の世界には、ケアリングという言葉がある。ケアリングは、対象のニーズに応えるだけでなく、対象の立場に立って、ある行為が対象のためになるかどうか（対象の生命や生活の質を高めたり、成長につながるか）まで判断するという態度（心の姿勢）を示す言葉である。そして、ケアされる人とケアする人の双方の人間的成長をもたらすことが強調されている用語である（日本看護協会、2007）。ケアリングは、看護だけではなく、人と人が関わり、援助や支援関係のあるすべての場面に必要なことである。社会的貢献活動では、支援を受ける人と支援をする人といったそれぞれの立場で、一方的に向けた活動ではなく、双方向の関係を築きながらお互いを高め合うことができる。

社会貢献実習で何をするか／何を学ぶか

　社会は、私たちが日常的に接している人々以外にも、子供、高齢者、障害者など、様々な年齢、考え、能力を持った人々が集まって形成されている。どのような人にも、秀でている部分、弱い部分がある。お互いに相手を認め、能力を補い合うことができれば、みんなが楽しく、自分が望む人生を送ることができる。

　働きかけをする場合には、人々がエンパワーするような方法を考えることが重要である。例えば、ある地域の高齢者の健康づくりのために、スポーツイベントの計画を考えるとする。その計画を自分たち（学生）が推し進めるのは得策ではない。高齢者は社会参加することで生きがいを見つけ、それが健康につながる。それぞれの高齢者の知識、経験を生かしながら、高齢者が自らイベントを運営し、開催するように働きかけることが望ましい。こういった、地域や社会に積極的に参加できるようなシステムづくり、支援が求められている。また、子供達のサッカースクールでの指導では、自分ができる技術を教えることに徹するのではなく、子供一人一人の能力を見ながらどのように声をかけたら良いのかを考え、子供が自分で考えてやろうとしている行動を見守るなどによって子供の成長につながるような関わりを心がける。そして、プレー以外のところでも、子供達が自分との関係の中から新しい何かを発見できるように、ともに存在するといった姿勢で支援をしたいものである。

実習時の健康管理

　実習では、まず、自分が健康であること。持病はないか、現在病気に罹患していないかといったことに加えて、活動するために休息・睡眠がとれているか、食事をしているかといった体調管理にも心を配る必要がある。深刻な悩みや身体への不安はないか。「少し調子が悪いけど、まあ、大丈夫だろう」という考えでは、満足のいく活動ができない。

　ある看護師が、患者を車椅子からベッドに移そうとしていた。患者には左半身麻痺があり、おまけに肥満体であった。看護師は、いつも移動することができていたので、「まあ、大丈夫だろう」と考えた。しかし、実際には一緒に床に倒れこんでしまった。どうしてこうなってしまったのか。この日はベッドと車椅子の間のスペースが十分でなく、看護師の立ち位置が不安定だった。自分が不安定であれば、援助しようとする人も

危険になる。ちゃんと状況を判断し、自分が安全であることを確保した上でなければ自分も相手も危険であるという例である。

　感染症に罹患していることに気づかないで、感染を拡大したり、活動中に具合が悪くなって迷惑をかけたりといったことがないようにしよう。自分を守ることは、相手を守ることである。自分の体調が悪い中での活動は、時に他の人を事故に巻き込むことになる。元気で、ゆとりがなければ、相手のことを気遣うことはできない。笑顔で実習に参加しよう。心からの笑顔は、自分も相手も楽しくさせ、元気にさせる。そのためには、体だけでなく、心を含めた体調管理が必要である。

注
1）個人の権利や自己実現が保障され、身体的、精神的、社会的に良好な状態にあることを示す概念である。
2）メタ解析（メタアナリシス）とは、過去に行われた複数の研究のデータを統合して、統計的に分析をすることである。
3）人々の活動が容易にできるよう支援し、うまくことが運ぶように舵取りすることである。
4）バンコク憲章では、ヘルスプロモーション戦略として、「アドボカシー（唱道）」、「イネイブリング（能力付与）」、「メディエイト（調停）」をあげている。

参考文献

イチロー・カワチ（2013）第4章 健康に欠かせない「人間関係」の話　命の格差は止められるか。小学館、pp.124-154。
Julianne Holt-Lunstad, Timothy B. Smith, J. Bradley Layton（2010）Social Relationships and Mortality Risk: A Meta-analytic Review.　https://doi.org/10.1371/journal.pmed.1000316（accessed 2017-10-06）
北野誠一（2015）ケアからエンパワーメントへ、ミネルヴァ書房。
松本大輔・浅野恭代・小池晃彦・押田芳治（2011）特定健診受診者における運動習慣と健康関連QOLとの関連性—トランスセオリティカルモデルを用いた運動定着群と未定着群での比較—、総合保健体育科学、34（1）：5-9。
日本看護協会（2007）看護にかかわる主要な用語の解説—概念定義・歴史的変遷・社会的文脈—、https://www.nurse.or.jp/home/publication/pdf/2007/yougokaisetu.pdf（参照日2017年10月6日）、pp.13-14。
尾崎米厚（2005）青少年の喫煙行動・関連要因・および対策、保健医療科学、54（43）；284-289。

（片山富美代）

第2章

どのような人と関わるのか

1 障害者①—障害とは—

　障害は、後述するように、身体障害、知的障害、精神障害の3つに大別される。身体障害と知的障害、身体障害と精神障害など、重複して障害を有する場合もある。これを重複障害という。障害の種別や程度、原因、年齢、受障時期、障害の受容度などにより、その個人のスポーツ活動の経験や参加への意欲が異なることもある。障害とは何か、障害者とはどのような人のことを指すのかについては一義的な概念が存在するわけではなく、その時代や状況に応じていくつかのモデルが存在している。ここではまず、「障害者」の定義について、国際的な定義と日本の法律における定義をみたあと、「障害」をいかに捉えるのかを概観していくこととする。

障害者の定義

　国連では、1975年に障害者の権利宣言を示している。その第一項で、「『障害者』という言葉は、先天的か否かにかかわらず、身体的又は精神的能力の不全のために、通常の個人又は社会生活に必要なことを確保することが、自分自身では、完全に又は部分的にできない人のことを意味する」と述べられている。この定義は、個人の機能障害が個々の生活における基本的な活動や、社会参加に何らかの影響を与えているという論理構成になっている点で、後にみるICIDHと同様の構成であるといえる。
　その後国連は、2006年に障害者権利条約を採択した条文（発効は2008年）の第一条で、次のように障害者を定義した。

> 　障害者（persons with disabilities）には、長期的な身体的、精神的、知的又は感覚的な機能障害（impairments）であって、様々な障壁（barriers）との相互作用により他の者との平等を基礎として社会に完全かつ効果的に参加することを妨げ得るものを有する者を含む。（括弧内は対応する英文）

　先の権利宣言と比べると、機能障害が社会参加を妨げうる「様々な障壁との相互作用」により生じること、すなわち環境との相互作用の側面が反映されているといえるだ

ろう。特に前文の(e)項では、障害が発展的な概念であること、「機能障害を有する者とこれらの者に対する態度および環境による障壁との間の相互作用」を障害（disability）と考えることが明記されている点は、注目すべき点である。

一方、日本の法律では、2011年に改正された障害者基本法で、国連の権利条約の定義が採用された。それ以前には、障害者は「この法律において『障害者』とは、身体障害、知的障害又は精神障害（以下『障害』と総称する。）があるため、継続的に日常生活又は社会生活に相当な制限を受ける者をいう」（第二条）とされていたが、2011年の改正では二条で次のように定義された。

> 一　障害者　身体障害、知的障害、精神障害（発達障害を含む。）その他の心身の機能の障害（以下「障害」と総称する。）がある者であつて、障害及び社会的障壁により継続的に日常生活又は社会生活に相当な制限を受ける状態にあるものをいう。
> 二　社会的障壁　障害がある者にとつて日常生活又は社会生活を営む上で障壁となるような社会における事物、制度、慣行、観念その他一切のものをいう。

文言上は「その他の心身の機能の障害」が追加されたことで、難病や慢性疾患にともなう機能障害が含まれるようになり、また障害における環境面での影響が明記されたといえる。

やや細かい点であるが、障害者基本法第2条第1項では「障害者」の定義が述べられ、そこでは「身体障害（中略）がある者であつて、障害及び社会的障壁により（中略）制限を受ける状態にあるもの」とされている。この時、「障害者」と「障害のある者」は論理上同一ではない。なぜなら「障害者＝障害のある者＋制限を受ける状態にある者」なのだから、「障害のある者」であっても「障害者」でない可能性が存在する。こうした点は、国連の障害者権利条約でも生じているとされるが（榊原、2016：20-27）、ひとまずは、言葉の問題がここにあるという点は指摘しておく。この点については後にもう一度触れることにしよう。

日本の法律では、上記の障害者基本法を根拠法にして2012年に障害者自立支援法を改正した障害者総合支援法が実体法として存在する。この障害者総合支援法において障害者の定義は、基本的に身体障害者福祉法、知的障害者福祉法、精神保健及び精神障害者福祉に関する法律等による定義と、難病等（治療方法が確立していない疾病その他の特殊の疾病）を含むものとされた。この変更は、「身体障害者手帳などの障害者手帳に該当しなくても、障害者福祉の制度を利用できる道が開かれた」（佐藤・小澤、2017：35）ものといえる。

さらに2016年4月に施行された「障害者差別解消法（障害を理由とする差別の解消の推進

に関する法律）」では、社会的障壁の除去のための合理的配慮を求めている。この法の目的は、全ての国民が、障害の有無によって分け隔てられることなく、相互に人格と個性を尊重し合いながら共生する社会の実現に向け、障害を理由とする差別の解消を推進することとされている。

さて、障害者は身体障害者、知的障害者、精神障害者に大きく分けることができるが、日本では、それぞれの福祉法において障害者が定義され、その証明としての「手帳制度」が存在する（欧米では、こうした手帳制度を一般的には設けていない）。つまり、身体障害者は身体障害者福祉法に基づき、「都道府県知事から身体障害者手帳の交付をうけたもの」である。知的障害者福祉法は知的障害の定義を設けていないため、1973年に厚生省（現・厚生労働省）が出した通知によって都道府県が療育手帳（自治体により呼び方は異なる）を発行している。このため都道府県によって認定に差があり、転居等によってサービスの継続性が損なわれることがあることが指摘されている。

精神保健福祉法では第5条で定義を定め、第45条で精神障害者保健福祉手帳を交付している。障害者手帳は、障害が認められた際に、障害当事者、もしくは家族が最寄りの自治体の判定機関に申請し（多くの場合、医師の診断書が求められる）、認定された場合のみ手帳が交付される。すなわち、制度的にみれば日本において障害者とは、各種手帳を発行された者、ともみなすことができる。しかし、このように考えることは、障害や障害者を固定的にのみ考えてしまい、変化する社会の状況や個人個人の社会生活のニーズとの乖離を生んでしまうことにある。重要なのは、国連の権利条約にあるように、「障害」や「障害者」の定義は、発展的なものであり、社会状況等によって変化していくことを理解することであるだろう。

障害のモデル

これまで、法的な枠組みにおける障害者の定義を概観してきたが、では、そもそも、「障害」とは何だろうか。こうした障害の捉え方をここでは「障害のモデル」と便宜的に呼んでおこう。「障害のモデル」には、WHOが制定するICIDHおよびその発展であるICFと、当事者団体やそれを支持する学問的な背景をもつ社会モデルの二つに大きく分けることができる。

ICIDHとICF

　世界保健機関（WHO）が1980年に発表した国際障害者分類ICIDH（International Classification of Impairments, Disabilities and Handicaps）がある。これは、障害を3次元で理解しようとするモデルであり、現在でも障害のモデルとして私たちに強く影響を与えている。

　ICIDHは障害を次のように理解する（図表1）。まず、病気・怪我から「機能障害（インペアメント：impairment）」である、心理的・生理的・解剖的構造あるいは機能の欠損または異常が引き起こされる。その機能障害によって、「能力障害（ディスアビリティ：disability）」である、実際の生活を遂行する能力の制約が生じる。さらにその能力障害によって、「社会的不利（ハンディキャップ：Handicap）」が引き起こされる。これは「機能障害」と「能力障害」によってもたらされた年齢・性・社会的文化的条件相応の正常な役割の達成を制限し、阻害する社会的な不利を指している。

　このICIDHのモデルは、私たちが一口に「障害」と呼ぶ事態が、実は3つのレベルから成り立っていることを示し、それぞれの個人がどのレベルで困難を抱えているのかを明示した点で、障害を理解する上で非常に重要なモデルを提供したといえる。しかし、一方では社会的不利に至る道筋において、時間的・論理的な前後関係が想定されている点が問題であった。つまり、モデル上では、社会的不利の原因が最終的には、個人の機能障害に帰するように理解できてしまうのである。後述する、社会モデルはICIDHのモデルが、障害の問題を個人の問題として理解させてしまうことから「個人モデル」と呼んで批判した。

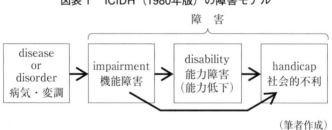

図表1　ICIDH（1980年版）の障害モデル

（筆者作成）

　このICIDHを改定したものが、国際生活機能分類（ICF：International Classification of Functioning, Disability and Health）である。

　ICFではICIDHとは異なり、個人の健康状態に関連する現象を取り扱うことが目指

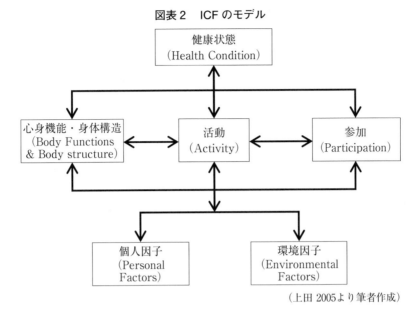

図表2　ICF のモデル

（上田 2005より筆者作成）

されている（図表2）。特に個人の健康状態が「身体」、「個人」、「社会」という三つの視点で分類されることが特徴である。ICIDH での機能障害のレベルは、ICF では心身機能・身体構造（body functions & body structure）に、能力障害は活動（activity）の制限、社会的不利は参加（participation）制約と置き換えられた。また、背景因子（contextual factors）が要素として加えられている。これは個人の人生と生活に関する背景全体を指すもので、環境因子と個人因子の二つからなる。環境因子は、人々が生活するうえでの物的な環境や社会的環境、そして人々の社会的な態度などが想定されている。また、ICF では各要素が双方向的なものとして捉えられ、個々人の健康状態や障害というものが、様々な要因の相互作用の観点が重視されたといえる。この点が、国連の障害者権利条約に反映されたとみることができるだろう。

社会モデルという考え方

一方、1970年代からイギリスを中心に展開された障害者の社会運動のなかでは、WHO の提示するモデルとは異なる形で、あるいはそれらを「医学モデル」「個人モデル」と批判しつつ、「障害」を考えるモデルが提案されてきた。このモデルを障害の「社会モデル」と呼ぶ。批判者たちによれば、医学／個人モデルとは、障害という現象を個人の問題としてとらえ、病気・外相やその他の健康状態から直接的に生じるものであり、専門職による個別的な治療というかたちでの医療を必要とするものであるが、社

会モデルは、障害を主として社会によって作られた問題としてみなし、基本的に障害のある人の社会への完全な統合の問題としてみるように転換したのである。この社会モデルの基礎は、イギリスの障害者運動体である UPIAS（Union of the Physically Impaired Against Segregation：隔離に反対する身体障害者連合）によって作られた。このモデルでは身体の欠損や機能不全であるインペアメントと、社会が生み出す不利益としてのディスアビリティの区別が重要である。特にインペアメントとディスアビリティを区別したうえで、両者に因果関係を想定しないことに特徴がある。ICIDH に明確なように、これまで、障害とは取りも直さず個人の身体的な欠損を原因として考えるものであったが、社会モデルではそのように捉えず、社会的不利益である障害を解消するために重要なこととして、社会的障壁の除去が主張されたし、そのためにインペアメントとディスアビリティを区別し後者の意味の障害が重視されたのだった（オリバー、2006）。

　先に日本の障害者基本法の部分で述べたが、日本語では障害をインペアメントとディスアビリティに区別しないことが多い。その為、障害者と障害のある人という、用語の混乱が生じているが、社会モデルを基礎に考えれば理解は簡単である。障害者とは、社会によって不利益を被る人＝disabled people であり、障害のある人は、インペアメントのある人＝person with impairment なのである。

　国連の障害者権利条約にいうように、障害とは発展的なものである。それは、社会の状況や本人の性質、周りの見方等で、変わりうるものである。しかしながら、最も大事なことは、私たち一人一人は等しくこの社会で生き、生活を送る権利をもっていることであり、それが阻害されうることは大きな問題である。そして、これまでの障害の定義や障害のモデルが示しているように、その問題は個人的なものではなく、社会の問題として理解し、様々な側面から取り組まれるべきものであるといえるだろう。

参考文献

石川准・長瀬修（1999）障害学への招待―社会・文化・ディスアビリティ、明石書店。
オリバー，M（2006）三島亜希子・山岸倫子・山森亮・横須賀俊司訳、障害の政治―イギリス障害学の原点、明石書店。
榊原賢二郎（2016）社会的包摂と身体―障害者差別禁止法制後の障害定義と異別処遇を巡って、生活書院。
佐藤久夫・小澤温（2016）第5版障害者福祉の世界、有斐閣。
上田敏（2005）ICF との理解と活用―人が「生きること」「生きることの困難（障害）」をどうとらえるか、萌文社。

（渡　正）

2

障害者②―身体障害―

はじめに

　身体障害には、欠損や機能障害、感覚麻痺などが認められる「肢体不自由」、視覚に障害のある「視覚障害」、聴覚や言語、平衡機能、咀嚼機能などに障害が認められる「聴覚言語障害」、心臓や臓器などの機能障害、免疫の機能障害などを代表とする「内部障害」がある。障害種別に留まらず、例えば、肢体不自由であったとしても、上肢に障害があるのか、下肢に障害がるのか、四肢に障害があるのか、さらには移動障害が伴うものでも、歩行が可能な者、立つことは可能であるが長距離の歩行は難しい者、立つことも困難な者など、運動機能の障害の程度も様々である。視覚障害であれば、多少、光や影などがわかる弱視から、ほぼ視力がない全盲、暑さや痛みなどの感覚麻痺を伴う者もいる。障害の程度が重度になると、たとえば食事、トイレ、着替え、入浴など日常生活のあらゆる面で、何らかの介助を必要とすることもある。その一方で、障害の程度が軽くなると、障害のない人とほとんど変わらない、生活を送ることが可能な者もいる。一見して障害があるとわからず、障害がない人に近い状況で日常生活を送れる障害の程度を、最小障害という。この最小障害の用語については、知的障害や精神障害にも使用されることもある。

　身体障害については、我が国ではその程度を判別し1級から6級に判定し、身体障害者手帳を交付する制度が、身体障害者福祉法により設けられている。この福祉制度の対

図表1　身体障害者福祉法による身体障害の種別

1）肢体不自由：上肢・下肢・体幹・脳原性
2）視覚障害：視力・視野
3）聴覚・平衡機能障害：聴覚・平衡機能
4）音声・言語・咀嚼機能障害：
5）内部障害：心臓・じん臓・呼吸器・膀胱または直腸・小腸・ヒト免疫不全ウイルスによる免疫機能障害

（篠田 2015および身体障害者福祉法を参考に筆者作成）

54　第2章　どのような人と関わるのか

図表2　身体障害者数（身体障害者手帳所持者数）・身体障害の種類別年次推移

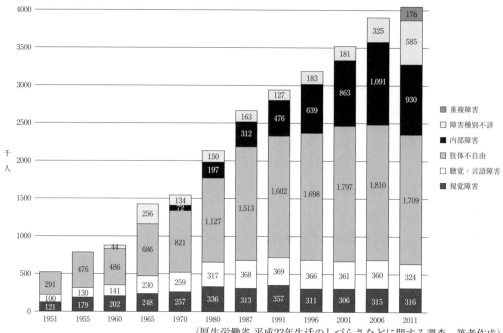

（厚生労働省 平成23年生活のしづらさなどに関する調査、筆者作成）

図表3　身体障害児数・身体障害の種類別年次推移

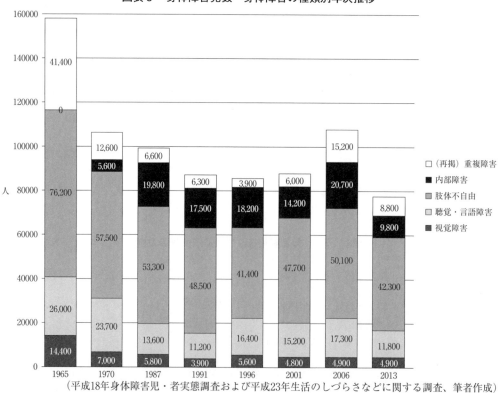

（平成18年身体障害児・者実態調査および平成23年生活のしづらさなどに関する調査、筆者作成）

象には、図表1の種類があげられている。

　我が国における上記の障害に該当する身体障害者手帳の保持者は、2011年の段階では総数で386.4万人であり、そのうちの44.2％が肢体不自由者、内部障害が24.1％、視覚障害と聴覚・言語障害がそれぞれ8％ほどとなっている。近年は内部障害の増加が目立っていると言えよう（図表2）。また、身体障害者全体の年齢階梯ごとの割合は0～39歳合わせても約5％弱なのに対し、40歳代で4％、50歳代で8％、60歳代で13％、70歳代で58％と高齢化が進んでいる状況にある。一方、18歳未満の身体障害児をみてみると、その総数でみると1965年の11.6万人（重複障害を除いた人数）から漸減しつづけており、2013年の調査では、7.2万人まで減少している（図表3）。

　2011年の『障害者白書』によれば身体障害の発生時の年齢は、40歳代以上での発生が6割強を占め、65歳以上に限っても24％あるという。種類別でみても、視覚障害、聴覚障害、肢体不自由の3～4割が40歳までに生じているのに対し、内部障害では、40歳までの発生は13％程度に過ぎず、大半が40歳以上で生じている。これら内部障害では、中高齢期に生じた心臓や腎臓等の臓器の疾患に起因することが多いことによるという（『平成23年度障害白書』16頁）。

障害の原因

　障害の原因も、疾患、事故、原因不明など様々である。脳性麻痺など、産まれもって障害がある場合もあれば、ある程度の年齢になり、病気や事故で障害者になる者もいる。また、疾患によっては、進行性（病状が悪化する）であることや再発（たとえば骨肉腫など）する場合もある。

　障害の原因（図表4）を見ると、全体としては疾病の割合が高いが、不明や不詳、その他も多い。事故の中では労働災害が交通事故を若干上回っている。肢体不自由では疾病や事故の割合が高く、内部障害では疾病（その他疾患）の割合が多い。視覚障害や聴覚・言語障害でも疾病によるものが多い。また、在宅の身体障害児（18歳未満）では、不明が最も多く、以下出生時の損傷、その他、不詳、疾病、事故の順になっている（『平成23年度障害白書』17～18頁）。

図表4　障害の種類別・原因別にみた身体障害児・者数

身体障害者（18歳以上）（在宅）　　　　　　　　　　　　　　　　　　　　　　　　　　　　　単位：千人（％）

| | 総数 | 事故 ||||| 疾病 |||| 出生時の損傷 | 加齢 | その他 | 不明 | 不詳 |
		交通事故	労働災害	その他の事故	戦傷病・戦災	小計	感染症	中毒性疾患	その他の疾患	小計					
総数	3,483 (100.0)	106 (3.0)	113 (3.2)	100 (2.9)	21 (0.6)	341 (9.8)	58 (1.7)	8 (0.2)	656 (18.8)	722 (20.7)	79 (2.3)	166 (4.8)	356 (10.2)	446 (12.8)	1,372 (39.4)
視覚障害	310 (100.0)	11 (3.5)	2 (0.6)	8 (2.6)	3 (1.0)	25 (8.1)	4 (1.3)	1 (0.3)	56 (18.1)	61 (19.7)	14 (4.5)	7 (2.0)	41 (13.2)	58 (18.7)	105 (33.9)
聴覚・言語障害	343 (100.0)	6 (1.7)	3 (0.9)	6 (1.7)	2 (0.6)	17 (5.0)	3 (0.9)	- (-)	47 (13.7)	51 (14.9)	7 (2.0)	29 (8.5)	29 (8.5)	51 (15.0)	160 (46.7)
肢体不自由	1,760 (100.0)	59 (5.1)	96 (5.5)	86 (4.9)	14 (0.8)	284 (16.1)	36 (2.0)	2 (0.1)	356 (20.2)	394 (22.4)	53 (3.0)	70 (4.0)	145 (8.2)	163 (9.3)	651 (37.0)
内部障害	1,070 (100.0)	1 (0.1)	11 (1.0)	1 (0.1)	2 (0.2)	15 (1.4)	15 (1.4)	6 (0.6)	196 (18.3)	216 (20.2)	6 (0.6)	60 (5.6)	142 (13.3)	174 (16.3)	457 (42.7)

身体障害児（18歳未満）（在宅）　　　　　　　　　　　　　　　　　　　　　　　　　　　　　単位：千人（％）

| | 総数 | 事故 |||| 疾病 |||| 出生時の損傷 | その他 | 不明 | 不詳 |
		交通事故	その他の事故	小計	感染症	中毒性疾患	その他の疾患	小計				
総数	93,100 (100.0)	1,200 (1.3)	1,500 (1.6)	2,700 (2.9)	1,500 (1.6)	300 (0.3)	7,400 (7.9)	9,200 (9.9)	17,900 (19.2)	16,700 (17.9)	32,200 (34.6)	14,200 (15.3)
視覚障害	4,900 (100.0)	- (-)	- (-)	- (-)	300 (6.1)	- (-)	300 (6.1)	600 (12.2)	600 (12.2)	1,200 (24.5)	1,500 (30.6)	900 (18.4)
聴覚・言語障害	17,300 (100.0)	- (-)	- (-)	- (-)	- (-)	- (-)	600 (3.5)	600 (3.5)	1,500 (8.7)	900 (5.2)	9,600 (55.5)	4,600 (26.6)
肢体不自由	50,100 (100.0)	1,200 (2.4)	1,500 (3.0)	2,700 (5.4)	900 (1.8)	- (-)	4,900 (9.8)	5,800 (11.6)	14,200 (28.3)	10,200 (20.4)	11,800 (23.6)	5,300 (10.6)
内部障害	20,700 (100.0)	- (-)	- (-)	- (-)	300 (1.4)	300 (1.4)	1,500 (7.2)	2,100 (10.1)	1,500 (7.2)	4,300 (20.8)	9,300 (44.9)	3,400 (16.4)

（平成23年度版『障害者白書』17ページ）

代表的な身体障害について

1　脊髄損傷（Spinal Cord Injury）

　脊柱に強い外力が加えられ、脊椎が破壊され、脊髄が損傷をうける病態をいう。脊椎とは、背骨（＝脊柱）を形作る約30個からなる骨であり、脊椎は上部から頸椎（Cervical）の7椎、胸椎（Thoracic）の12椎、腰椎（Lumbar）の5椎、仙椎（Sacrum）の5椎、尾骨（Coccyx）の3～6椎から形成されている。また、脊髄とは脊柱の通路を走る中枢神経を指す。これら頸椎から尾椎までのどの脊髄を損傷するかにより、機能障害の程度が異なる。また損傷の度合いにより脊髄の神経伝達が完全に絶たれた「完全型」と損傷しても一部機能が残存した「不完全型」に分かれる。完全型の場合、損傷部位より下部は神経伝達が行われないため運動機能や感覚機能を失うことになる。たとえば、手足が動かなくなる運動麻痺や、熱い冷たい温度覚、痛みも感じない知覚障害、内臓の働きの悪化

による排尿障害及び腸の働きの悪化による排便障害などが生じる。そのため、損傷した脊髄の位置により、機能障害の程度も異なってくる。

頸髄損傷（C1～7）では頸髄の低い位置、C6あたりで起こることが多く、この場合、肘を収縮できても自力で伸展できず、肘より先を動かすことが出来ないことが多い。

胸髄損傷（Th1～Th12）では手の機能は健全で、足の麻痺や膀胱・直腸（ぼうこう・ちょくちょう）障害がある。特に第5胸髄損傷（Th5）以上では、発汗体温調整機能不全を併せ持つことがあり、第8胸髄損傷（Th8）以上では、内臓機能不全等を伴う体幹麻痺と、腹・背筋麻痺による座位不安定（もたれる必要）がある。腰髄損傷（L1～L5）の多くは不自由だが脚が動く。

2　切断・離断・欠損

切断とは、四肢の一部が何らかの原因により途中で切り離された状態をいう。切断部位によって上肢切断・下肢切断に分類される。切断の語は、たとえば下腿の骨を途中で切り離す場合に用いる。一方、離断は、膝関節離断のように、膝の関節で大腿骨と脛骨を切り離す場合に用いる。また、欠損は、より一般的に身体の構造・器官を欠くこと、もしくはそれらの機能を失うことを指している。

切断・離断は病気や事故によって後天的に発生する場合と、生まれた時から何らかの欠損が生じている先天的な場合がある。義肢を使用して日常生活やスポーツを行う者も多い。なお、スポーツにおいては種目によっては必ずしも義肢を用いるとは限らない。

3　視覚障害

視覚障害は、情報伝達をつかさどる眼球から大脳にいたる視覚情報伝達の過程のいずれかの部位に疾病や機能低下が生じたことで、見えない・見えにくい状態が引き起こされる総称をいう。このため、一般的にイメージされる、ランドルト環を用いて測定される視力の他に、眼を動かさずにみることの範囲である視野や色覚、暗／明順応などが含まれる。視野は正常な人で、上方60度、下方70度、内側60度、外側100度くらいまで見え、視野が狭くなることを視野狭窄、見えない部分が生じることを暗点という。周辺部部が見えず中心部分だけが見える状態を求心性視野狭窄といい、視野の中心部が見えなくなる中心暗点などがある。また、視力の場合、眼鏡やコンタクトレンズによって矯正が可能な場合は、障害とはならない。

身体障害者福祉法において視覚障害は、(1)両眼の視力がそれぞれ0.1以下のもの、(2)

一眼の視力が0.02以下、他眼の視力が0.6以下のもの、(3)両眼の視野がそれぞれ10度以内のもの、(4)両眼による視野の2分の1以上が欠けているものと定義されている。また、失明状態（中途失明・先天盲）とは、厚生労働省の「眼の障害に関する障害等級認定基準」によれば、「眼球を亡失（摘出）したもの（中略）光覚弁（明暗弁）又は手動弁が含まれる」とされている。つまり、全く明暗を区別出来ない状態（全盲あるいは失明）、明暗のみを区別できる状態（光覚弁）、眼前の手の動きのみ認識出来る状態（手動弁）が含まれる。一方、「指の数を答えさせ、それを正答できる最長距離により視力を表すもの」を指数弁（1m／指数弁などと表記する）というが、これが失われた状態を失明（盲）という。

4　聴覚障害

聴覚器官は、「外耳」「中耳」「内耳」「聴神経・大脳」からなる。空気の振動である音は、振動が外耳道を通って、鼓膜を振動させ中耳の耳小骨によって増幅され内耳に送られる。送られた振動は、蝸牛で電気信号へと変換され聴神経を経由して大脳で音声として認識される。こうした、器官の機能の違いから、音を物理的に振動として伝達する外耳から中耳を伝音系、電気信号に変換して脳へ伝達する内耳以降を感音系とよび、それらの部位の違いによる難聴を伝音難聴、感音難聴、その両方を含むものを混合難聴という。

聴覚障害にも、その障害程度には差異があり、多少の音を認識できる場合は、難聴と呼ばれる。軽度難聴から中等度難聴、高度難聴、聾（ろう）まで聴力レベルで分類される。軽度難聴は静かな会話を聞き取れなかったりすることがあり、中等度難聴は普通の会話が聞き取りにくい。高度難聴は大声でも正しく聞き取ることができず、聾は耳元での大声も聞き取れず、日常音ははほとんど聞き取れない状態である。同じ聴力レベルでも、伝音難聴は実際の音が小さく聞こえ、感音難聴は、音の聞こえる範囲が狭まったり歪んだりして聞こえる。伝音難聴の聴覚補償として補聴器がある。補聴器はマイクで音を集めアンプで増幅してスピーカーで音を発生させるものである。一方、感音難聴の補償として人工内耳がある。人工内耳は蝸牛に埋め込んだ電極で聴神経を刺激して音を感じられるようにするものである。

聴覚障害は、先天性もしくは幼少期に受障する場合は、発音などの言語機能に障害が認められる場合もある。成長してから聴力を失う場合を中途失聴者、また加齢により聴力が衰えた場合、老人性難聴者と区別することもある。

聴力100dB以上（おおよそ30cmからの叫び声が聞こえない程度）の最重度聴覚障害を「聾

(ろう)」と呼ぶが、「ろう者」といった場合は、一般に医学的判断としての「聾である者」ではなく文化的判断による「アイデンティティ」としての「ろう者」を指すことが多い。聴覚障害者には手話ができる者とそうでない者がいる。いずれにせよ、唇の動きを見せたり、メモで書いて情報を伝えるなど、コミュニケーションを図る工夫が必要である。

5　脳性麻痺（Cerebral Palsy）

　日本の場合では受胎から生後4週間までに生じた脳の障害によっておこる、運動および姿勢の異常を指す先天性の障害で満2歳までに発症するといわれるが特定されているわけではない。どこの脳機能に損傷があるかによって、どこに身体的な障害が出るかが異なる。運動機能に麻痺が認められることが多い。重度になると、電動車いすに乗り、日常生活のほとんどを介助を受けて生活をするものもいる。運動機能によって痙直型・不随意運動型（アテトーゼ型）・強剛（固縮）型・失調型・混合型などに分類される。運動障害以外に視覚障害・聴覚障害・言語障害などの随伴症状を伴うことも少なくない。

　痙直型は筋の突っ張りが強いという特徴があり、発育に伴い、筋緊張の増強や姿勢や運動様式の不良化が進行していくことが多いため、様々な二次的な障害を生じやすい。不随意運動型（アテトーゼ型）は、身体を動かそうとすると不随意運動がおこることが特徴であるが、近年は単独での不随意運動型はまれとなっている。強剛型（固縮型）は、関節の動き全体が一様に硬く他動的運動を加えても、著しい抵抗を示す。また、重度の知的障害などを伴うことが多い。失調型は、四肢の筋の低緊張・関節弛緩があることから、ふらつきやよろめきが多く、転倒しやすい。混合型は、痙直型と不随意運動型、失調型と痙直型の組み合わせが多い。

6　内部障害

　身体障害者福祉法による「内部障害」は、心臓機能障害・腎臓機能障害・呼吸器機能障害・ぼうこうまたは直腸の機能障害、小腸機能障害・ヒト免疫不全ウィルスによる免疫機能障害をいう。代表的な疾患として、循環器疾患・呼吸器疾患・糖尿病・腎疾患・肝疾患などがある。

参考文献

厚生労働省（2011）障害者白書平成23年度版。
厚生労働省（2016）障害者白書平成28年度版。

厚生労働省（2017）障害者白書平成29年度版。
安藤隆男（2015）改定新版特別支援教育基礎論、放送大学教育振興会。
篠田達明監修、沖高司・岡川敏郎・土橋圭子編（2005）肢体不自由児の医療・療育・教育、金芳堂。

（渡　正）

3 障害者③―知的障害・発達障害―

知的障害

1 はじめに

　我が国では、障害者基本法などの行政法には「知的障害」という言葉はあるが、知的障害の定義は統一されているわけではない。障害福祉サービス受給者として知的障害であることを認定するために運用上の基準が必要であり、各都道府県レベルにおいて各自で知的障害の判定基準が策定されているためである。その内容の多くは、AAIDD（アメリカ知的・発達障害協会、以前のAAMR；アメリカ精神遅滞協会）が定義したものなどを参考にしたものが多いと言われている。そこで、その最新版をたよりに知的障害の定義をみてみると、「知的障害は、知的機能と適応行動（概念的、社会的および実用的な適応スキルによって表される）の双方の明らかな制約によって特徴づけられる能力障害で、この能力障害は18歳までに生じる」と明記されている。「知的機能」は、一般的には、標準化された知能テストによって算出されたIQで把握する。そして「適応行動」は、AAIDDによれば、その個人が所属する一般集団において標準化されたアセスメントを用いることを求めているが、我が国では、各都道府県で作成された判定基準表に基づいて判定している。もう少し分かりやすく表現すると、知的障害とは、同じ年齢・年代の人たちに比べて、「知的機能」が平均的な範囲からかけ離れているために、日常的な生活場面や学校、職場において適応することが難しい状態である。

　また、知的障害の原因の多くは特定することが難しいと言われている。ものの本によれば知的障害全体の8割は原因不明とされている。特定されるもののなかには、その原因が生じた時期により先天性と後天性にわけられる。先天性のなかには、原因となる病理が特定できるものと、遺伝子レベルの問題と考えられるものに分けることができる。遺伝子の突然変異により常染色体に異常が生じることによって知的障害を伴うダウン症はそのひとつである。また後天性のものには、出産時の低酸素症や、乳幼児期の脳炎などの後遺症として生じることもある。

　知的障害は、その障害の程度により、行政などからの福祉サービスを受ける内容が決

まる。その証明となる書類が療育手帳（別の地方では「愛の手帳」などといった表現をしている）であり、そこに本人の情報とともに知的障害の程度としてＡ１（最重度）・Ａ２（重度）・Ｂ１（中度）・Ｂ２（軽度）の等級が記されている。等級は地域によっては３区分であったりする。

2　知的障害の特徴

　知的障害の特徴は、基本的には脳機能の全般的な障害であるため、暦年齢から比べると発達が遅れている状態である。従って、生活年齢相応の行動や学習の結果を求めることは望ましくない。それは結果的に本人のできなさを募らせ、自己肯定感を弱めることになることもある。大事なことは、アセスメントや観察、日常的な関わりから、確実にできる課題、少し頑張ればできる課題、今はできない課題を、他者と比較することなく知ることである。

　また知的障害のある人のなかには、言語的やりとりが苦手で感情や気持ちがわかりにくいことがある。また指導者や先生たちの期待に応えようと、理解しないまま空返事をしたりすることがある。結果的に当人の体調の悪さや指示した内容の理解ができているかどうかわからず、不必要に怒ったり、ときには行き過ぎた指導をしてしまったりすることがある。日頃から観察をし、当人のコミュニケーションの特徴を理解しておくことが望まれる。

3　てんかん

　てんかんは、さまざまな成因による慢性の脳疾患で、大脳ニューロンの過剰な発射に由来する反復性の発作（これを「てんかん発作」と呼ぶ）を特徴とし、これに伴うさまざまな症状を指している。知的障害のある人の中には、てんかんの併存率が高いことが知られている。そのため、知的障害のある人と関わる場合に、てんかんとその対応について知っておく必要がある。てんかんの原因は脳の何らかの障害や外傷等によるものと、どんな検査をしても分からない原因不明なものがある。遺伝的な要素は少ない。てんかんは発作に伴って全身がけいれんして倒れるといった大発作だけでなく、意識だけを失う欠神発作やピクッとだけするミオクロニー発作などがある。またそれ以外にも、意識がもうろうとしたようにふらふら歩き回ったり、お辞儀をするように頭を前に倒すような動きを何度も繰り返したりする点頭てんかんなどがある。また多くのてんかんは、投薬によってコントロールすることができる（なかには難治性のものがある）。いずれにしても、てんかんを有する人にあったら、あらかじめどんなタイプのてんかんなのか、発作

が起こる時の様子、対処方法などを聞いておくとよい。

　また実際にてんかん発作が現れたときは、無理に発作をとめようと体をゆすったり、押さえたり、泡を吹いているからと口のなかに指などを入れてはいけない。まずは安全確認をしてほしい。まわりに危険なものがあれば移動させておく。プールのなかの場合は、呼吸ができるように背浮きの状態で介助しておくのもよい。ふらふらするような発作の場合は、無理に行動を抑制させない方がいい場合がある。もし食事中の発作や、発作中に口に何か入っているような場合は、拭き取るようにするか、たくさんつばがでたり吐いたりしたら、首を横に向け、自然と口から流れ出るようにしてあげるとよい。また発作中、激しく体をつっぱりガクガクけいれんしているようであれば、下あごに手をあてておしあげ、窒息したり舌を嚙まないようにするとよい。発作が治まったら意識が回復するまで、基本、その場で静かに休ませておく。そして、すぐに回復する人もいれば、時間がかかる場合もある。その間、よく観察をして、必要に応じて記録を残しておきたい。

　ただし、事前に聞いていた発作の様子と異なるような場合やはじめて遭遇した場合、または特に発作が連続して繰り返すような場合は、すぐに医療スタッフを呼ぶか、いない場合は救急車の手配を行う。

発達障害

　発達障害の概念や表現は各国によって異なる。日本でも教育と医療、福祉では、そのとらえ方はまちまちである。しかし共通して言えることは、自閉症スペクトラム障害、注意欠如多動性障害、学習障害などの診断名を含むものと理解されている。

1　自閉症スペクトラム障害（ASD）

　自閉症スペクトラム障害（ASD）は、古くから「自閉症」や「広汎性発達障害（PDD）」と表現されることがあるが、最も新しい概念では、社会的対人交渉の苦手さと、興味関心が狭く同じ状態を好んだり、同じことを繰り返したりする状態を中核とし、それらのために日常生活に支障をきたしている障害である。特に運動やスポーツ指導場面では、相手の意図を読むことや、話や状況の文脈を理解することを求められる場面が意外に多い。例えば、集合するタイミングや、ボールなどの道具の受け渡しのタイミング、より真剣にとり組む場面と、おしゃべりしても良い場面の切り替わりなどは、表面的に明示されていることは多くなく、なんとなくの雰囲気のなかで決定してい

とがある。こうした状況は、ASDの人には困難さが伴うため、できるだけ話の意図や場面の状況を、言語が理解できるASDの人であれば説明し、知的障害を伴うASDの人であれば、その人が理解しやすいと思われるジェスチャーや絵カード、写真、文字などの視覚的な方法（個々の人によって異なる）を使って説明することが望まれる。

　同じ状況に偏ったり、同じことを繰り返したりする傾向にあるASDの人にとって、最も混乱するのは突然の変更である。雨が降ったので活動場所を屋内に変更することは致し方ないことであるが、ASDの人のなかには、その状況を受け入れることに多くの努力と時間を要する。またいつも置いてあった場所にベンチがないだけでパニックになるASDの人もいる。変更がある場合は、できるだけ早めに情報を伝えることと、変更した後に状況を受け入れるための時間を確保してあげることが望まれる。

2　注意欠如多動性障害（ADHD）

　注意欠如多動性障害（ADHD）は、行動や感情をコントロールすることに困難さがある状態である。こうした困難さは、多動や衝動、不注意といった行動として現れる。それらは脳の機能的障害であり、自分ではどんなに努力しても難しい部分である。こうした症状は、メチルフェデート系（コンサータ）やアトモキセチン系（ストラテラ）の薬物による治療によって緩和されることが知られている。しかし本人の困難さに対する周囲の理解と望ましい行動への強化もまた（同時に）必要とされる。特にADHDのある子どもの多くは、その行動特性ゆえに怒られることが多く、極端に自尊心が低下していることがある。従って本人のできるところや望ましいところを知り、認め、その機会を与えることが求められる。

3　限局性学習障害（SLD）

　限局性学習障害（SLD）は、主に学習障害（LD）とよばれている障害で、読みや書き、算数などにおける困難さの一部または複数が、学校などの学習場面において際立ってしまう認知的な障害である。脳の機能的障害とされ、知的障害を伴っていないことが前提となっている。配布されたプリントを読み間違えたり、書類などの文書作成でミスや読みにくい字がみられたりする。本人の特性を理解したうえで、読む時間を増やす、代書するなどの支援が望まれる。

4　発達性協調運動障害（DCD）

　発達性協調運動障害（DCD）という、身体的な不器用さがその主たる症状である発達

障害がある。脳の機能的障害であると考えられ、知的障害や整形外科的な疾患がないにも関わらず、どんなに努力しても同じ年齢の人と同様の動きを獲得することに困難さがある。そのために日常的な生活に支障をきたすような状態を指している。例えば、転びやすい、モノを落としやすい、動きを意識するとぎこちなくなる、身支度や化粧などがひどく苦手、体育・スポーツ場面を避けがちになるなどである。しかしDCDのある人たちがすべてスポーツや運動をしたくないわけではなく、むしろみんなと同じようにスポーツや運動を楽しみたいと思っている。最近ではDCDがあっても一定の運動スキルを獲得できることが、また個々の運動特性に応じて課題や場面を設定することで参加機会が拡大できることがわかっている。

参考文献

尾崎康子・三岳篤子編（2016）乳幼児期における発達障害の理解と支援①知っておきたい発達障害の療育、ミネルヴァ書房。
尾崎康子・三岳篤子編（2016）乳幼児期における発達障害の理解と支援②知っておきたい発達障害のアセスメント、ミネルヴァ書房。
（公財）日本障がい者スポーツ協会編（2017）新版障害者スポーツ指導教本（初級・中級）、ぎょうせい。

（杉山文乃）

4 障害者④—精神障害—

はじめに

　精神科の受診者数は年々増加傾向にある。3障害（身体、知的、精神）を人数で比較すると、身体障害393万2千人、知的障害74万1千人、精神障害392万4千人で、精神障害と身体障害はほぼ同数である。一方で精神障害者のスポーツは、身体・知的のように障害者スポーツとしては十分に確立されていない。これには、わが国の隔離・収容型の精神科病院を中心とした精神科医療の歴史と、精神障害に対する誤解や偏見が関係している。しかし今、精神障害者のスポーツのあり方は大きく変わりつつある。

歴史的背景

　日本の精神病床数は約33万床、平均在院日数は290日程度で推移しており、病床過多・長期入院は日本の精神科医療の悪しき特徴である。これまで精神科のスポーツといえば、病院内で行われる運動会、野球大会、卓球、ラジオ体操などが一般的であった。閉鎖的環境下におけるこうしたアクティビティは、長い入院生活をやり過ごすための気分転換だったり、運動不足解消を目的としたレクリエーションといった意味合いが強く、スポーツとは程遠いものであった。2004（平成16）年9月に厚生労働省から精神保健医療福祉の改革ビジョンが示され、「入院医療中心から地域生活中心へ」という方策のもと改革が進められている。精神科医療が脱施設化をめざすのと並行して、スポーツも地域主体のものへと移行しつつある。

　2001（平成13）年、宮城県で第1回全国精神障害者バレーボール大会が開催された。精神障害者スポーツとしての初の全国大会は、医療施設内ではなく公の場で行われた競技大会という意味において画期的であった。2002（平成14）年、高知県での第2回全国障害者スポーツ大会からは、オープン競技として毎年開催されるようになった。2008（平成20）年、大分県での第8回大会より正式競技として採用され、現在の精神障害者スポーツの礎を築いた。フットサルの初の大会は、2007（平成19）年に大阪府で開かれ

た。2011（平成23）年には精神障害者のスポーツチームとして初の海外遠征が行われ、イタリアで地元のチームと試合を行った。2013（平成25）年には、東京都で行われた第13回全国障害者スポーツ大会のオープン競技として採用された。同じ日程で「第1回精神障がい者スポーツ国際シンポジウム・会議」が開催され、精神障害者スポーツの国際化について議論された。さらに同年「日本ソーシャルフットボール協会」が設立され、2015（平成27）年には同協会主催の初の全国大会が、2016（平成28）年には世界初の国際大会が、それぞれ愛知県、大阪府で開催された。バスケットボールは2011（平成23）年に「日本ドリームバスケットボール協会」が設立され、全国各地で普及活動を行っている。全国規模の活動は団体競技で盛んであるが、個人競技に関しても推進されることが望まれる。

他障害との違い

　精神障害として扱われる疾患は多岐にわたるが、スポーツの現場で接する可能性が高い病名は統合失調症と気分障害である。近年は発達障害も増えてきている。前2者は世界的に見ても精神障害者スポーツの主たる対象である。その他には、神経症性障害、依存症（アルコールや薬物）、てんかんなどが含まれる。これらの多くは年単位での治療を必要とする。障害者基本法（2011）では、障害者とは「継続的に日常生活又は社会生活に相当な制限を受ける者」と定義されているが、この意味においては精神障害と精神疾患との明確な線引きは難しい。障害としての全体像は固定していても、経過中に病状の悪化や改善があり得ることは精神障害の特徴である。

　他障害との違いを整理すると、(1)障害が単一ではない、(2)疾患と障害の区別が必ずしも明確でない、(3)病状が変わり得る、(4)障害の程度の比較がしにくい、ということになる。このため、競技レベルの向上に伴って大会への出場資格を厳格化する必要が生じた場合、対象とする障害（疾患）やクラス分けをどうするかが、今後の大きな課題である。

スポーツに参加する人たちへの理解

　前述のように、精神障害には多数の疾患が含まれ、障害の程度比較も難しい。また、同じ病名でも、障害の背景には個別のいくつもの要因が関与し合っているため、障害の一般的な理解と同等に、個別性を理解することが重要である。スポーツの現場で留意すべきポイントについて、以下に列挙する。

1　運動能力

　身体機能という意味においては、スポーツを行う上で大きな問題はない。運動能力に影響を及ぼす要因として、①障害そのものに起因するもの（疲れ易さ、意欲・気力の低下、不注意など）、②障害の結果として生じているもの（運動不足、体力低下）、③治療薬によるもの（後述）が考えられる。

2　コミュニケーション

　精神障害者に対する大きな誤解の1つに「話が通じないのではないか」ということがある。しかし、スポーツに支障をきたすほど疎通が取れないことは、まずないと考えてよい。会話のぎこちなさや表現力の乏しさが感じられる場合、対人緊張、思考力の低下、ソーシャルスキルの獲得が不十分といった要因が考えられる。相手との距離の取り方が不得手で、場にそぐわない積極的な話しかけをしてきたり、過度な心理的接近を求めてきたりするケースもある。言ってはいけないことやとってはいけない態度があるのではないかと構えてしまいがちであるが、基本的には常識的な配慮があれば十分である。

3　自信・自尊心

　精神障害は10～20代の若年期に好発する。発病が原因で、学校生活や進級・進学、もしくは就労に困難をきたすケースは多い。彼らの中には、著しく自尊心が低下し、何ごとにも自信がもてず消極的で、その結果、人との関わりを避け、引きこもりや不適応をきたしている者もある。精神障害は社会生活の障害とも言えるが、スポーツへの参加をきっかけに新たな人間関係を構築し、損なわれていた社会性を回復したり、新たに獲得したりする可能性がある。

4　モチベーション

　モチベーションは変わりやすいと心得ておくと対応しやすい。意欲的だった人の参加が不規則になったり、急に来なくなったりすることがある。表面化していないレベルでの人間関係のストレスや誰かのちょっとした一言によって、スポーツのやる気も容易に左右され得る。モチベーションの低下が病状そのものである可能性もあり、原因が明確でないことも少なくない。感情を表したり自身の考えを言語化することが苦手だったりする場合もあるため、表出されない個人の内面にも敏感でありたい。

5　障害受容

　自身の障害を理解していても、引け目や抵抗感をもっている場合は多い。理解・受容した上で、障害をオープンにできる人は少数である。中には自分が病気を患っているという認識（病識）がない人もいる。このため、プライバシーの保護には細心の注意を要する。普及啓発効果を上げるためには、大会などのイベントを積極的に公表する必要があるが、マスメディアへの掲載の趣旨を本人が十分に理解している必要があり、本人の周囲（家族や職場）に及ぶ影響にも十分配慮する必要がある。

6　スポーツをする環境

　病院やクリニックのデイケアなど、精神科医療機関がベースである。精神障害者を対象とした民間の大会や交流イベントが各地で行われるようになったが、医療関係者が中心となって企画・運営に携わっていることが多い。地域スポーツクラブのような活動母体も存在するが一般的ではなく、指導に関しても、スポーツ専門の指導者が継続的に関わるケースは今のところは稀である。精神障害を理解しながらスポーツ指導に関わるための資格は、日本スポーツ精神医学会が認定している。

7　経済状況

　就労が難しく、経済的に自立できていない人は少なくない。用具代、交通費、参加費など、金銭的負担がスポーツへの参加を妨げる要因になり得る。とくに交通が不便な地域での定期的活動や、遠征を伴うような活動の場合、参加者が集まらない事態も生じ得る。精神障害者スポーツの普及の観点からは、ウォーキング、ジョギング、ヨガなど、特別な用具が要らず、場所を問わない種目を選択するのも一つの方法である。

8　薬物療法

　ほとんどの人が薬物療法を受けていると考えた方がよい。大半は飲み薬であるが、なかには持続性注射製剤（1回の注射で2～4週間効果が持続するもの）を使用している人もいる。薬の種類としては、抗精神病薬、抗うつ薬、抗不安薬、睡眠薬、抗てんかん薬などが想定される。最近の治療薬は循環器系や運動機能に影響を及ぼす副作用は改善されてきている反面、体重増加をきたしやすいものがある。眠気やふらつきには一定の注意が必要である。

代表的な疾患について

1 統合失調症

およそ100人に1人がかかると言われる脳の病気である。症状は、陽性症状（妄想、幻覚など）と陰性症状（意欲減退、自閉、感情の起こりにくさなど）に大別され、前駆期・急性期・回復期・慢性期の経過をたどる。スポーツへの参加者は回復期から慢性期にある人たちで、その時期には陰性症状に加え、認知機能障害（注意・記憶・思考力などの低下）が症状の中心である。

2 気分障害（感情障害）

うつ病と双極性障害（躁うつ病）に大別される。うつ病は明らかな原因のある無しを問わず、憂うつ感や無気力な状態が長い期間回復せず、日常生活に支障をきたすようになる病気である。精神的な症状（気分の落ち込み・意欲の低下・思考力の低下・焦燥感など）だけでなく、身体的な症状（不眠・食欲低下・疲れ易さ・頭痛・めまいなど）も現われる。双極性障害の場合、こうしたうつ病の症状と交代して、イライラ感・怒りっぽさ・活動性の亢進などが認められる。

参考文献

公益財団法人日本障がい者スポーツ協会編（2018）障がい者スポーツ指導教本、ぎょうせい。
内閣府（2017）障害者白書平成29年版、参考資料：障害者の状況、217-219。
日本スポーツ精神医学会（online）メンタルヘルス運動指導士・指導員：日本スポーツ精神医学会認定メンタルヘルス運動指導士・指導員資格、https://www.sportspsychiatry.jp/blank-7（参照日2017年9月20日）。
精神障がい者スポーツ国際化実行委員会（2013）精神障がい者スポーツの国際動向（資料）、第1回精神障がい者スポーツ国際シンポジウム・会議報告書、21-23。

（井上誠士郎）

5 障害者⑤―車いす使用者に対するガイド例―

　車いす使用者であっても、歩行が可能なものとそうでない者といった障害種別や程度、年齢を重ねてから車いすを使用し始めた人など様々である。また、車いす使用者が外出する場合、段差のない動線の確保も重要であるが、車いすが入れるトイレの確認も必要である。本手引きでは、車いす方のガイド法の基本を紹介する。

車いすの特徴と種類

　車いすには、電動型と手動型（自走用・介助用）に分かれる（図表1）。

図表1　車いすの駆動方法による分類

電動型		推進力源がバッテリーを電源とするモーターに出力によるもの
手動型	自走用	推進力源がバッテリーを電源とするモーターに出力によるもの使用者本人が腕の力などを利用して走行するもの
	介助用	介助者が後方から押すことで車いすを動かすもの

写真1 電動型（電動車いす）　　写真2 後方にあるバッテリー　　写真3 電動と手動のレバー

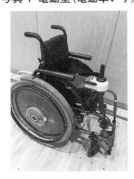

(筆者撮影)

　電動車いすにおいても、手動に切り替えて介助用として使用してもらえるように側部に電動と手動のレバーがついている。またバッテリーがなくなった場合もどうように切り替えて介助用として使用できるようになっている（写真1～3）。

手動型には、折りたたみ式（折りたためる車いす）と固定式（折りたためない車いす）がある。折りたたみ式は小さく折りたためるため保管や輸送が容易であるのがメリットであるが固定式と比べて重くなる。固定式は力の伝導効率が高いが、折りたためないため保管や輸送に不便となる。

車いすの各部名称とその役割

車いすの各部名称と役割は、写真4及び説明のとおりである。

写真4　車いすの名称

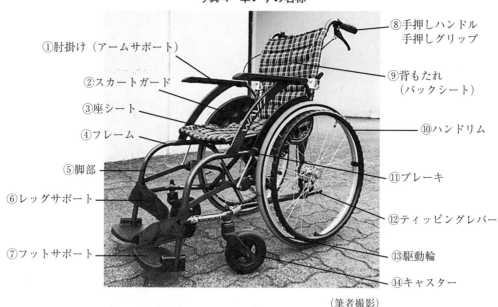

（筆者撮影）

①肘掛け（アームサポート）
　普通型、デスク型、タイヤの形状の沿ったタイヤ型などがある。ベッドや車などへの乗り降りを容易にするため、取り外したり跳ね上げたりすることができるものもある。
②スカードガード
　衣服が汚れたり、タイヤに巻き込まれたりしないようにするため装着する
③座シート
　身体の機能や寸法に合わせて幅・奥行・傾斜角度などを決めます。材質は大きく分けてビニール製とナイロン製の2種類がある。
④フレーム
　車いすの枠組みのことで、車いす全体を支える重要な部分となる。材質は、鉄、ステンレス、アルミ合金、チタン合金などがある。
⑤脚部
　固定式、外側に開くスイングアウト式、取り外し式などがある。

⑥レッグサポート

足が足板（フットサポート）から外れて後方に落ちないようにするためのもので、両側の支柱の間に張り渡された一体型のタイプと、左右独立したタイプがある。

⑦フットサポート

ステンレス、プラスチック、布などのタイプがある。通常は左右に持ち上げることができ、手前に折りたためるタイプもある。

⑧手押しハンドル（手押しグリップ）

直角のものや、カーブした形状のものがある。介助者が押しやすいように高さなどを調整する。

⑨背もたれ（バックシート）

車いす使用者の障がいの程度に応じて、高さや角度を調整する。車への積み込みに便利なように、折りたたんだりすることもできる。

⑩ハンドリム

駆動輪に取り付けてあり、これを回転させて車いすを操作する。滑りにくくするためにビニールでコーティングしたり、握ることが困難な場合にはノブを付けたりする。

⑪ブレーキ

一般的な車いすに付いているのはレバータイプのブレーキで、レバーを手前に引くことで、ストッパーがタイヤを直接抑え、車輪を固定する。最近はレバー式よりも少ない力で済むトグル式（タッグル式）ブレーキが多くなっている。

⑫駆動輪

一般的に22インチと24インチが使用されるが、介助用車いすなどは、16～20インチのものが使用され、自走式に比べタイヤが小さい分、小回りが利き、持ち運びや収納性に優れている。

⑬ティッピングレバー

車いすの後方最下部に飛び出しているパイプで、段差のあるようなところで介助者が車いすのキャスターを持ち上げるために、このレバーを足で踏むことで、楽に持ち上げることができる。

⑭キャスター

車いすの向きを変えたり、回転したりする際に、走行を滑らかにするもの。室内などの平らな床面では小さいサイズ、屋外の不整地などでは大きいサイズのものが適している。タイプは、硬質ゴム製、空気入り、ショックアブソーバー付きのものなどがある。

車いす使用者への支援

普段、歩行している人は車いす使用者の視点が低いことを理解しなくてはいけない。スピード感や急な方向転換は車いす使用者の不快感につながる場合があるので、介助する際にはしっかりとコミュニケーションをとることが重要になる。

車いす使用者は自らのスキル状況を知っているので「自分が対応できる場面」と「自分が対応できないため支援が必要な場面」が区別できることから、車いす使用者に支援が必要か否かを具体的に指示してもらうこともよい。

①段差をのぼる場合（写真5）

介助者は、車いすの背もたれ部位にある手押しハンドルなどをしっかり持ち、まず車いすのキャスター（前輪）を持ち上げて段の上に乗せ、次に駆動輪を段の上に乗せる。ティッピングレバーが付いている場合は、キャスターを持ち上げる際に、レバーに足を乗せて操作する。

この時、キャスターをあげる際には必ず車いす使用者に対して「キャスターをあげますよ」と声かけをしてから行うことが必要となる。

写真5　段差介助

②坂道（スロープ）を下る場合（写真6）

車いすに乗っている人の身体が、坂道の上を向くようにする。介助者は、後ろを確認しながらゆっくりと坂道を下る。傾斜が急な場合は、車いす使用者に前傾姿勢をとってもらいハンドリムでブレーキをかけてもらいながら下ることで支援者の重さを支える力の軽減につながる。

写真6　下り坂での介助

③舗装されていない道を進む場合

車いすのキャスター（前輪）は直径が小さいため、平地と同じように使用すると舗装されていない道ではスムーズに進まない原因となる。舗装されていない砂利道、芝生、砂地などでは、キャスターを上げた状態で後輪のみ使用して進むように介助を行う。その際には、キャスターを上げた状態でバランスがとれる位置を確認して行うことが重要となる。この時、キャスターをあげる際には必ず車いす使用者に対して「キャスターをあげますよ」と声かけをして不安の軽減を行うことが必要となる。

（筆者撮影）

参考文献

（公財）日本障害者スポーツ協会（2016）新版障がい者スポーツ指導教本、ぎょうせい。

橋本大佑（2017）車いすユーザーのための車いすスキルハンドブック基本編、（一社）国際せきずい損傷リハビリテーション協会。

植木章三（2017）イラストアダプテッド・スポーツ概論、東京教学社。

（安藤佳代子）

6 障害者⑥—視覚障害者・聴覚障害者に対するガイド例—

視覚障害者に対するガイド例

　視覚障害の方が移動する際には、動線の確保は重要である。例えば、目的の場所へ移動する際に、不必要な衝突物となるものは床などに置かないといったことである。ただし、本人が置いたものは本人が希望しない限り片付ける必要はない。また、人込みや駅のプラットホームなどは、できる限りガイドを行うようにする。

　視覚障害の方を誘導する際に最も大切なことは、誘導者と視覚障害者のコミュニケーションである。何かする時や環境の変化があったときは、一声かけてお互いに状況を共有しながら誘導するようにすることが大切である。

写真1　ガイド方法（例）

1　ガイドする際の方法（写真1）
① 原則、ガイド者は白杖を持っていない側の半歩前に立ち、誘導する。
② 視覚障害の方が手引きを受けている側の腕（肘）を直角に曲げるとちょうど半歩後ろにつくことができる。

2　その他の注意点
① 歩く早さは、相手に合わせるようにする。
② 距離を伝える際などは、歩数（例：あと何歩）などで具体的に伝える。また、方向を伝える場合は、時計を見立てたクロックポジション（右斜め方向を伝えたいときは、2時の方向というなど）を用いるのも一つの方法である。
③ 話しかける際は、名前を呼ぶ。例えば、「佐藤さん、こんにちは。鈴木です」などである。

聴覚障害者に対するガイド例

　聴覚障害のある方のコミュニケーション方法は、手話・筆談・口話・指文字・補聴器・メールなど様々であり、話す相手や場面によって複数の手段を組み合わせたり使い分けたりしている。中でも筆談は、特別な技術習得が必要なくできる手段であり、コミュニケーションの取り方として一般的である。筆談の際は、一つの文はできるだけ短く、具体的に書くことが望ましい。筆記用具がない場合は、手のひらに指で書く（手のひら書き）といった方法もある。

　また、口話をする際には、唇の動きがよく分かるように、ゆっくり・はっきり話すことが重要である。

参考文献

東京大学バリアフリー支援室、視覚障害について知っておいていただきたいこと、http://ds.adm.u-tokyo.ac.jp/receive-support/blind.html（参照日2017年12月10日）。

東京都オリンピック・パラリンピック準備局・公益社団法人東京都障害者スポーツ協会、障害者のスポーツ施設利用促進マニュアル、https://www.sports-tokyo.info/pdf/shospo_manual.pdf（参照日2017年12月10日）。

東京大学バリアフリー支援室、聴覚障害について知っておいていただきたいこと、https://ds.adm.u-tokyo.ac.jp/receive-support/hearing.html（参照日2017年12月10日）。

　　　　　　　　　　　　　　　　　　　　　　　　　　　　　　　　（兒玉　友）

7 障害者⑦─クラス分け─

　障害者がスポーツ活動に参加することは、一般的には運動不足に陥りやすい状況を改善し、新たなる疾患や障害を生み出さないためにも意義がある。しかし、障害当事者がスポーツに参加しやすい環境を整えるためにも、障害特性を理解しておく必要がある。さらに、障害特性を理解した上で、スポーツにおける様々な側面を工夫することによって、より多くの人々がスポーツに参加がしやすくなる。クラス分けの制度や考え方は、様々な人々をスポーツへと誘うための仕組みであるとともに、参加した人々が公正な条件で競技を実施するために必要な仕組みであるといえる。以下では、このクラス分けについて概説していくこととする。

　クラス分けは障害者スポーツにおいて最も特徴的なルールである。その目的は第一に、障害によって生じる競技者間の競技能力の差異を調整し、対等な立場での競技を実施させることと、競技結果に障害の重さが反映しないようにすることである。この意味でクラス分けは、障害者同士での競技を成立させるための仕組みである。もっとも、この仕組みは障害者スポーツに特徴的なものとはいえ、柔道などにおける体重別での競技実施の理念と大きく異なるものではない。

　障害者スポーツのクラス分けは、障害種別や程度などの医学的側面と、参加競技に関連する運動機能的側面によって選手を区分し、これら2側面で同程度とされる参加者同士で競技を実施しその勝敗を競わせるものとなっている。各競技のクラス分けは、医師や理学療法士など医学的知識を背景にもつ各競技連盟等が認定した「クラシファイヤー」によって厳密に行われている。特に近年は障害の種別よりも各競技に関連する身体機能や運動機能の発揮状態によってクラスを分けていく「機能的クラス分け」と呼ばれる方法が主流である。たとえば水泳でいえば、両下肢を股関節から離断することと、脊髄損傷によって下肢に麻痺があることは、脚部の推進力を用いる事ができないという点で、すなわち泳ぐことに脚部の推力を用いる機能がないという点で同一の事態でありうるのである。現在の障害者スポーツにおいては、参加する競技・種目の特性がどのような身体機能を要求するかという「機能」の観点から考えられているといえるだろう。言い換えれば、ここで「クラス」とは、「障害」そのものではなく、種目特性から逆算

された「障害（インペアメント）」であるといえる。

　クラスを詳細に分けすぎるとそのクラスに参加する競技者数が減り、競技が成立しない場合もある。そのため、パラリンピック夏季種目の場合、そのクラスの競技実施を取りやめるか、いくつかのクラスを統合して競技を行うことも行われている。この場合は障害の軽いクラスに属する選手に有利となってしまう可能性がある。一方、冬季種目ではクラスを統合して実施した場合、実測記録にそれぞれのクラスに設定された係数を乗じてタイムを記録とする。どちらの場合も設定されたクラス、あるいは係数の妥当性は常に問題になっており、どの競技者の能力が卓越しているのかを競う場面においては大きな課題である。

競技種目とクラス分け

　パラリンピック種目におけるクラス分けは、障害種別では大きく、脳性麻痺と脊髄損傷や切断などによる上肢・下肢の機能障害に区別することができる。図表1と図表2は、陸上競技のクラス分けにおける障害程度を参考として、肢体不自由者における障害程度と競技ごとのクラス分けおよびその対応を一覧にしたものである（各競技と障害の程度の対応はあくまで参考であることに注意）。図表1は脳性麻痺を図表2は切断・脊髄損傷等をまとめたものとなっている。各カテゴリーにおいて、障害の重さはおおよそ左から右へ向かって軽くなる。図表中の図では、胴体部分は濃淡によって、手足は破線から実線にむけその程度を示した。たとえば脊髄損傷で最も重い障害は陸上競技においてはT/F51であり、車椅子ラグビーでは0.5ポイントの持ち点であり、陸上のT/F53は車椅子ラグビーでは3.0ポイントとこの競技では最も軽く、車椅子バスケットボールでは1.0と最も重いことがわかる。

　陸上競技はもっとも広く様々な障害種別に対応しており、脳性麻痺から片下肢切断程度までと多くのクラス分けをもつ。個人のクラス分けはT44Cのように4つの英数字を用いて示される。最初のTはトラック競技であることを示す。T以外にはFの表示があり、これは投擲などのフィールド競技であることを示す。次の2桁の数字が大枠の競技種目とクラス分けを示し、44の場合は、片下腿の切断クラスであることを示している。オリンピックの金メダル記録を上回る記録を更新した、走り幅跳びのマルクス・レームはこのT44クラスである。最後のアルファベットはクラス分けテストの状態を示し、CはConfirmedでクラスが確定していることを示している。他には競技前にテストを受けなければならないN（New）や再度テストを受けなければならないR（Review）がある。

　主として脳性麻痺者を対象とし、車椅子を使用する種目として知られているのがボッチャである。ボッチャのクラス分けは主に四肢の機能状態および障害種別によってBC1からBC4までの4クラスが存在する。ボッチャでは、BC4クラスは非脳原性疾患だが、BC1/2と同等の四肢運動機能障害を有する頸髄損傷や筋ジストロフィーの選手である。また、立位で行われているものとしては脳性麻痺者7人制サッカーがある。脳性麻痺7人制サッカーは1チームの構成においてFT5あるいはFT6の選手が必ず1人以上必要で、FT8の選手は1人以内にすることが決められている。

図表1　障害と各競技のクラス分け：脳性麻痺

障害の種別	障害の種別							
おおよその障害部位								
	車椅子競技				立位			
陸上：T（トラック）	31	32	33	34	35	36	37	38
陸上：F（フィールド）	31	32	33	34	35	36	37	38
脳性麻痺7人制サッカー					FT5	FT6	FT7	FT8
ボッチャ	BC3	BC3	BC1	BC2				
アルペンスキー：座位			Lw10-1/2 LW11					
水泳S（クロール・背泳ぎ・バタフライ）	S1	S2	S3,4	S5,6	S5,6	S8	S7	S8,9
水泳SB（平泳ぎ）		SB1	SB2				S8	S9・10

（各競技の競技規則等から筆者作成）

　切断や四肢の機能障害（脊髄損傷など）を含むスポーツのなかで、相対的に重度の人びとが参加するのが車椅子ラグビーである。この競技に参加する選手の多くは、上肢にも障害を持っている選手たちである。この競技や次にみる車椅子バスケットボールはチームスポーツであるため、持ち点制と呼ばれるシステムを採用している。たとえば、車椅子ラグビーでは、機能的クラス分けを行い、上肢機能と体幹機能の合計を個人の持ち点（ポイント）として0.5から3.5までを割り振るためクラス分けは7つに別れる。そして1

チーム4人の合計持ち点が8.0を超えてはならないという仕組みを持っている。これによって障害の重い選手の出場機会を確保するとともに、両チーム間の公平性も担保されるのである。Murder ballとも呼ばれるこの激しい種目において、日本はリオデジャネイロ・パラリンピックで初めて銅メダルを獲得した。車椅子バスケットボールの場合では、障害の重い選手の1.0から4.5までの9つのクラスが存在し、試合に出場している選手の持ち点の合計は14.0を越えてはならないルールを持つ。アルペンスキーでは、視覚障害・立位・座位という3つのカテゴリーに別れ競技を行う。競技結果は各カテゴリーの中で、実測タイムにクラス毎に設定された係数を掛けることによって計算される、計算タイム制を導入している。

このように、車椅子ラグビーやバスケットボール、アルペンスキーなどの種目においても、クラス分けは、基本的には機能的クラス分けが行われ、選手のクラスが決定される。しかし、同一のクラスで競技を行うのではなく、複数のクラスを統合して競技が実施される。そのため、これらのクラス分けはその競技実施の方法の観点から「統合的クラス分け」と呼ばれる。

図表2　障害と各競技のクラス訳：脊髄損傷・切断

障害の種別	切断および脊髄損傷・その他									
	四肢障害		下肢障害のみ					上肢切断のみ		
おおよその障害部位										
陸上：T （トラック） 立位					42	43	44	45	46	47
座位	51	52	53	54						
陸上：F （フィールド） 立位					42	43	44	45	46	47
座位	51	52	53	54	55	56	57			
車椅子ラグビー 上肢	0.5	1.0	2.0	3.0						
体幹		0		0.5		1.0	1.5			
アルペンスキー 上肢					LW1・2		LW3	LW4		
体幹			LW10-1	LW10-2	LW11	LW12-1	LW12-1			
水泳：S（クロール・背泳ぎ・バタフライ）	S1,2,3,4		S5	S6,7,8	S9	S9		S7	S8,9	S10
水泳：SB（平泳ぎ）	SB1,2,3,4		SB5	SB6,7	SB8	SB8	SB9	SB8	SB8,9	SB9
車椅子バスケットボール			1.0	2.0	3.0	4.0	4.5			

（各競技の競技規則等から筆者作成）

視覚障害

視覚障害者のスポーツでは、クラス分けの基準はほとんどの種目で同一の基準が採用され、3つのクラスが存在する。各種目のクラス分けとその内容を表にまとめた（図表3）。

図表3　視覚障害のクラス分け

内　容	競技種目ごとのクラス					
	陸上[*1]	水泳[*2]	ブラインドサッカー	ゴールボール	柔道	アルペンスキー
いわゆる全盲クラス。視力は光覚まで。	T/F11	S11 SB11 SM11	B1のみフィールドプレイヤーとなる。	アイシェードの着用が義務付けられ、全員が同一のクラスでプレイする。	国際大会、国内大会とも全ての大会でクラス分けは行われない。	B1
手の形を認知できるものから視力0.03まで、または視野が5度以下	T/F12	S12 SB12 SM12	B2			B2
視力0.03以上から0.1までか、視野が5度以上で20度未満	T/F13	S13 SB13 SM13	B3[*3]の選手はゴールキーパーのみ可能。晴眼者が務めることもある。			B3

*1　競技中は両目をゴーグルなどで覆い、伴走者やコーラーがついて競技する。T12では選択可能。
*2　水泳ではSは自由形・背泳ぎ・バタフライを、SBは平泳ぎを、SMはメドレーを示す。
*3　パラリンピック種目にはなっていないがB2・B3クラスを対象としたフットサルであるロービジョンフットサルが行われている。4人のフィールドプレイヤーのうち最低2人はB2クラスであること、B3クラスは腕章を付けることが義務付けられている。ゴールキーパーは弱視者か晴眼者となる。

（各競技の競技規則等から筆者作成）

知的障害

　知的障害者のスポーツ活動は国内においては多くの種目で行われているが、パラリンピックでは競技種目が限定されている。リオパラリンピックでは卓球と、陸上競技の400m、走幅跳、1500m、砲丸投げが、水泳競技では200m自由形、100m背泳ぎ、100平泳ぎ、200m個人メドレーが採用された。

　2000年のシドニー大会のバスケットボールで優勝したスペインチームに知的障害のない選手が含まれていた事件以降、知的障害者の競技スポーツにおいてはその資格基準を明確化することが求められている。現在は、まず医学的なレベルで知的障害の有無について、知能指数（75以下）、適応的行動の制限（日常生活能力に対する障害）、障害の発生が18歳以前であること、を要件としている。以上を証明した上で競技能力に関するクラス分け（Sports Classification）が行われる。これは、各競技を遂行するさいに知的障害が影響しており、知的障害クラスに適合することを証明する検査である。しかしながら、証明方法が非常に複雑であり、実際に判定する医師に負担が大きい点で問題となっている。

聴覚障害

　聴覚障害者のスポーツ活動は、身体障害者のそれよりも早く、1924年にフランスで開催された国際ろう者競技大会が始まりである。これは、現在のデフリンピック（Deaflympic）につながる。ろう者は、肢体不自由や視覚障害とは異なり、独自のスポーツ大会を開催している。ろう者は音声や音声言語を用いたコミュニケーションができない点を除けば身体能力に障害はなく、スポーツ活動を十全に行うことができるため、各競技種目においてクラス分けは行われていない。ただし、デフリンピックでは次のようなルールが定められている。(1)両耳の聴力が少なくとも55dBの聴力損失と判定されたろう者であること、(2)ICSD加盟国の国籍を有する者、(3)大会競技中、補聴器・人工内耳を使用しないことである。これは競技中のみならず練習中にも適用され、耳が聞こえない立場でプレイするという観点の公平性を担保するものとなっている。

クラス分けの意義

　以上のように、障害者スポーツのクラス分けは各障害種別および程度、そしてその競技に必要な運動機能を評価し、競技を成立させるために様々な工夫をしながら行われている。現状では様々な課題があるが、よりよい制度設計を目指していく必要がある。
　ただし、この考え方自体の意義は評価・運用の妥当性とは別に理解されなければならない。なぜなら、クラス分けの実践は、競技を成立させる点のみに存するわけではないからである。確かに、クラス分けは第一義には、各人に個別の「障害」の異なりのなかで「競う」ことを可能にするものではあるが、これとは別に社会的な意義も存在するのである。すなわち、クラス分けの思想は、これまでスポーツ活動から排除されてきた人々をスポーツ参加に導く点で、スポーツ領域におけるインクルージョンの展開でもあるのである。重要なのは、クラス分けには、これまで健常者中心のスポーツ実践が見過ごしてきた、私達の身体が一人ひとり異なることへの配慮があるということだ。クラス分けは私達の身体の異なりを前提とした上で、それでも共にスポーツに参加するための仕組みなのであって、多様性を前提とした「共生社会」に向けた社会的運動の一部なのである。クラス分けという仕組みを持つことによって、車椅子バスケットボールでは、健常者をこの競技に取り込むことが可能となっているといえよう。したがって、クラス分けの理念を、障害者の競技スポーツを成立させる点のみに限定するのではなく、健常

者を含めた共生的なスポーツ参加の足がかりとして理解し、実践していくことが求められているのである。

参考文献

藤田紀昭（2016）パラリンピックの楽しみ方―ルールから知られざる歴史まで、小学館。
河西正博（2013）「クラス分け」とは何か、現代スポーツ評論29。
渡正（2012）障害者スポーツの臨界点―車椅子バスケットボールの日常的実践から、新評論。

（渡　正）

8 障害者⑧──関連資格・養成講習──

　スポーツに関連する資格や検定は、多岐に渡っている。また、参加者がスポーツに参加し、安全にスポーツ活動を楽しむことを支えるためには、スポーツ以外の専門的な知識や経験を持ち合わせておく必要もある。一部ではあるが、本書に関連する資格と養成講習について、項目ごとに紹介する。

スポーツに関する資格

1　障害者スポーツ指導者の資格［(公財)日本障がい者スポーツ協会］

　障害者スポーツの指導では、障害に関連する知識とスポーツに関する知識の両方が必要であり、それぞれの役割に応じて以下のような資格が認定される。

> 初級障がい者スポーツ指導員
> 　スポーツの喜びや楽しさを重視したスポーツの導入を支援する役割を担っており、地域の大会や教室など、スポーツ現場におけるサポートを行う。
> 中級障がい者スポーツ指導員
> 　指導現場で充分な知識や経験に基づいた指導をする指導員であり、地域のスポーツ大会や行事において中心となり、地域の障害者スポーツの普及・振興を進める役割を担っている。
> 上級障がい者スポーツ指導員
> 　障害者スポーツに関する高度な専門知識や指導技術、豊富な経験に基づいた指導ができ、さらに、初級・中級指導員への助言や事業の企画運営など、都道府県における障害者スポーツ振興のリーダー的役割が期待される。
> 障がい者スポーツコーチ
> 　都道府県の障害者スポーツ協会や競技団体と連携し、パラリンピックをはじめとする国際大会で活躍する競技者の強化・育成などを推進している高度な指導技術を備えた指導者である。
> 障がい者スポーツ医
> 　障害者のスポーツ・レクリエーション活動において、様々な疾患や障害に対応し、多くの障害者が安全にスポーツに取り組むための、効果的な医学的サポートを行う役割を担う。

8　障害者⑧―関連資格・養成講習―

> 障がい者スポーツトレーナー
> スポーツトレーナーとして質の高い知識・技能を有し、かつ障害に関する専門知識を有し、アスレティックリハビリテーションおよびトレーニング、コンディショニング等にあたる役割を担う。

2　スペシャルオリンピックスの講習［(公財)スペシャルオリンピックス日本］

スペシャルオリンピックスのスタッフとして活躍するために必要な知識とスキルを身につけることを目的として、以下の研修会が開催されている。

> コーチクリニック
> スペシャルオリンピックスのスポーツトレーニング（日常プログラム）にコーチやボランティアとして参加する際に受講し、スペシャルオリンピックスの概要や、アスリート理解、当該競技の講義と実技を行う。
> 認定コーチ研修会
> 各地区組織で認定コーチとしての資格を有し、すでにスポーツトレーニング（日常プログラム）で活躍している人を対象に行われる。

3　一般のスポーツ指導者の資格［(公財) 日本スポーツ協会］

一般的なスポーツ指導者の資格は、各スポーツ種目の指導員をはじめ、多岐に渡るが、主に以下のようなものが挙げられる。

> 指導員
> 地域のスポーツクラブやスポーツ教室などにおいて、個々人の年齢や性別などの対象に合わせた競技別の技術指導等にあたる者。また、発育発達期の子どもに対して、総合的な動きづくりに主眼を置き、遊びの要素を取り入れた指導を行うジュニアスポーツ指導員もある。
> 上級指導員
> 地域のスポーツクラブやスポーツ教室などにおいて、年齢、競技レベルに応じた競技別の技術指導にあたるとともに、事業計画の立案などクラブ内指導者の中心的な役割を担う。
> コーチ
> 広域スポーツセンターや各競技別のトレーニング拠点において、有望な競技者の育成や広域スポーツセンターの巡廻指導に協力し、より高いレベルの実技指導を行う。
> 上級コーチ
> ナショナルレベルのトレーニング拠点において、各年代で選抜された競技者の育成強化にあたる。
> その他
> 地域におけるスポーツグループやサークルなどのリーダーとして、基本的なスポー

ツ指導や運営にあたる「スポーツリーダー」や、商業スポーツ施設等において、競技別の専門的指導者として質の高い技術指導を行うとともに、個々人の年齢、性別、技術レベルやニーズに合わせたサービスを提供する「教師」、商業スポーツ施設等において、競技別の専門的指導者として質の高い技術指導を行うとともに、各種事業計画の立案、地域スポーツ経営のためのコンサルティングなどに関する中心的役割を担う「上級教師」などがある。

4　アウトドアでのスポーツ場面の資格

アウトドアスポーツでは、個々のスポーツ指導ができるだけではなく、安全面への配慮が不可欠であり、これらのスキルを身につけた者に認定される資格には、以下のようなものがある。

> ユニバーサルツアーインストラクター [(一社) ata Alliance（エーティーエー・アライアンス）]
> 　車いすユーザー向けアウトドア用専門機材を活用し、自然の中を安全に障害者と健常者が共に楽しむために必要な知識と技術を習得した者。その他、スキルおよび経験、業務内容に応じて、ユニバーサルツアーディレクター、ユニバーサルツアープロデューサーがある。
> キャンプインストラクター [(公財) 日本キャンプ協会]
> 　キャンプでの活動やアクティビティを指導できる能力を持った指導者。基礎的な知識、技術、考え方を習得している。キャンプ参加者とじかに接しながら、プログラム等の指導を行う役割を持った指導者。
> キャンプディレクター [(公財) 日本キャンプ協会]
> 　キャンプが果たす社会的な役割を理解した上で、キャンプの企画および安全な運営を行う。そのスキルと経験に応じて、1級と2級がある。
> スキー指導員 [(公財) 全日本スキー連盟]
> 　スキーの専門的な知識と技術を持ち、他者に対して指導ができるスキルを持つと認証されたもの。準指導員と指導員がある。また、スノーボード準指導員、指導員の資格もある。
> スクーバダイビングライセンス
> 　潜水計画や海状の判断、トラブルの回避など、スクーバダイビングを安全に楽しむための知識とスキルを身につけた者。スキルと経験に応じて、指導資格も含めた様々な資格がある。[Professional Association of Diving Instructor：PADI 発行] また、障害者の障害の状態に対応したダイビングライセンスもある。[Handicapped Scuba Association：HAS 発行] [International Association for Handicapped Divers：IAHD 発行]

レクリエーションに関する資格

　対象のニーズに応じたレクリエーションの企画と実践ができるようなスキルを身につけた者に認定される資格には、以下のようなものがある。

> 福祉レクリエーションワーカー［（公財）日本レクリエーション協会］
> 　福祉施設や幼稚園等において、対象者個々人に合う活動を通して、一人ひとりの生きがいづくりを支援する役割を担う。
> レクリエーション・インストラクター［（社団）日本イベント産業振興協会］
> 　ゲームや歌、集団遊び、スポーツといったアクティビティを効果的に活用し、対象や目的に合わせてプログラムを企画・展開する。
> レクリエーション・コーディネーター［（社団）日本イベント産業振興協会］
> 　組織や団体が活性化していくうえで必要な「人材や資源のネットワーク力」、「事業の企画・展開力」、事業を成功に導く「グループリーダー力」など、組織や団体の担い手に必要な能力を兼ね備えている。

イベント企画・運営に関する資格

　イベントの企画や運営、ボランティアに関連する知識とスキルを身につけることを目的として、以下のような資格や講習会がある。

> イベント検定［（社団）日本イベント産業振興協会］
> 　幅広い分野のイベントを想定し、企画立案から実施運営に求められる知識を体系的に身につける。
> スポーツイベント検定［（社団）日本イベント産業振興協会］
> 　スポーツイベントの実施効果を理解しながら、スポーツイベントを企画立案し、安全に実施できるようマネジメントするノウハウを身につける。
> ユニバーサルイベント検定［（社団）日本イベント産業振興協会］
> 　年齢や障害の有無、性別、国籍等に関わらず誰もが楽しめるイベントを実施するための基礎知識や対応方法を身につける。
> スポーツボランティア養成プログラム［（NPO法人）日本スポーツボランティアネットワーク］
> 　さまざまな「スポーツボランティア研修会」を通してスポーツボランティアの基礎知識からボランティア組織の運営サポートに必要な知識を学ぶ。
> ボランティア実務士［（一社）全国大学実務教育協会］
> 　認定された大学において、ボランティア活動の現状・動向や社会的意義について理解するとともに、手話やボディアクションによるコミュニケーションのしかたなどを

習得し、災害時を含めたさまざまな現場で、スムーズかつフレキシブルに活躍する人材となる。他に、国際ボランティア実務士もある。

ボランティアコーディネーター【(NPO法人)日本ボランティアコーディネーター協会】
　一人ひとりが社会を構成する重要な一員であることを自覚し、主体的・自発的に社会のさまざまな課題やテーマに取り組むというボランティア活動を理解してその意義を認め、その活動のプロセスで多様な人や組織が相互に対等な関係でつながり、新たな力を生み出せるように調整することにより、一人ひとりが市民社会づくりに参加することを可能にするというボランティアコーディネーションの役割を担う。その他ボランティアコーディネーション力検定（3級～1級）もある。

福祉・生活に関する資格

社会福祉制度等その他関連事項を把握し、個々人のニーズに応じて、より豊かな生活を送るための提案をできる者に認定される資格には、以下のようなものがある。

社会福祉士［国家資格］
　専門的知識および技術をもって、身体上若しくは精神上の障害があることまたは環境上の理由により日常生活を営むのに支障がある者の福祉に関する相談に応じ、助言、指導、福祉サービスを提供する者または医師その他の保健医療サービスを提供する者その他の関係者との連絡および調整その他の援助を行なう。

介護福祉士［国家資格］
　専門的知識および技術をもって、身体上または精神上の障害があることにより日常生活を営むのに支障がある者につき心身の状況に応じた介護を行い、並びにその者およびその介護者に対して介護に関する指導を行う。

手話通訳士［国家資格］
　手話を用いて聴覚障害者と聴覚障害を持たない者とのコミュニケーションの仲介・伝達等を図る。その他、手話に関連する資格として、「手話奉仕員」「手話通訳者」などがある。

知的障害福祉士［(公財)日本知的障害者福祉協会］
　知的障害のある人が利用する施設・事業所において支援・援助に係る計画の策定・調整等とともに、支援・援助にあたる職員に対して助言・指導等を行う専門職員。受験するためには、知的障害援助専門員の講習を受講修了し、2年以上の業務に従事する必要がある。

移動支援従事者ガイドヘルパー［都道府県］
　障がいのある人の積極的な社会参加をサポートするために、一人での外出が困難な障がい者が安全に出かけられるよう、移動介護サービスを提供する。視覚障がい者、全身性障がい者、知的・精神障がい者の3つの養成研修がある。

医療・福祉に関する資格

　医療的な側面から日常生活やスポーツ参加を支える資格には、以下のようなものがある。

> 理学療法士、作業療法士等
> 　理学療法士や作業療法士、柔道整体師、鍼灸師、看護師、スポーツトレーナー、スポーツ心理士など、安全にかつ積極的に運動・スポーツを楽しむことができるよう、怪我の予防やリハビリなど、医療面でのサポートを行う。
> 義肢装具士［国または国から委託を受けた機関］
> 　医師の指示のもとに、義手、義足、コルセットなどの義肢装具の装着部部位の採型、制作、身体への適合を行う。
> スポーツドクター［（公財）日本スポーツ協会］
> 　スポーツマンの健康管理、スポーツ障害、スポーツ外傷の診断、治療、予防、研究等にあたる。
> スポーツデンティスト［（公財）日本スポーツ協会］
> 　歯科医師の立場からスポーツマンの健康管理、歯科口腔領域のスポーツ障害、スポーツ外傷の診断、治療、予防、研究等にあたる。
> アスレティックトレーナー［（公財）日本スポーツ協会］
> 　スポーツドクターおよびコーチとの緊密な協力の元に、スポーツ選手の健康管理、障害予防、スポーツ外傷・障害の緊急処置、アスレティックリハビリテーションおよび体力トレーニング、コンディショニング等にあたる。

健康運動・安全に関する資格

1　健康運動に関する資格

　健康について、一人一人の特性に合わせて、運動や栄養等の面から指導助言を行うスキルを身につけた者に認定される資格には、以下のようなものがある。

> 健康運動指導士［（公財）健康・体力づくり事業財団］
> 　保健医療関係者と連携しつつ安全で効果的な運動を実施するための運動プログラム作成および実践指導計画の調整等を行う役割を担う。
> 健康運動実践指導者［（公財）健康・体力づくり事業財団］
> 　医療的基礎知識、運動生理学の知識、健康づくりのための運動指導の知識・技能等を持ち、健康づくりを目的として作成された運動プログラムに基づいて実践指導を行う。

> フィットネストレーナー［(公財)日本スポーツ協会］
> 　商業スポーツ施設において、スポーツ活動を行う者に対する相談および指導助言を行うとともに、各種トレーニングの基本的指導等を職業として行う。そのほか、地域スポーツクラブ等において、フィットネスの維持や向上のための指導・助言を行う「スポーツプログラマー」もある。
> 　トレーニング指導士［(公財)日本体育施設協会］
> 　体育・スポーツ施設等におけるリスク管理、法的責任などの施設管理運営に関する知識や、スポーツ医科学、障害予防・応急処置、栄養学等の理論と、対象者別・目的別の実技指導に関する知識を有して、指導・助言に努める。

2　安全に関する資格

活動時の安全確保、または緊急時の適切で迅速な対応を取ることができるようなスキルを身につけた者に認定される資格には、以下のようなものがある。

> 救命講習［消防局・消防本部］
> 　講習内容に応じて、普通救命講習（心臓マッサージ、人工呼吸法、AED、大出血時の止血法）と上級救命講習（通常救命講習に加え、傷病者管理法、外傷の手当、搬送法）がある。その他、日本赤十字社が実施する講習もある。
> 　水上安全法［日本赤十字者東京支部］
> 　水の事故から生命を守るための知識と技術（泳ぎの基本、溺者救助、応急手当てなど）を身につける。
> 　水泳指導管理士［(公財)日本体育施設協会］
> 　基本泳法・救急法などの安全管理と事故防止のための技術や、水泳プール施設の維持・管理・運営に関する必要な知識を有して、水泳プール施設の安全管理と事故防止および指導に努める。
> 　赤十字救護ボランティア［日本赤十字社東京支部］
> 　災害時に適切かつ迅速に行動できるように、救急法をはじめ防災通信、担架輸送、避難所の設営やロープワークなどのスキルを身につける。他に、災害救助ボランティア［災害救助ボランティア推進委員会（事務局：(公財)日本法制度学会内）］もある。

教育・保育に関する資格

幼児児童生徒の発達や心理、教育等に精通した者に認定される資格には、以下のようなものがある。

教員免許状 ［都道府県］
　学校の教員が持つ資格。保健体育などの教科・分野別、学校種別の免許状となる。特別支援学校教員免許状については、教科の教員免許状取得のための必要単位取得に加え、特別支援教育に関する科目を履修することで、その履修状況に応じて、教授できる障害の種別（視覚障害者、聴覚障害者、知的障害者、肢体不自由者、病弱者（身体虚弱者を含む））の免許状が与えられる。

放課後児童支援員 ［都道府県］
　放課後の児童の健康面・精神面、遊びへの活動意欲や態度の形成を図りながら、子供が安心して放課後を過ごせるようにサポートする。

施設管理・運営に関する資格

1　体育施設の管理運営 ［(公財) 日本体育施設協会］

　スポーツをはじめとする様々な活動を行う施設を安全に使用できるように整備管理するための知識とスキルを併せもつ者に認定される資格には、以下のようなものがある。

体育施設管理士
　屋外スポーツ施設、体育館・武道場、水泳プール、音響、照明、スポーツフロアー、用器具、芝生など体育・スポーツ施設全般の維持管理に関する総合的な知識を有して、スポーツ施設の管理者として努める者。

体育施設運営士
　マネジメント、顧客管理、広報戦略、人事管理、財務・予算管理、危機管理など体育・スポーツ施設の運営に関する総合的な知識を有して、施設の効率的運営および活性化に努める。

上級体育施設管理士
　公認体育施設管理士および公認体育施設運営士の両資格を保有し、さらに体育スポーツ施設等で1年以上の実務実績を有する者で、体育スポーツ施設の維持管理や運営に関し、指導的立場で当たる。

2　クラブの管理運営 ［(公財) 日本スポーツ協会］

　地域や利用者のニーズに対応しながらスポーツクラブ等を運営していくための資格には、以下のようなものがある。

クラブマネジャー
　総合型地域スポーツクラブなどにおいて、クラブの経営資源を有効に活用し、クラブ会員が継続的に快適なクラブライフを送ることができるよう健全なマネジメントを行う。また、総合型地域スポーツクラなどに必要なスタッフがそれぞれの役割に専念

できるような環境を整備する。

アシスタントマネジャー

　総合型地域スポーツクラブなどにおいて、クラブ員が充実したクラブライフを送ることができるよう、クラブマネジャーを補佐し、クラブマネジメントの諸活動をサポートする。

参考文献

一般社団法人日本イベント産業振興協会ホームページ、http://www.jace.or.jp/（参照日2018年8月1日）。

一般社団法人ata Allianceホームページ、https://www.ata.tours（参照日2018年8月1日）。

株式会社パディ・アジア・パシフィック・ジャパン PADIホームページ、https://www.padi.co.jp（参照日2018年8月1日）。

公益財団法人日本キャンプ協会ホームページ、キャンプの指導者資格、http://www.camping.or.jp/leader/（参照日2018年8月1日）。

公益財団法人日本体育施設協会ホームページ、概要・資格の種類、https://www2.jp-taiikushisetsu.jp/outline（参照日2018年8月1日）。

公益財団法人日本知的障害者福祉協会ホームページ、通信教育 http://www.aigo.or.jp/menu02/（参照日2018年8月1日）。

公益財団法人日本介護福祉士会ホームページ、介護福祉士とは、http://www.jaccw.or.jp/fukushishi/（参照日2018年8月1日）。

公益財団法人日本レクリエーション協会ホームページ、資格一覧 https://www.recreation.jp/shikaku/top/list（参照日2018年8月1日）。

厚生労働省ホームページ、手話通訳士について、http://www.mhlw.go.jp/kouseiroudoushou/shikaku_shiken/shuwatsuyaku/（参照日2018年8月1日）。

社会福祉法人聴力障害情報文化センターホームページ、http://www.jyoubun-center.or.jp/slit/（参照日2018年8月1日）。

公益財団法人日本レクリエーション協会スポーツ・レクリエーションの新たな可能性—障害のある人もない人も、共に生きる社会へのアプローチ—、http://universal.recreation.or.jp（参照日2018年8月1日）。

公益財団法人スペシャルオリンピックス日本ホームページ、http://www.son.or.jp（参照日2018年8月1日）。

公益財団法人全日本スキー連盟ホームページ、公認スノーボードコーチ規定、http://saj-wp.appmlj.com/wp-content/uploads/3af429dbe9ef0d444079ab1d0fa709b2.pdf（参照日2018年8月1日）。

特定非営利活動法人日本スポーツボランティアネットワークホームページ、https://www.jsvn.or.jp/index.html（参照日2018年8月1日）。

特定非営利活動法人日本ボランティアコーディネーター協会ホームページ、ボランティアコーディネーター、http://jvca2001.org/whats_vco/（参照日2018年8月1日）。

日本赤十字社東京都支部ホームページ、各種講習・セミナー、http://www.tokyo.jrc.or.jp/application/index.html#sonka（参照日2018年8月1日）。

（加藤彩乃）

9 高齢者の特性

はじめに

　暦年齢による各年代のカテゴリー分けは、世界各国により異なる。特に「高齢者」の線引きは非常に曖昧であり、判断が難しくなっている。国際連合では60歳以上、世界保健機関（WHO）が示す定義では、65歳以上の人のことを高齢者と定めている。我が国においては、公的年金の受給資格を「高齢者」の定義と踏まえる場合が多く、その場合65歳となる。一方で、道路交通法の「高齢運転者」の定義は70歳以上となっている。また「高齢者の医療の確保に関する法律」では、「前期高齢者」が65歳から74歳、「後期高齢者」が75歳以上となっている。

　「老化」と「加齢」も曖昧な意味合いを持つ。「加齢」とは、人間や哺乳動物において、生まれてから死までの物理的な時間経過のことを示めす。したがって、「加齢」の間に「老化」が進行すると考えることが通例となっている。

　「老化」とは加齢に伴って生体機能、例えば筋力、神経伝導速度、肺活量、病気に対する抵抗力などが低下することである。年齢にともなうこのような諸機能の低下は、一般に生殖年齢に達した後に進行が始まり、人によって早い遅いの個人差はあるがすべての生物に起こる。ヒトでは20歳から30歳以降に始まる。

　しかし、老化は病気ではない。「生物学的な老化」がその背景にあることは確かだが、動脈硬化症、骨粗しょう症、糖尿病、認知症などといった老化関連疾患の直接の原因ではないとされている。この際の最大の危険因子（リスクファクター）は「加齢」であると言える。

高齢化の現状と今後

　平成28年の高齢社会白書によれば、我が国の総人口は、平成27（2015）年10月1日時点、1億2,711万人となっている。65歳以上の高齢者人口は3,392万人となり、高齢化率は26.7％となった。その高齢者人口のうち、「65～74歳人口」は1,752万人で総人口に占

める割合は13.8％、「75歳以上人口」は1,641万人で、総人口に占める割合は12.9％である。さらに、今後の推計として、高齢化率は平成47（2035）年に33.4％、平成72（2060）年には39.9％に達するとされている。高齢になると、体力や気力などはどうしても若い頃と同じような活動ができなくなってくる。この現状を認めることこそが、充実した老後を過ごすための大前提となる。高齢者にはいくつかの特徴があるので、それを前提とした生き方やライフスタイルを考えていくべきである。ここではまず加齢による身体的・精神的機能について説明する。

高齢者の身体的特徴

　高齢者では、体型も変化し、内臓の臓器も縮小傾向にあり、その機能も必然的に低下してくることになる。心筋の力も加齢によって徐々に低下していくため、それを補うかのように心筋は肥大していくことになる。全身の血管にも動脈硬化がみられ内腔が狭くなる。それにより、脳や全身の各臓器への酸素や栄養の供給が少なくなり、機能低下へと進んでしまう。肺活量も減少し、特に息を吐き出す速度が著しく低下する。消化器系の変化としても、歯の欠損や胃腸の働きの低下などが原因で、食物摂取量の低下や消化不良につながっていく。骨量が減少し「骨粗しょう症」が発症する。また老眼や白内障や難聴などといった感覚器系の機能低下が進行するとともに、免疫機能も低下する。そのためウイルス感染細胞を排除する機能が低下し、感染症の発生が多くなる。

1　加齢と体力
　加齢とともに体力も低下する（図表1）。

①体力の低下
　身体を動かす力は大きく「筋力」「持久力」「調節力」の3つに分類される。「調整力」とは高齢者にとっては最重要の体力要素と考えられ、からだのバランスをとったり（バランス力）、さっと素早くからだを動かしたり（敏捷性）、正確に動いたり（巧緻性）の総称である。調節力が衰えると、つまずいたり、よろけたり、動きが雑になったりする。
②個人差の増大
　各個人のライフスタイルにより低下速度が異なる。
③組織の脆弱化
　加齢に伴い、臓器・組織の柔軟性や弾力性が低下する。また、筋力だけでなく筋量も低下する。さらに、血管も動脈硬化の状態になれば、柔軟性が低下し、脆弱化する。

④回復の遅延
運動による疲労や、病気や傷に対しての自然回復機能が低下する。
⑤血圧の亢進
加齢に伴い、収縮期血圧が上昇する。
⑥最高心拍数の低下
運動によって増加する最高心拍数は加齢により低下する。
⑦運動許容量の縮小
高強度の運動は危険を伴う。
⑧適応力の低下
環境の変化に順応する能力が低下する。

健康に生活を送るために体力が必要であり、加齢とともに低下する体力を把握することが重要と考えられる。

図表1　加齢と体力の変化

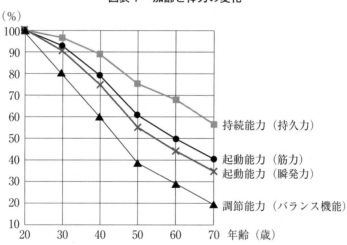

出典　日本体育協会指導者育成専門委員会スポーツドクター部会監修『スポーツ医学研修ハンドブック　基本科目』（文光堂　53-67　2005）

高齢者の精神的特徴

年をとって、体力が低下したことや持続力や忍耐力も以前よりも低下したことを感じると、それに伴い、さまざまな思いや情緒がわき上がってくる。これに加え、視力や聴力などの感覚器機能の低下も社会生活に対して消極的になっていく一因となる。その結果、ますます世間の新しい変化や情報からも遅れがちになり、孤立していくことになり

かねない。こうした時間の経過が、「うつ病」を発症する原因となると考えられる。うつ病は一般的には、以下の症状が認められるが、もともと心身の不調がある高齢者の場合には、特に診断が困難になる。

　　a．抑うつ気分（憂うつ、淋しい、悲しい、など）
　　b．精神運動性抑制（頭がスッキリしない、考えがまとまらない、何をするのもおっくう、何もする気になれない、など）
　　c．身体症状（疲れやすい、肩こり、頭が重い、不眠、食欲不振、便秘、など）

　うつ病とは、心身の活動性が全般的に低下するこころの病気だが、そのような時には重篤なからだの病気が合併しやすくなっている傾向も見られる。身体合併症を予防する意味でも、うつ病は予防や早期発見による治療を行う必要がある。また、高齢者では知的機能の低下、記憶力の減退、学習能力の減退、創造力や直感力の減退、思考の柔軟性の減退などが指摘されているが、早めに治療を開始することにより進行を遅延や防止につながることもわかっている。高齢者を痴呆群と非痴呆群に分けて検討すると、性格変化は痴呆群に多く見られ、特にわがまま・頑固・猜疑的・短気などの傾向はすべて痴呆群に多く見られる。高齢者ではやはり痴呆を防止することが大切といえる。

日々の生活における注意点

1　規則正しい生活をする
　大切なことは規則正しい生活をすることである。少しでも疲れたり働きすぎだと感じたら十分な休養や睡眠をとる。高齢者は、生理的に睡眠が浅くなってしまうことが多いが、長い間、快適な眠りが得られない場合は、精神科や心療内科などの専門医に相談すると良い。

2　食生活に注意する
　食事への配慮も重要である。食生活は毎日のことであり、注意することにより病気の発症を予防や治癒に役立つ。高齢者の、動脈硬化・糖尿病・高血圧・高脂血症・骨粗鬆症などは食事との関連が明らかになっている。

3　軽い運動の習慣を取り入れる
　高齢者の疾患予防や治療には、運動習慣を取り入れることが効果的であることがわかっている。しかも、軽い運動は病気の予防や治療に必要なだけでなく、高齢者の生活

そのものを充実させることができる。いつまでも、自分のからだが健康であることを感じることができる大切な時間を作り出すことができる。ここで言う「軽い運動」とは30分程度を歩くこと（ウォーキング）や、プールなどで水の中を歩くことである。もちろん、転倒事故を防ぐために急ぐ必要はない。ちょっと呼吸が弾む程度が目安となる。

4　からだの不調に早く気づく

　高齢者にはいろいろな病気が起こってくる。しかし、高齢者の病気は典型的な症状で始まるわけではない。たとえば、肺炎でも熱が出ることが少ないので、発見が遅れてしまうこともある。また心筋梗塞も胸痛ではなく、単に気分が悪いとか疲れやすい、という症状で始まることが多いという報告もある。このような理由から、高齢者では、気分が悪い、横になりたいという自覚症状が生じたら、何らかのからだの異常や病気があることを想定することが良いと思われる。

5　こころの不調に早く気づく

　高齢者ではからだの病気だけでなく、こころの病気にも早く気づく必要がある。特に、うつ病と認知症について注意しなくてはならない。うつ病は特別な病気ではなく、特に高齢者ではしばしばみられるこころの病気であるが、治療により改善される病気であり、早期発見して治療すべき病気である。様々な初期症状があるが、不眠症や疲れやすさ・食欲不振・頭痛・肩こり・腰痛など、高齢者では頻繁に自覚するような自覚症状でもあるので、内科などの検査では異常なしと診断された場合には、うつ病の存在を疑わなければならない。もうひとつの認知症も、予防と早期発見で対処すべき疾患である。

　高齢者で知的機能が低下するのは生理的なこととして仕方がないが、知的機能のなかの種類によって変化の仕方が異なるという点は重要である。知能テストから言語性テスト（単語・算数・理解・類似など）と動作性テスト（積木・絵画配列・組み合わせなど）を分離して検討してみると、加齢によって動作性テストに反映される機能は低下していく一方で、言語性テストに反映される機能はむしろ向上していることがわかっている。つまり高齢者にとっては、言語性テストに反映される機能が知能の主役なっていると言える。この機能は、日常的な経験や学習によって獲得され維持されるものだが、この機能を維持するためには高齢者にとっても日常的に新たな知識を獲得していこうという努力が必要となる。つまり認知症の予防には、絶えず脳を刺激することが必要であり、新聞や本を読む習慣の継続や、視力の問題でそれが不可能ならばラジオのニュース番組を聞いた

りすることが効果的である。手足の使用や、指先を使う作業をすることも脳を刺激し効果的と考えられる。

　高齢という円熟した時期を充実したものにするためには、まず心身の健康が前提になる。そして、それぞれが置かれた環境や立場を考えながらクオーリティ・オブ・ライフ（QOL）を構築していくことが大切である。こころやからだの健康は、日常の中の些細な注意や、ちょっとした努力によりかなり向上するものと言える。

（櫻井智野風）

10 子どもとは

　我が国では、様々な法律によって「子ども」という言葉の対象となる年齢区分や呼称などがそれぞれに定義されている（図表1）。「子ども」に関わる基幹的な役割を果たす児童福祉法においては、18歳未満の者を「児童」と定義し、1歳に満たない者を「乳児」、1歳から小学校就学の始期に達するまでの者を「幼児」、小学校就学の始期から18歳に達するまでの者を「少年」と分けている。なお、2018（平成30）年6月に「民法の一部を改正する法律」が成立し、2022年4月1日から、民法上の成年年齢が18歳、男女ともに婚姻開始年齢が18歳とされる。

図表1　各種法令等による「子ども」の年齢区分について

法律の名称	呼称等	年　齢　区　分
少年法	少　年	20歳未満の者
刑　法	刑事責任年齢	満14歳
児童福祉法	児　童	18歳未満の者
	乳　児	1歳未満の者
	幼　児	1歳から小学校就学前の始期に達するまでの者
	少　年	小学校就学の始時期から18歳に達するまでの者
学校教育法	学齢児童	満6歳に達した日の翌日以後における最初の学年の初めから、満12歳に達した日の属する学年の終わりまでの者
	学齢生徒	小学校（特別支援学校の小学部）の課程を終了した日の翌日以後における最初の学年の初めから、満15歳に達した日の属する学年の終わりまでの者
民　法	未成年者	20歳未満の者
	婚姻適齢	男満18歳、女満16歳（未成年者は、父母の同意を得なければならない。）
労働基準法	年少者	18歳未満の者
	児童	15歳に達した日以後の最初の3月31日が終了するまでの者

（平成29年版 子供・若者白書（2017：240）の一部を抜粋）

1989（平成元）年11月20日に国連によって定められた「子どもの権利条約（子どもの基本的人権を国際的に保障するために定められた条約）」では、「子ども（児童）」は18歳未満と定義され、「子ども」は大きく生きる権利、守られる権利、育つ権利、参加する権利を持つ（図表2）。

図表2　「子どもの権利条約」の4つの柱

生きる権利	子どもたちは健康に生まれ、安全な水や十分な栄養を得て、健やかに成長する権利を持っています。
守られる権利	子どもたちは、あらゆる種類の差別や虐待、搾取から守られなければなりません。紛争下の子ども、障害をもつ子ども、少数民族の子どもなどは特別に守られる権利を持っています。
育つ権利	子どもたちは教育を受ける権利を持っています。また、休んだり遊んだりすること、様々な情報を得、自分の考えや信じることが守られることも、自分らしく成長するためにとても重要です。
参加する権利	子どもたちは、自分に関係のある事柄について自由に意見を表したり、集まってグループを作ったり、活動することができます。そのときには、家族や地域社会の一員としてルールを守って行動する義務があります。

（公益財団法人日本ユニセフ協会ウェブサイト「子どもの権利条約」を元に著者作成）

また、「子ども」は年齢によって体の成長や、心や精神の発達（図表3）に異なる様相を呈するため、特徴を理解した上で「子ども」に関わる活動や支援に従事することが求められる。

図表3　「子ども」の心の発達段階の特徴（エリクソンとピアジェの発達理論より）

年　齢	0～2歳	2～6歳 前期	2～6歳 後期	6～12歳	12～20歳
エリクソン	乳児期	幼児期 前期	幼児期 後期	児童期	青年期
社会の中での発達課題／危機	基本的信頼／不信	自律性／恥・疑惑	自発性／罪悪感	勤勉性／劣等感	自我同一性（アイデンティティ）獲得／拡散
ピアジェ	感覚運動期	前操作期	前操作期	具体的操作期	形式的操作期
認知の発達	身体の動きに応じて変化する感覚でこの世界を認識する。	象徴機能が出現するが、自己中心性が強く、理論的思考ができない。	象徴機能が出現するが、自己中心性が強く、理論的思考ができない。	具体的なものを扱うことで、論理的思考ができるようになる。	具体的なものだけでなく、抽象的なものについても論理的思考ができるようになる。抽象的な概念や知識も獲得できるようになる。

（杉山崇（2016:56）を元に著者作成）

参考文献

公益財団法人日本ユニセフ協会（2018）子どもの権利条約、https://www.unicef.or.jp/about_unicef/about_rig.htm、（参照日2018年5月1日）。
内閣府（2017）参考資料8 各種法令による子供・若者の年齢区分、内閣府、平成29年版 子供・若者白書、日経印刷、p.240。
杉山崇（2016）Ⅲ発達する心 022人は年齢とともに変わり続ける、越智啓太［編］、心理学ビジュアル百科―基本から研究の最前線まで―、創元社、pp.56-57。

（木下直子）

11 子ども①―乳幼児・学童―

はじめに

わが国は、急速に少子高齢化が進展し、2008（平成20）年の1億2,808万人をピークに総人口は減少に転じて「人口減少社会」が到来した。人口の減少が我が国の経済や社会保障、地域社会などの様々な局面に大きく影響を及ぼすと考えられる。

ここでは、少子化の現状とその原因や背景、社会への影響や我が国の少子化対策の流れを概観した上で、乳幼児期と学童期（小学生）を対象にした地域の子ども・子育て支援の主な取組を紹介する。

少子化社会の現状

1 出生数や人口構造、子どもの数からみる少子化の現状

戦後の第1次ベビーブーム期（1947～49（昭和22～24）年）には約270万人、第2次ベビーブーム期（1971～74（昭和46～49）年）には約210万人もの年間出生数が、それ以降、緩やかな減少傾向となり、2016（平成28）年は97万6,979人と、統計をとり始めた1899年以降初めて100万人を割り込み、2017（平成29）年は94万1,000人で過去最少の出生数となった[1]。

2018（平成30）年4月1日現在（概算値）の日本の総人口は1億2,653万人で、総人口に占める割合は、年少人口（0～14歳）が12.3％、生産年齢人口（15～64歳）が59.8％、そして高齢者人口（65歳以上）が28.0％であり、諸外国と比べて総人口に占める年少人口の割合が最も低く、少子化が厳しい国のひとつといえる。

年少人口の数は、2018（平成30）年4月1日現在、1,553万人（男子795万人、女子758万人）であり、このうち未就学の乳幼児（0～5歳）の割合が4.7％、小学生の年代（6～11歳）が5.0％、中学生の年代（12～14歳）は2.6％であり、子どもの数は1982（昭和57）年から37年連続して減少し、過去最低となっている[2]。

2　少子化の原因と背景

　少子化の主な原因として、未婚化の進展や晩婚化に伴う晩産化の進行が挙げられる。その背景には、若い世代の経済的不安定さや結婚に関する価値観の変化、女性の高学歴化や社会進出が進み、働く女性が増加する中で、出産・育児と仕事の両立環境整備の課題、さらには、夫婦の出産や子育てをめぐる意識の変化など、様々な要因が複雑に絡み合っていると考えられる。子育て世代の男性の長時間労働や、家庭における家事・育児への協力時間の少なさは、女性に子育ての心理的、肉体的な負担がかかり、加えて、育児や教育にかかる経済的な負担感の増大などが、子どもを持つことを躊躇させて少子化に拍車をかけている可能性もある。

3　少子化による社会への影響

　少子化は、大きく経済面と社会面の２つに概ねマイナスの影響をもたらすと考えられている。経済面としては、労働力人口の減少と経済成長への影響、税や社会保険料の負担増加に伴う所得の減少などによる国民の生活水準への影響があるといえる。一方、社会面には、核家族化など家族形態の変容や子どもの教育環境の変化（児童・生徒の減少による教育機関の統廃合など）、子どものコミュニケーション能力や社会性の発達に関する影響、地域社会の活力の低下などが挙げられる[3]。

我が国の少子化対策

　1990（平成２）年、我が国の前年の合計特殊出生率が1.57と、1966（昭和41）年の丙午（ひのえうま）の1.58を下回った「1.57ショック」がきっかけとなり、政府が、出生率の低下や子どもの数が減る傾向にあることを問題と認識し、仕事と子育ての両立支援など子どもを生み育てやすい環境づくりに向けての対策の検討を開始した。

　1994（平成６）年の「エンゼルプラン」策定にはじまり、2003（平成15）年の「次世代育成支援対策推進法」や「少子化社会対策基本法」の制定など、時代とともに変化する取り組むべき重点課題を速やかに反映させながら、次々と少子化対策が打ち出された。2010（平成22）年に策定された「子ども・子育てビジョン」では、社会全体で子どもや子育てを応援する社会の実現を目指して、それまでの少子化対策から子ども・子育て支援へと考え方が転換した[4]。

　2012（平成24）年８月には「子ども・子育て関連３法」が設立し、この法律に基づき2015（平成27）年より「子ども・子育て支援新制度」が施行され、子育てを社会全体で

104 第2章 どのような人と関わるのか

図表1 子ども・子育て支援新制度

(内閣府ウェブサイト5)「子ども・子育て支援新制度 なるほどBOOK（平成28年4月改訂版）」の一部を抜粋)

支えていくために、乳幼児の保育・教育と、地域のニーズに応じた様々な子ども・子育て支援の「量」を拡充し、「質」の向上を図り、安心して子どもを産み育て、子育てに喜びを感じられるような社会環境づくりと、全ての子どもが健やかに成長できる社会の実現が目標に掲げられた[5]（図表1）。さらに2016（平成26）年6月に閣議決定された「ニッポン一億総活躍プラン」においては、少子高齢化に正面から立ち向かうため、「希望出生率1.8（一人ひとりの結婚や出産の希望を叶える）」の実現に向けた対応策が掲げられ、そのひとつに、働き方改革が重要であることが指摘されている[4]。

乳幼児期の子ども・子育て支援

1　子育てを取り巻く環境

　都市化などの社会環境の変化により、地域の人と人の繋がりが得られにくい中で、子育て家庭が地域の中で孤立感や閉塞感を感じたり、核家族や共働き家庭が一般化しつつあるが、女性が多くの時間を子育てに費やす状況は、子育てによるストレスや負担感を増大させたり、子どもへの虐待などが生じやすい危うい子育て環境と捉えることができる。また、女性の社会進出や、結婚・離婚などに対しての意識の変化に伴って、離婚件数が増加し、ひとり親家庭が増加するなど、経済的な支援や子どもの支援体制のさらなる充実が必要とされている[6]。

2　すべての子育て家庭を支える取り組み―地域子育て支援拠点事業―

　親や家族が子育てに第一義的責任を果たしつつ、子どもが心身健やかに成長・発達することができるためには、行政や地域、職域などの社会全体において、次代を担う子どもの健全な育ちと子育て家庭の支援を推進していくことが要望される。

　親の就労の有無に関わらず、すべての子育て家庭を地域で支える取り組みとして、「地域子育て支援拠点事業」がある。この事業は、「（就学前の）乳幼児及びその保護者が相互の交流を行う場所を開設し、子育てについての相談、情報の提供、助言その他の援助を行う」ことを目的に全国に拠点が整備され、2016（平成28）年に7,063か所となった[7]。

　地域子育て支援拠点の運営は、市町村や社会福祉法人、NPO法人等の様々な主体が担い、保育士などの専門資格を有する者のみならず、子育て親子の支援に意欲があり、子育ての知識や経験を有する者が研修を受けて子育て支援員となり従事している。さらに、中・高生や大学生、シニアなど、地域の様々な世代の人々がボランティアとして運

営に関わり、地域の親子を見守ることに協力している。

　我が国では、0～2歳児の7～8割の子どもが在宅で育てられている環境にある中で、地乳幼児期の親子が身近な場所で気軽に集まり、地域の様々な人や同じ年代の子どもたちと交流したり、子育ての相談を行うことができる地域子育て支援拠点の存在は、保護者が親として成長していく機会となったり、乳幼児期の子ども達の豊かな育ちに繋がるなど、親と子を地域で支える場として大きな役割を果たしていると考えられる。

3　乳幼児の保育・教育環境

　文部科学省中央教育審議会（2005）の「子どもを取り巻く環境の変化を踏まえた今後の幼児教育の在り方について―子どもの最善の利益のために幼児教育を考える―（答申）」では、幼児期は「人の一生において、幼児期は、心情、意欲、態度、基本的生活習慣など、生涯にわたる人間形成の基礎が培われる極めて重要な時期である。幼児は、生活や遊びといった直接的・具体的な体験を通して、情緒的・知的な発達、あるいは社会性を涵養し、人間として、社会の一員として、よりよく生きるための基礎を獲得していく。」と述べられている。さらに「幼児期は、知的・感情的でも、また人間関係の面でも、日々急速に成長する時期であるため、この時期に経験しておかなければならないことを十分に行わせることは、将来、人間として充実した生活を送る上で不可欠である。」と、幼児期における教育の重要性が唱えられた[8]。

　乳幼児の保育・教育環境として、家庭で保育のできない保護者に代わって保育を行う「保育所（0～5歳対象）」、幼児期の教育を目的とする「幼稚園（3～5歳対象）」、就労や介護などの事情により、幼稚園と保育所の機能や特長を持ち合わせ、地域の子育て支援も行う「認定こども園（3～5歳対象）」、さらに保育所より少人数の子どもを保育する「地域型保育事業（0～2歳）」などが整備されている。

　子どもの数が減少傾向にあるにも関わらず、共働き世帯の増加や、育児休業制度の充実などにより妊娠・出産を機に離職する女性の減少、経済状況の変化により保育所入所希望者は増加し、待機児童は大きな社会問題となっている。これら待機児童の解消に向けて、近年では、企業の事業所内保育施設の設置・運営なども積極的に進められている。また、就労形態の多様化や緊急時の保育ニーズに対応するために、一時預かりや延長保育、休日・夜間保育、そして病児保育といった様々なサービスも展開されている[4]。

学童期（小学生）の子ども・子育て支援

1　子どもの「遊び」を取り巻く環境

　都市化の進行により、地域の中から子どもたちが自由に遊びまわれる自然環境（「空間」）が消えている。また、インターネットやゲームなどの電子メディアの普及により、室内におけるひとり遊びの時間が増大し、「仲間」と一緒に、公園などで体を動かす外遊びが減少し、放課後は塾や習い事などの予定に忙しく、自由に遊べる「時間」が持てなくなるなど、子ども達の「遊び」に必要といわれる「三間（時間・空間・仲間）」が生活の中から失われつつある。

　異年齢の子どもや地域の人たちと「遊び」を通して関わる機会や、「遊び」の中で工夫をする体験などが阻害されることにより、例えば判断力や情緒、社会性の欠如や、体力の低下など、子ども達の心と体が危機にさらされているという指摘がある[9]。学校や家庭、そして地域は連携・協力しながら、子どもたちの豊かな心と健やかな体を育むことができるような多様な体験の場や機会の創出が必要といえる[10]。

2　小学生の放課後の居場所──「放課後児童クラブ」と「放課後子供教室」──

　2014（平成26）年7月に文部科学省と厚生労働省が共同で策定した「放課後子ども総合プラン」では、共働き家庭等の「小1の壁」を打破することと、次代を担う人材育成を目的として、全ての就学児童が放課後等に安全・安心して過ごせ、多様な体験や活動を行うことができるように、学校施設等を徹底的に活用した「放課後児童クラブ」及び「放課後子供教室」の一体型を中心とした整備が推進されている[4]。

　「放課後児童クラブ」は、厚生労働省が管轄・推進する「放課後児童健全育成事業」であり、保護者が仕事などで家庭に不在となる小学生の児童を対象に、小学校の放課後や長期休業や学校休業日に、学校の余裕教室や児童館などを利用して遊びや生活の場を提供している。放課後児童支援員（指導員）が見守る中で、異年齢の子ども達が交流したり、外遊びや季節の行事などを楽しんだり、一緒におやつや給食を食べたり、学校の宿題に取り組むなど、家庭と同じような雰囲気の中で過ごすことができる。

　2017年（平成29）年度の実施状況として、全国の放課後児童クラブの数は24,573か所、利用登録をしている児童の数は1,171,162人であり、小学校1年生から3年生までが全体の約82％を占めている。放課後児童クラブは、市町村のほか、社会福祉法人やNPO法人、地域の運営委員会、学童クラブに通う児童の保護者の会など様々な主体によって運

営されている。共働き家庭が増加し、学童クラブの待機児童問題などに対応するために、受け皿のさらなる確保も進められている[11]。

一方、「放課後子供教室」は、文部科学省が管轄・推進し、全ての子どもを対象に、地域の方々の参画を得ながら、学習やスポーツ、文化・芸術活動、さらには地域住民との交流機会などを提供している。2017（平成29）年度の実施数は、全国で17,615教室である。

3　冒険遊び場

「冒険遊び場」とは、地域の中で自然が残っている場所や都市公園などを活用し、「自分の責任で自由に遊ぶ」をモットーに、子ども達がのびのびと思いっきり遊べるように禁止事項を無くし、土や水、火や木など自然素材も使いながら、自分がやってみたいと思うことを創造し実現する遊び場で、子どもたちの生きる力を育むことを支えている[12]。たき火やのこぎりなどを使った木工、木登り、ベーゴマ、ハンモックやロープブランコなど、様々な遊びが展開されている。

わが国で最初の常設の「冒険遊び場」は、1979（昭和54）年、行政と市民の協働による「羽根木プレーパーク（東京都世田谷区）」である。現在は、全国で400団体以上が冒険遊び場づくり活動を実践しており、運営は主体的な市民によるものが大半であるが、行政の支援を受けたり、連携しながら、地域住民の理解と協力を得て行われている。開催は月1回あるいは週1回程度の場合が多く、常設（週3回以上）の場は全体の1割程度で、子ども達がいつでも遊べるように利用料は無料となっている[13]。

また、「冒険遊び場」には、プレーリーダーと呼ばれる大人が存在し、環境の安全点検を行い、子どもたちが判断できないような危険を取り除き、事故を未然に防ぐように努めたり、怪我やトラブルに対応する。さらに、子どもに遊びのきっかけを作ったり、一緒になって思いっきり遊んだり、時には子どもの相談相手になったり、子どもの気持ちを大人に代弁するなど、「子どもがいきいきと遊ぶことのできる環境づくり」と「地域に子どものびのびとした成長を見守る"輪"を広げていく」大切な役割を担っている。「冒険遊び場」はさらに、地域の人間関係が希薄化する中で、「遊び」を真ん中に、乳幼児から高齢者まで様々な世代の人々が繋がれる地域の居場所としても期待できる。

終わりに

　少子化社会の中で今後、活力ある豊かな社会を形成していくために、子ども・子育て支援の必要性や重要性を認識した上で、家庭や学校、地域が連携し、社会全体でより一層、次世代を担う子ども達の健全な育成に取り組んでいく機運を高めていく必要がある。

注

1）厚生労働省（2017）平成29年（2017）人口動態統計の年間推計、http://www.mhlw.go.jp/toukei/saikin/hw/jinkou/suikei17/dl/2017suikei.pdf（参照日2018年5月5日）。
2）総務省統計局（2018）統計トピックス No.109　我が国のこどもの数―「こどもの日」にちなんで―（「人口推計」から）、http://www.stat.go.jp/data/jinsui/topics/topi1090.html（参照日2018年5月5日）。
3）内閣府（2014）第3章第2節　少子化の社会的影響、平成16年版少子化社会白書（全体版〈PDF形式〉）、pp.67-75、http://www8.cao.go.jp/shoushi/shoushika/whitepaper/measures/w-2004/pdf_h/honpen.html、（参照日2017年10月15日）。
4）内閣府（2017）平成29年版少子化社会対策白書、日経印刷。
5）内閣府（2014）子ども・子育て支援新制度、http://www8.cao.go.jp/shoushi/shinseido/（参照日2017年10月15日）。
6）大豆生田啓友・太田光洋・森上史朗（2008）やわらかアカデミズム〈わかる〉シリーズ「よくわかる子育て・家族援助論」、ミネルヴァ書房。
7）厚生労働省　子ども・子育て支援：地域子育て支援事業について、http://www.mhlw.go.jp/stf/seisakunitsuite/bunya/kodomo/kodomo_kosodate/kosodate/index.html（参照日2017年10月15日）。
8）文部科学省中央教育審議会（2005）子どもを取り巻く環境の変化を踏まえた今後の幼児教育の在り方について―子どもの最善の利益のために幼児教育を考える―（答申）、http://www.mext.go.jp/b_menu/shingi/chukyo/chukyo0/toushin/05013102.htm（参照日2018年5月5日）。
9）中村和彦（2012）特集1　インタビュー　中村先生に聞く　子どもの心と体の危機！遊びの復興を、さがみはら教育、152：5-9。
10）文部科学省中央教育審議会（2013）今後の青少年の体験活動の推進について（答申）、http://www.mext.go.jp/component/b_menu/shingi/toushin/__icsFiles/afieldfile/2013/04/03/1330231_01.pdf（参照日2017年10月15日）。
11）厚生労働省（2017）平成29年（2017）放課後児童健全育成事業（放課後児童クラブ）の実施状況（平成29年（2017）5月1日現在）、http://www.mhlw.go.jp/file/04-Houdouhappyou-11906000-Koyoukintoujidoukateikyoku-Ikuseikankyouka/0000189639.pdf（参照日2018年5月7日）。
12）特定非営利活動法人日本冒険遊び場づくり協会（2003）　http://bouken-asobiba.org/（参照日2017年10月15日）。
13）梶田典子（2017）冒険遊び場づくり活動の実態に関する研究―第7回冒険遊び場づくり活動団体実態調査の結果より―、一般社団法人日本家政学会第69回大会研究発表要旨集、131。

（木下直子）

12

子ども②―小学校―

学校支援ボランティア活動と大学生

　本稿では学生たちがサービスラーニングやインターンシップなどで社会に出て多様な経験をする機会のうち、学校を対象とした活動、とりわけ教員を志す学生たちの学び・取り組みについて紹介していくことにしたい。

1　学校支援ボランティア

　今日、教員を志す学生の多くは学校支援ボランティアや、学校体験実習などのように一定の学校での活動を単位化した科目の履修を通して学校現場で学ぶ機会を得ている。そのような学校を支援する活動は、平成9年に文部省（現・文部科学省）から出された教育改革プログラムの中に、学校支援ボランティアということばが使用されたことが契機となって活発になったと言えるだろう。ちなみに、学校支援ボランティアについては、教育改革プログラムの中で「学校の教育活動について地域の教育力を生かすため、保護者、地域の人材や団体、企業などがボランティアとして学校をサポートする活動」と述べられている。

　学校支援ボランティアとは、様々な学校での教育活動や環境整備などを支援するボランティアと理解してよい。その根本には、子どもたちの教育のために役立ちたいというボランティア活動に向かう者の思いが必要であり、学生がとりあえず経験してみるというような軽い気持ちで携わる活動であってはならない。

2　学校支援ボランティアへの参加で期待できる多様な学び

　先述のように安易な気持ちで参加した結果としての真剣さのみられない取り組みや中途でのリタイヤなど、ボランティア先に迷惑をかけることは厳に慎むべきである。しかしながら、教員を目指す学生にとっては多様な活動を通して児童の実態を知ることができ、後述するボランティア活動を通して学校教育の実際を直に体験すると共に、先生方の児童への具体的な指導・対応を様々に学ぶことができる。

一方、教員を志望する学生にとって、大学の中の授業だけでは教員として求められる資質の向上には限度があるし、教育実習だけではあまりにも現場体験が少ない。したがって、できるだけ早い段階から自らが志望する校種の学校支援ボランティア活動に積極的に参加すべきである。

3　自治体の取り組み（横浜市の場合）

学校において学校支援ボランティアが求められる理由として、教員の人数不足を補うという意味や、特別支援学級のみならず普通学級においても支援を要する児童への対応に迫られているということもあるだろう。また、様々な授業への補助者として、体育指導・スポーツ指導への理解や経験を持った体力のある学生が求められていることも事実である。

例えば神奈川県横浜市のホームページでは、教員を目指している学生のみを対象に「よこはま教育実践ボランティア」を開設し、特徴として以下のことが示されている。

- 最寄り駅、実施日時、活動内容などを確認し、学生自身の都合に合わせた活動を選択できること
- 校外学習、宿泊行事、夏休み学習会などの短期の活動も準備されていて、日常的な参加が難しい学生でも参加できること
- 申請と登録が完了後、約1週間以内という短期間に希望の市立学校を紹介できること
- 横浜市でボランティア保険に加入することや活動終了時に実施記録書を渡すことまた、活動時期は1年を4つに区切って示している。

申請から実施までの流れを説明する中で、服装や活動中の情報の取り扱い、児童・生徒との接し方、活動への参加の仕方など、学校現場に入る際の基本的な内容を示し、それらを遵守することを求めている。また、申請手続きの最初で「教員を目指していること」も確認されている。

小学校における身体活動を中心とした学校支援ボランティアの対象

中学校・高等学校と違って、小学校における学生が参加する学校支援ボランティアでは、全教科での学習支援活動や校舎内外での環境整備、登下校の安全確保などといった

内容を含んでおり、基本的には特定の教科や活動に特化して支援することは少ない。そこで、本書は多様な社会貢献を学ぶという主旨ではあるが、ここではスポーツを含んだ学校支援ボランティアを対象にしたい。また、小学校におけるスポーツを、野球やサッカー、テニス、水泳などといった一般的に認知されているスポーツよりももっと広く、体そのものを動かすこと＝身体活動と捉えて述べていくことにする。

さて、小学生が学校生活も含めた教育活動全般の中で身体活動を行う機会・場を考えてみると以下のようであろう。

1　体育授業での支援

まず、何といっても体育授業であろう。

体育授業は小学校1年から4年までは毎週3回・年間105時間、5・6年では年間90時間の体育授業、6年間でおよそ600時間が全ての児童に保証されている。運動の得意・不得意、あるいは好き・嫌いに関わらず必ず実施される教育活動として体育授業がある。

2　体育的行事での支援

次に思い浮かぶのは体育的行事である。運動会やスポーツ大会などといった校内で行われる体育的行事だけでなく、学校を離れて活動を楽しむ遠足や林間合宿・臨海合宿といった学校行事の中でも、登山やレクリエーションとしてのダンス・仲間づくりの運動などが主要な活動としてよく取り上げられる。

3　運動部活動での支援（主に中学校・高等学校）

小学校の児童全員が参加するわけではないが、運動部活動への支援もある。

身体活動を伴う活動への学校支援ボランティア

前述の活動に対する学生の支援のあり方や実態について述べてみたい。

4年生は下学年からの継続として決まった曜日に小学校でのボランティア活動を定期的に行っていることが多い。また、3年生・2年生は授業の無い時間帯にボランティア活動を行っている。4年生は自宅近くの母校で行っている者もいるが、3年生以下は大学から近い小学校が活動先になっていることが多い。

学生ボランティアの依頼を連絡してきた知り合いの校長先生は、個別指導が中心とな

る特別支援学級での補助はもちろん、落ち着いて学習できない児童が増えてきている普通学級についても学生のボランティアを望んでいた。教育実習などで小学校に伺った際に、学生のボランティアを渇望している小学校が多いことを実感している。

1 体育授業への支援
(1) 普通学級への支援

A君（4年生）は神奈川県K市の小学校（水曜日終日）とO市の小学校・母校（金曜日終日）でボランティア活動を行っている。それぞれ、学級になじめない児童、暴れてしまう児童という特定の児童への週1回の関わりを継続している。学級になじめない児童へのサポートでは、担当する児童への対応は一筋縄ではいかない児童であっても必ずよいところや輝ける場面があることを学んだ。また、暴れてしまう児童へのサポートでは、その児童が暴れてしまう日は決まって家で母親に叱られたり叩かれたりした日であり、家庭環境が子どもに大きな影響を与えるのだと感じた。また、そのような家庭と学校側とのやり取りやその児童へのフォローなどを見て、教師という仕事の難しさを痛感した。しかしその児童が輝ける部分は多くあり、それを活かしてあげることも大切なのだと実感したという。

Bさん（4年生）は大学2年から神奈川県S市の小学校でボランティア活動を続けている。

小学校教員を目指して大学に入学したものの、本当に自分は教師になりたいのかと自問するとともに、教師は子どもが好きだからといってやれる仕事ではないのではないかとも思っていた。ボランティアで初めて生の小学生と学校という場所と触れあった時は幸せな仕事だと感動した。しかし、ボランティア活動を重ねるにつれて、子どもや出来事への対応で大変さを感じることが増えていった。それでも、試行錯誤しながら対応策を行動に移し、児童の「できない」を「できる」にすることができた時はとても嬉しいという。

学習支援ボランティアは教師になりたいという思いを強くさせてくれたようだ。

(2) 特別支援学級への支援

3年生のC君は、2年生の最初から、大学からそう遠くない小学校で特別支援学級のお手伝いを行っている。教室で指導をしたり、身体的に障害を抱えた児童の車椅子での移動のサポートや積極的に行われている普通学級との連携での学習支援を行っている。最初は障害を持った児童にどう接していいかわからず自分の言うことも聞いてくれなかったが、次第に関係を持てるようになったという。

2　体育的行事への支援

（筆者撮影）

　運動会は体育的行事の代表的なものだろう。その他にも林間合宿（宿泊体験）や修学旅行などがある。左の写真のように、近隣の小学校の運動会では、毎年、10名ほどの学生がボランティアとして活躍してくれている。先述のC君も運動会や音楽発表会で用具の準備などでお手伝いを行ったが、大変であるが楽しい行事であったと共に、とても勉強になることが多いと述べてくれた。

　A君は5年生の2泊3日の宿泊体験に参加し、楽しかったと同時に、とても大変だったという。特に彼が驚いたのは、先生方の頑張りであった。5時に起床し、就寝は1時過ぎ。それでも一日中児童たちのために動き回っていたという。子どもたちにとって思い出に残るイベントも、先生方の頑張りによって支えられていると痛感した。

　代表的な体育的行事といえば運動会だろう。また、林間合宿や修学旅行などもそれになる。

参考文献

教育改革プログラム　平成9年（文部省　現文部科学省）。
小学校学習指導要領　平成20年（文部科学省）。
中学校学習指導要領　平成20年（文部科学省）。
高等学校学習指導要領　平成21年（文部科学省）。
横浜市教育委員会（2017）平成30年度よこはま教育実践ボランティア、http://www.city.yokohama.lg.jp/kyoiku/saiyou/volunteer/20171113154729.html（参照日2018年12月1日）。

（松本格之祐）

13 子ども③―中学校―

中学校におけるスポーツ活動の機会

　中学校におけるスポーツの指導場面は、①体育授業への支援、②体育的活動等での学校行事へ支援、③運動部活動場面での支援などがある。

　図表1のとおり、教育の目的は、人格の完成を目指し、平和で民主的な国家及び社会の形成者として必要な資質を備えた心身ともに健康な国民の育成（教育基本法第1条）」である。また、この目的は、学校、家庭及び地域住民等の相互の連携協力（第13条）を得て育まれるものであり、教育の目標としての「幅広い知識と教養を身に付け、真理を求める態度を養い、豊かな情操と道徳心を培うとともに、健やかな身体を養うこと（第2条1項）」、「伝統と文化を尊重し、それらをはぐくんできた我が国と郷土を愛するとともに、他国を尊重し、国際社会の平和と発展に寄与する態度を養うこと（第2条5項）」等、スポーツが教育目標の実現に果たす役割は大きい。

　学校の教育課程は、学習指導要領によって定められた基準に従い、各学校が設定している。教科、教科外活動の教育課程内（1単位50分を標準時間とする）の学習と運動部活動

図表1　学校教育活動の構造

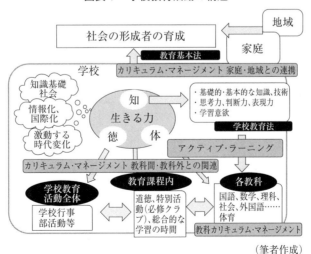

（筆者作成）

等の教育課程外の活動から構成されおり、スポーツ活動の機会は、すべての生徒が学ぶこととなる教科「保健体育」で週3回（保健48単位時間含む）行われており、その他、体育・健康に関する指導（総則1-1-3）の趣旨を踏まえて、特別活動の学級活動、生徒会活動、学校行事（健康安全・体育的行事）等として実施する運動会、体育祭、自然体験活動等がある（図表2）。

> 3　教育課程外の学校活動と関連（学習指導要領総則第1章5ウ）
> ウ　教育課程外の学校教育活動と教育課程の関連が図られるように留意するものとする。特に、生徒の自主的、自発的な参加により行われる部活動については、スポーツや文化、科学等に親しませ、学習意欲の向上や責任感、連帯感の涵かん養等、学校教育が目指す資質・能力の育成に資するものであり、学校教育の一環として、教育課程との関連が図られるよう留意すること。その際、学校や地域の実態に応じ、地域の人々の協力、社会教育施設や社会教育関係団体等の各種団体との連携などの運営上の工夫を行い、持続可能な運営体制が整えられるようにするものとする。

このように、学校で実施されるスポーツ活動は、すべての生徒が学習する保健体育へのサポート、学校で設定する運動会等の体育的行事の機会へのサポート、生徒が自主的・自発的な参加によって行われる部活動の機会のサポートが考えられる。

それぞれのスポーツ活動は、目的や内容、時間数等がそれぞれ異なることを理解した上で、学校が望む適切なサポートが求められている。

図表2　中学生からみたスポーツの機会

場面	推進根拠	目的	対象	時間	内容	指導者
体育学習	学習指導要領保健体育編	・生涯にわたる豊かなスポーツライフの実現 ・体力の向上	全ての児童・生徒	310単位時間（週3回）各内容に9-20回程度（学校が設定）	体つくり運動、陸上競技、器械運動、水泳、球技、武道、ダンス、体育理論、保健	保健体育科教諭
特別活動	学習指導要領学習指導要領動等	心身の調和のとれた発達と個性の伸長、自己を生かす能力	学校が設定する教育活動	35単位時間（時期は学校が設定）	体力測定、遠足、運動会、体育祭等	教諭・学級担任等
運動部活動	学習指導要領総則・保健体育	学習意欲の向上や責任感、連帯感の涵かん養等、	特に希望する同好の生徒	中、高　週3日、一日2h程度計500時間	19種目（2016年中学校体育連盟登録団体による）	教諭、部活動指導員、外部指導者等
地域スポーツ	スポーツ基本法等	国民の心身の健全な発達、明るく豊かな国民生活の形成、活力ある社会の実現及び国際社会の調和ある発展	希望する国民全体	個人による	参考：3550団体（2016総合型地域スポーツクラブ育成団体）	地域指導者

（筆者作成）

学校教育活動への支援の機会と留意点

1　保健体育授業（体育学習）・学校行事等への支援

　保健体育の指導内容は、学習指導要領で示されており、保健体育教師は、学校教育目標に従い、保健体育の年間指導計画、単元の指導と評価の計画に基づいて授業が行われている。ボランティア等で体育授業のサポートに入る場合、学習指導要領の理解のもと、授業担当者の指導下において、指導の方法や工夫を考えることが大切である。

　生徒は、学校では生徒以外の関係者を教師と同様の指導者として見ている。まず、社会人としてふさわしい服装、行動、言動が求められる。特に生徒の個人情報については、学校で知り得たことを外部では口外しない「守秘義務」があり、学校指導についての基本的なルールを守ることがボランティアであっても求められている。

　また、体育の実技指導や体育的活動では、特に健康・安全に細心の注意が払われている。そのための授業ルールや約束事を確認しておく。サポートに入る心構えとして、サポート校の学校の外部指導者やボランティアを受け入れる際の留意点を必ず確認しておく必要がある。授業対象者は、運動が好き・嫌いにかかわらずすべての生徒が対象となるため、運動の苦手な生徒や意欲の低い生徒への対応力を高めておくことも重要となる。

　特に教員免許の取得を目指す場合は、体育授業のみならず学校教育活動全体で教師が取り組む職務について学習をしておくことが必要である。例えば、横浜市では、教育実習生に身につけさせたい力等のガイドライン（図表3）を作成しているので、各都道府県等の作成された資料がある場合は、これらを事前に理解しておくことも大切である。

図表3　実習生に身に付けさせたい力・指導教員自身の振り返り

資質・能力		実習生に対する評価のポイント
教職の素養	自己研鑽・探求力	・教員の助言などに耳を傾け、常に改善を心がけ実践に結びつけている。 ・教員としての立場をわきまえ行動している。 ・相手の思いや考えを汲み取るとともに、自分の考えを適切に伝え、積極的に協力しながら活動している。
	情熱・教育的愛情	
	使命感・責任感	
	人間性・社会性	
	コミュニケーション	

（横浜市教育実習サポートガイド（2015）より一部抜粋）

2　運動部活動への支援

　部活動の支援では、外部指導者として関わる場合、卒業校などでボランティアとして関わる場合がある。また、2017年に改正された学校教育法では、部活動支援員の導入が法的に位置づけられている。現在、その運用に向けた具体的な予算措置等が国、県、市町村の教育委員会事務局で検討しており、例えば、対外試合等の引率が可能になるなどの部活動運営制度の検討が進められている。

　特に近年、部活動の指導に関わる体罰やハラスメントの事例が社会問題として取り上げられたことから、スポーツ庁が示した運動部活動の在り方に関する総合的なガイドラインに従い、適切な指導を行うことが重要である。

　部活動は、学校教育活動の一環として位置づけられていることから、顧問となる教諭は、必ずしも協議経験を有しない場合や、保健体育教師以外の教職員が担当しているケースも少なくない。また、競技経験を有する専門の教師であっても、クラスの生徒の進路相談、成績処理、保護者対応、職員会議など多様な学校業務を行っており、部活動の活動に常に立ち会える時間が確保されている訳ではない。一部の県や市町村では、独自の部活動運営補助のシステムをつくり、こうした状況に対しての対策が講じられているが、各学校が希望する適切な人材がすべての学校で整っているとは言えない現状もある。そのため、学校では、運動部活動での支援を様々な場面で求めていると言える。また、できる限り複数年数で協力できる人材を求めているので、早い時期からのサポート

指導に当たっての外部指導者との確認事項例
- 学校教育活動における指導者として部活動の指導に携わっていることを再確認し、学校の教職員と同じように指導に当たりましょう。
- 生徒の保護者と直接連絡を取ることはせず、顧問と報告・連絡・相談を必ず行いましょう。
- 生徒の立場にたって考える姿勢を持ちましょう。
- 生徒の個人情報の保護に配慮しましょう。
- その場の感情的な指導をしないようにしましょう。
- 体罰やセクシャルハラスメントなどの行為が生徒の心に深い傷を残すこと、学校の信頼に深く関わっていることを理解しましょう。

［禁止事項］
- 思い込みや自分の考えだけで指導したり、練習日・練習時間・練習メニュー等を独自の判断で考えたり、顧問との相談なしに練習試合や大会を組むこと。
- 部活動以外の時間に生徒を指導したり、生徒を校外に連れ出すこと。
- 威圧や腕力で言うことを聞かせようとすること。

（長崎県教育委員会「部活動指導の手引き」より一部抜粋）

に入れると、生徒の成長を顧問教師とともに感じる体験ともなる。

例えば、長崎県教育委員会（2015）が作成した「部活動指導の手引き」では、部活動の位置づけや意義、運動部活動の運営、外部指導者との連携、怪我やスポーツ障害の防止、体罰や暴力行為の根絶、事故発生時の対応などボランティアとして部活動に参加する際に知っておくべき事項が示されている。自身の経験のみに頼らず、最新のスポーツ医科学に基づいた指導に心がけたい。

中学校のスポーツ指導に当たって

本章では、次の点を確認しておきたい。
・スポーツは、学校教育の目的、目標を達成するための重要な機会である。
・学校では、担任、授業担当者、顧問教師等との指示に従い活動を行う。
・体育授業では、学習指導要領（解説）に示された指導内容に沿って指導が行われている。
・体育のサポートでは、運動の苦手な生徒等への配慮が大切である。
・部活動では、自身の経験のみに頼らず、スポーツ医科学的な視点からの指導を充実する。

参考文献
文部科学省（2009）教育基本法（平成十八年十二月二十二日法律第百二十号）。
中学校学習指導要領解説　特別活動編平成29年7月　文部科学省平成27年度。
総合型地域スポーツクラブに関する実態調査結果概要（平成28年3月）。
スポーツ庁スポーツ基本法（平成23年法律第78号）。
横浜市教育委員会（2015）横浜市教育実習サポートガイド。
長崎県教育委員会（2014）部活動指導の手引き。
スポーツ庁（2018）運動部活動の在り方に関する総合的なガイドライン。

（佐藤　豊）

14

子ども④―インクルーシブ教育―

はじめに

　この本を手にする諸君がスポーツ活動を行うとき、その周りにいる人たちは、どのような人だろうか。例えば、これからサッカーしようと同じ年代の人が集まっている場面を想像してもらいたい。グランドに20人ほどが集まり、チーム分けやウォーミングアップなどの相談をしている場面である。さて、その想像の中に、視覚障害のある人はいるだろうか。聴覚障害のある人、車いすに乗っている人や松葉杖をついている人は、入っているだろうか。

　スポーツが、多様な人たちの暮らす社会に、どのように貢献し、広くその価値を共有していけるのかは、諸君の想像力にかかっているといっても過言ではない。

　子どもにとってスポーツが、同じように価値のある、誰にとっても大切な文化であることを理解するためには、指導者としてかかわる大人が、さらに多様なスポーツへの理解があり、具体的な指導に結びつけることができるようになることと近接している。

　インクルーシブな社会、共生社会を構築してゆくためには、インクルーシブ教育システムの構築が不可欠であり、体育やスポーツはその一端を担うことになる。ここでは、現在に至るまでの障害のある子どもの教育がどのような仕組みの中で育まれてきたのかについて学んでもらいたい。

特別支援教育に至るまでの経緯

　日本の特別支援教育は、明治5年（1872年）に頒布された、「学制」に端を発する。この「学制」は、近代教育制度の始まりでもあり、この中に「廃人学校アルヘシ」と規定されたことで、障害のある子ども達についても教育の対象として考慮するという認識が示されたことになる。

　具体的な形として、明治11年（1878年）に、京都に「盲唖院」が設立され、その2年後には東京でも「楽善会訓盲唖院」が授業を開始する。いずれの施設も学校となり具体

的な障害児教育が始まることになる。肢体不自由学校は、昭和7年（1932年）「東京市立光明学校」が、知的障害学校は、昭和15年（1940年）「大阪市立恩斎学校」が創設され、第二次世界大戦前には、我が国の障害児教育が、学校として位置づくのである。しかしながら、これらの学校に、障害のある児童生徒のすべてが通うことはできていない。

戦後、日本国憲法と教育基本法に基づき、学校教育法が1947年（昭和22年）に公布された。この学校教育法に、特殊教育が学校教育の一環であることや、幼児児童生徒のそれぞれの段階に応じた「準ずる教育」を施すことが示されたことは大きな意味を持っている。同じくこの学校教育法には、特殊学級も示されており、戦前から存在していた特別な学級や養護学級の流れを汲んでいる。

このような法整備が進む中でも、希望する障害のある幼児児童生徒が、全て就学できたわけではない。昭和47年度（1972年度）に当時の文部省は「特殊教育拡充計画」を立てた。そして、「養護学校整備7年計画」を経て、対象となる学齢児童・生徒全員を就学させるのに必要な養護学校の整備を進めたのである。このような流れを受けて、昭和54年度（1979年度）、養護学校での教育が義務教育となるのである。

平成19年（2007年）4月からは、特別支援教育が学校教育法に位置づけられ、全ての学校（幼稚園、小学校、中学校、高等学校を含む）において、障害のある幼児児童生徒への教育を更に充実させることになる。

「特別支援教育」とは、障害のある幼児児童生徒の自立や社会参加に向けた主体的な取組を支援するという視点に立ち、幼児児童生徒の一人一人の教育的ニーズを把握し、その持てる力を高め、生活や学習上の困難を改善又は克服するため、適切な指導及び必要な支援を行うものである。

この特別支援教育には、これまでの特殊教育で対象となっていた幼児児童生徒に加えて、発達障害のある幼児児童生徒が加わっている。対象が広がり、適切な指導及び支援が必要な幼児児童生徒が多くなっていることを理解しておく必要がある。

特別支援教育の対象と動向

特別な支援を必要とする児童生徒の対象が広がり、全児童生徒数が減少傾向にある中で、対象となる児童生徒は、増加傾向にある（図表1）。

その割合は、発達障害の児童生徒の割合と特別支援学校、小学校や中学校の特別支援学級や通級による指導を受けている児童生徒を合わせると約10％になる。しかし、例えば、20人子どもが集まってスポーツをすることになった場合に、特別な支援を必要とす

図表1　特別な支援を必要とする児童生徒の増加（平成26年5月1日現在）

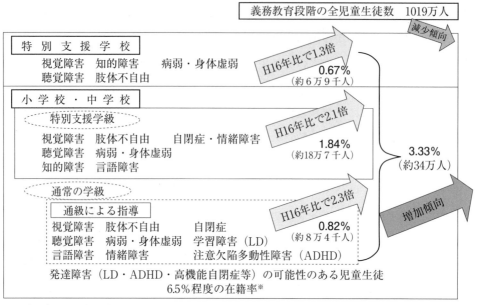

※平成24年に文部科学省が行った調査において、学級担任を含む複数の教員により判断された回答に基づくものであり、医師の診断によるものでない。

(http://www.mext.go.jp/b_menu/shingi/chukyo/chukyo3/004/siryo/__icsFiles/afieldfile/2014/12/24/1353714_14.pdf)

る子どもは、10％、2人は存在するという計算になるということである。特別な支援を必要とする子どもにどのような障害や特徴があり、どう判断するのかは他の章で学んでもらいたい。この章で確認したいのは、こういった支援を必要とする子どもがいる場合に、指導者は、インクルーシブ教育のスタンスで指導に臨まなければならないということである。

インクルーシブ教育について

2014年1月に、日本は「障害者基本法」の改正や、「障害者差別解消法」の制定等を行ない、2006年に国連で採択された「障害者権利条約」の批准が実現した。

この障害者の権利に関する条約第24条によれば「インクルーシブ教育システム（inclusive education system）」とは、人間の多様性の強化、障害者が精神的及び身体的な能力等を可能な最大限度まで発達させ、自由な社会に効果的に参加することを可能とするとの目的の下、障害のある者とない者が共に学ぶ仕組みであり、障害のある者が「教育制度一般（general education system）」から排除されないこと、自己の生活する地域におい

て初等中等の機会が与えられること、個人に必要な「合理的配慮」が提供される等が必要とされている[1]。

このインクルーシブ教育システム構築に向けて、文部科学省は必要な要件として、次の３つを挙げている。

① 障害のある者が一般的な教育制度から排除されないこと
② 障害のある者に対する支援のために必要な教育環境が整備されること（基礎的環境整備）
③ 障害のある子供が、他の子供と平等に「教育を受ける権利」を行使するため、個々に必要となる適当な変更・調整（合理的配慮）が提供されること[2]

この３つの要件を満たし、この教育制度構築を進めてゆくことが、国際法規を批准した現在の日本の課題となっている。

この教育システムは、すべての教育制度にかかわるものであり、個々の教科、当然ながら、体育においてもこのシステムで行われる必要がある。

例えば、障害のある児童に対して、特別な配慮がなく授業場所や空間のみ共有している、いわゆる「配慮なき放り込み（ダンピング）」や見学や記録・得点係という「身体活動を伴わない場合」には、体育に対して「否定的な姿勢」や「戸惑い」、「疑問を持つことすらない」状況を作り出していくことになる[3]。これでは、共に学ぶという状況も作られず、等しく教育を受ける権利を持つ国民としての権利も危ぶまれる。

体育の授業では、児童の状況から特定の役割や見学といった、安易な変更や調整ではない、工夫や場の設定が常に求められているのである。

支援の実際

まず、最初に考えるのは、あなた自身が何らかのボランティアや支援活動を担当するにあたり、担当前に児童生徒についての情報を正確に入手し準備する必要があるということである。

2012年までは、就学時健康診断時の基準に沿って一定程度の障害のある子供は、原則特別支援学校に就学していた。しかしながら、現在は、就学時健康診断後に、障害の状態、本人の教育的ニーズを踏まえ総合的な観点から決定する。さらには、本人・保護者の意見を最大限尊重（可能な限りその意向を尊重）し教育的ニーズと必要な支援について合意形成を行うことを原則としている。この「合意形成」が重要である。[3]

どのような合理的配慮がなされ、合意形成があるのかについて確認し、ボランティアや支援活動に加わることが必要である。

例えば教材の確保や施設・設備の整備などである。こういった基礎的環境整備が整っている場合には、児童生徒の実態を確認し、その実態と環境整備は、どのように関連しているのか確認を行う必要がある。その児童生徒の状況に対して、学校で体育を受ける場合に個別に必要とされるものは何であったのかを確認し、授業につなげなければならない。その際、例えば人数や授業実施場所、学習形態なども、必要に応じて、環境整備の一つに含まれると考えてよい。

注

1）文部科学省：http://www.mext.go.jp/b_menu/shingi/chukyochukyo3/044/attach/1321668.htm（参照日2017年10月1日）。
2）文部科学省：http://www.mext.go.jp/component/a_menu/other/detail/__icsFiles/afieldfile/2015/06/16/1358945_02.pdf（参照日2017年10月1日）。
3）村山未有（2014）、インクルーシブ体育を担当する体育教師に必要な視点、筑波大学体育研究科平成25年度修士論文。

（内田匡輔）

15 子ども⑤―障害児―

はじめに

　小学校や中学校の教員を目指す諸君は必ず、特別支援学校に「介護等体験」として訪問することが義務付けられている。なぜ義務付けられているのかといえば、障害のある児童生徒の介護・介助・交流等の体験を自らの体験として持ち、その体験をこれからの教育活動に生かし、共生社会の実現を目指す教育に貢献する力とするためである。

　例えば、電動車いすを利用する児童生徒と学校の周辺を散歩するだけで、歩道の幅が気になり、普段、目にも留めない段差に気が付くことになる。障害のある児童生徒と過ごす体験は、自身の理解の広げ、これまでの教育では見えていなかった、視点からの意識を獲得することになる。

特別支援学校の特色

特別支援学校には、以下のように小学校や中学校とは異なる教育の特色がある。
(1)　個に応じた指導
　子ども一人一人の障害の状態や発達段階が異なることから、個別に指導計画を立て、個に応じた指導が行われている。
(2)　少人数学級
　きめ細やかなで手厚い教育を行うために、少人数で学級を編成している。例えば、小学校や中学校の標準は40人であるが、特別支援学校の小学部、中学部は6人が標準である。
(3)　自立活動
　特別支援学校の授業には、自立活動という時間がある。この授業では、児童生徒の障害の状態を改善・克服し、心身の調和的な発達の基盤を培うことを目的としている。個別に建てられた指導計画をもとに、発達の進んでいる面をさらに伸ばし、遅れている面を補えるように配慮されている。指導の主な内容は「健康の保持」「心理的な安定」「人

間関係の形成」「環境の把握」「身体の動き」「コミュニケーション」となっている。

(4) 教材・教具の工夫

特別支援学校では、意欲や興味を持って学習し、内容を習得しやすくするために創意工夫にあふれた教材・教具がある。多くの学校では、そこに在籍する児童生徒の実態に合わせた手作り教材を開発し、学習が進むように工夫が施されている。

(5) 施設・設備の工夫

障害のある児童生徒が授業や学校生活を充実させるために、環境にはさまざまな配慮が必要である。例えば、視覚障害特別支援学校では、点字案内や音源補講装置といった、点字や音を用い環境を整備し、安心して生活できるように工夫されている。また、凸地図や触る絵本などの触覚を利用した教材が用意され、より興味関心を高める工夫がある。

(6) スクールバス・寄宿舎

特別支援学校は、児童生徒の自宅のある場所の近隣にある場合が少なく、小学部のころから電車やバスといった交通機関で通学する場合もある。特に、一人で通学することが難しい児童生徒のために、スクールバスを運行している。また、肢体不自由特別支援学校のスクールバスには、リフト付きのバスが配車されることが多くなっている。このスクールバスの利用は、無料である。

さらに、遠距離のため通学が難しい場合には、学校に寄宿舎を設け、そこで生活しながら学校に通う児童生徒もいる。寄宿舎では、基本的な生活習慣や社会性を育むことを目的としている。

障害のある子どもとの関わり

1 目の不自由な子どもとの関わり

目の不自由な子どもは、周囲の状況を素早く的確につかむことや、触ることのできないものの把握、動作の模倣などが困難である。そこで、触覚や聴覚などの多様な情報を活用することが大切になる。目の不自由な子どもには、盲児と弱視児がいることを頭に入れておきたい。

そのため、盲児は、黙って近づいてもわからないので、話しかけてから近づくことや、からだに触れつつ説明をすること、会話の返事やあいづちも声で示すといった配慮が必要である。話すときにも、「あれ」「これ」といった指示代名詞は避けて会話することが大切である。

また、弱視児は、その見え方が児童生徒によって異なるため、見え方について会話することもよい。ただ、早いボールを追いかけるようなゲームや、激しい運動は困難が伴う。視野の一部分が欠如しており、見え居ている情報を手掛かりにする生徒もいることを考えたい。

2 耳が不自由な子どもとの関わり

耳が不自由であるということは、身の回りの音や話し言葉が聞こえにくい、またはほとんど聞こえない状態を指している。聴覚の障害は、外見からは理解されにくく、聞こえにくさを補うための補聴器を使用しているものの、通常の会話を聞き取ることや理解には困難さが伴う。

そこで、耳の不自由な子どもと接するにあたっては、相手のことを理解しようと努め、自分の思いを伝える気持ちを持つことが基本となる。話し言葉でコミュニケーションをとる際には「相手の注意を引き」「ゆっくりと自然な口調で」「相手を真っすぐ見て」「光を背負わず」「同じ言葉を繰り返さない」ように話すことに気を付けたい。

さらに身振り手振り、表情、指文字（図表1）や手話を用いてコミュニケーションを試みることは、お互いの理解を深めてゆく上でも有効である。

図表1　指文字

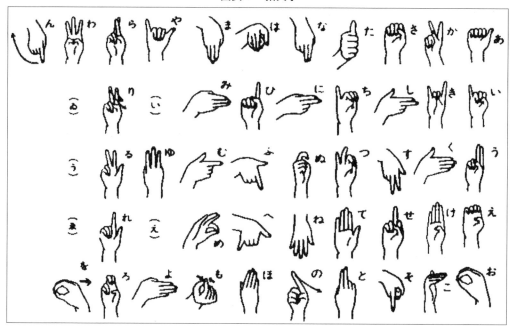

http://www2s.biglobe.ne.jp/~kem/yubimoji/yubi-gaz.htm（2017：10）

3　知的発達に遅れのある子どもとの関わり

　知的発達に遅れのあるということは、認知や言語に関わる知的能力や、他人との意思の交換、日常生活や社会生活、安全、仕事、余暇利用などについての適応能力が、同年齢の児童生徒に求められるほどにまでに至っておらず、特別な支援や配慮が必要な状態を指す。そのため、学校では生活する力を高め、社会参加・自立するための知識・技能・態度や基本的生活習慣を養うことに重きを置き教育が施されている。

　知的発達に遅れがある子どもと関わる際には、抽象的な理解力やコミュニケーション能力が乏しいことや、心情や考えを適切に伝えること、即時に判断することが難しい傾向があることに留意したい。

　そこで、知的発達に遅れがある子どもと接するにあたっては、一人一人の姿を見つめ、興味・関心にあった活動を計画し、進んで意欲的に活動に参加し、成就感が持てるように支援することが大切になる。

　具体的には、言語の発達には大きな遅れが見られることから、生理的な欲求や痛みや温度など感覚を表現することが難しい場合がある。声を出さないことや、発音が正確でないこと、応答のない子どももいるため、行動をよく観察したい。

　また、知的発達に遅れがある子どもには、自閉症児も3〜4割程度在籍していると考えられている。手順や方法を具体的に示すなど、自閉症の特徴を踏まえた接し方が求められるが、その程度や状態は一人一人異なることを理解し関わりを工夫したい。

4　肢体の不自由な子どもとの関わり

　肢体不自由とは、体のどこかが不自由なため、歩くことや体を動かすことなどに困難があるということである。また、肢体に障害があるだけでなく、脳に障害や病気があり、話すことや、見たり聞いたりすること、自分で考えたり判断することに困難がある。他にも呼吸や食事も難しいため、支援が必要となる子どももいる。特に、口から物を取り込むことが困難であり、喉にある痰を自力で出せない、または呼吸を楽にするためのカニューレ等の器具を装着している、医療的ケアの必要な子どもがいることも理解しておきたい。

　そこで、肢体の不自由な子どもと接するにあたっては、まず、外見の様子や動作の不自由さにとらわれないよう注意を払いたい。言葉がすぐに出来ないことや、動作が思うようにできないことがあっても時間をかけて聞く姿勢や、待つことを忘れず、一人一人の子どもの個性を尊重するように努めることが必要である。

　また、車いすを動かすなどの介助を行う場合には、必ず声かけをしてから行わなけれ

ばならない。しかしながら、自身でできること等を手伝うといった過保護な援助は、自立の妨げになることに留意し、必要な支援を見極めることが求められる。

さらに、医療ケアの必要な子どもがいることも含めて、着替えや手洗いの励行に努め、衛生面でも十分配慮することも忘れてはならない。

5　病気の子どもや体の弱い子どもとの関わり

病気や体が弱いということは、病気にかかっているために体力が弱っている状態を意味している。一般的には、疾病が長期にわたるものや、長期にわたる見込みのものであり、医療または生活規制が必要な状態を指している。この「生活規制」とは、健康状態の維持・回復を図るため、運動、日常の諸活動（歩行、入浴、読書、学習など）や食事の質や量について、病状や健康状態に応じて配慮することを意味している。

まとめると、病気の子どもや体の弱い子どもとは、医療を必要とする子どもであり、入院や治療を続けながら教育を受けている子どもを指している。主な病気としては、喘息、腎炎、ネフローゼ、筋ジストロフィー、白血病、心臓病、悪性新生物などが挙げられる。

学校での教育内容は、病状の変化により、入退院を繰り返すことが考えられることから、学習の遅れや将来への不安を感じないよう配慮がなされている。また、長い入院生活の影響から、積極性や自主性、社会性が乏しくなりやすいため、学校生活での行事や校外学習に工夫が施されている。

そこで、病気の子どもや体の弱い子どもと接するにあたって考えたいのは、第一に感染予防である。治療のため免疫力が低くなっている子どももいることから、手洗い、消毒、うがいといった健康管理を心掛けたい。次に、治療に付随する様々な規制が影響し、消極的となることや自身を失うこと、さらには、病気を理由に避けることも多くなることを理解しておきたい。そのため、同情心や好奇心ではなく、常に「明るさ」をもって接することが必要である。時には温かい思いを込めた厳しい励ましも必要になることを考えたい。

参考文献

全国特殊学校校長会（1999）介護等体験ブック"フィリア"、ジアース教育新社。
国立特別支援教育総合研究所（2015）特別支援教育の基礎・基本（新訂版）、ジアース教育新社。
宮本信也・石塚謙二他（2017）特別支援教育の基礎、東京書籍。

（内田匡輔）

16 子ども⑥ ─児童施設─

社会的養護で育つ子どもたち

　社会的養護とは、「保護者のない児童や、保護者に監護させることが適当でない児童を、公的責任で社会的に養育し、保護するとともに、養育に大きな困難を抱える家庭への支援を行うこと」であり、社会的養護は、「子どもの最善の利益のために」と「社会全体で子どもを育む」を基本理念として行われている[1]。現在、被虐待児など家庭環境上養護を必要としたり、保護者のない社会的養護の対象児童数は約4万5千人である[2]。子どもたちは、乳児院や児童養護施設、児童心理治療施設、児童自立支援施設、母子生活支援施設、自立援助ホームならびに里親・ファミリーホームでそれぞれ暮らしている（図表1）。

　2016（平成28）年に成立、その後施行された「児童福祉法等の一部を改正する法律」では、全ての子どもの育ちを保障する観点から、子どもが権利の主体であることが明確化された。さらに、家庭への養育支援から代替養育までの社会的養育を充実するとともに、家庭養育優先の理念を規定し、虐待等により実親による養育が困難な場合は、特別養子縁組による永続的解決（パーマネンシー保障）や里親による養育を推進することも明確にした。これを踏まえて、新たな子ども家庭福祉の構築を目指すとともに、2017（平成29）年7月には、「新しい社会的養育ビジョン」が策定され、新たな社会的養護の在り方が示された[3]。今後、従来の施設における社会的養護は、その機能転換や名称変更などの改革が行われる。

貧困の子どもたち

1 子どもの貧困とは

　2015（平成27）年時点において、わが国の17歳以下の子どもたちの7人に1人、約270万人の子どもが貧困状態にあり、中でも、ひとり親世帯の貧困率は5割を超えている[4]。子どもの貧困の背景には、非正規雇用形態の増加やひとり親世帯の増加などに

図表1　里親制度、施設等の概要について

名　称	対象児童・事業内容・目的
里親制度	児童相談所が要保護児童（保護者のない児童又は保護者に監護させることが不適当であると認められる児童）の養育を委託する制度。種類：「養育里親（専門里親含む）」・「養子縁組里親」・「親族里親」
小規模住居型児童養育事業（ファミリーホーム）	養育者の家庭に児童を迎え入れて養育を行う家庭養護の一環として、要保護児童に対し、この事業を行う住居において、児童間の相互作用を活かしつつ、児童の自主性を尊重し、基本的な生活習慣を確立するとともに、豊かな人間関係性及び社会性を養い、児童の自立を支援する。
施設　乳児院	乳児（保健上、安定した生活環境の確保その他の理由により特に必要な場合は、幼児を含む）を入院させて、これを養育し、あわせて退院した者について相談その他の援助を行うことを目的とする施設。
施設　児童養護施設	保護者のない児童（乳児を除く。ただし、安定した生活環境の確保その他の理由により特に必要のある場合には、幼児を含む）、虐待されている児童その他環境上養護を要する児童を入所させて、これを養護し、あわせて退所した者に対する相談その他自立のための援助を行うことを目的とする施設。
施設　児童心理治療施設	家庭環境、学校における交友関係その他の環境上の理由により社会生活への適応が困難となった児童を、短期間入所させ、又は保護者の下から通わせて、社会生活に適応するために必要な心理に関する治療及び生活指導を主として行い、あわせて退所した者について相談その他の援助を行うことを目的とする施設。
施設　児童自立支援施設	不良行為をなし、又はなすおそれのある児童及び家庭環境その他環境上の理由により生活指導等を要する児童を入所させ、又は保護者の下から通わせて、個々の児童の状況に応じて必要な指導を行い、その自立を支援し、あわせて退所した者について相談その他の援助を行うことを目的とする施設。
施設　母子生活支援施設	配偶者のない女子又はこれに準ずる事情にある女子及びその者の監護すべき児童を入所させて、これらの者を保護するとともに、これらの者の自立の促進のためにその生活を支援し、あわせて退所した者について相談その他の援助を行うことを目的とする施設。
施設　児童自立生活援助事業（自立援助ホーム）	次に揚げる者に対しこれらの者が共同生活を営むべき住居における相談その他の日常生活上の援助及び生活指導並びに就業の支援（以下「児童自立生活支援」という。）を行い、あわせて児童自立生活援助の実施を解除された者に対し相談その他の援助を行う事業。［対象］①義務教育を終了した児童又は児童以外の満20歳に満たない者であって、措置解除者等を解除された者その他政令で定める者。②学校教育法第50条に高等学校の生徒、同法第83条に規定する大学の学生その他の厚生労働省令で定める者であって、満20歳に達した日から満22歳に達する日の属する年度の末日までの間にある者のうち、措置解除者等であるもの。

（厚生労働省子ども家庭局家庭福祉課「社会的養育の推進に向けて」[2]）の資料を元に筆者作成）

よる経済的に厳しい家庭環境があり、子どもの貧困は、子どものいのちや健康状態、学習意欲や学力、さらには高等教育への進学など様々な面にマイナスの影響を及ぼすと危惧されている。

　松本らは子どもの貧困を「子どもが経済的困窮の状態におかれ、発達の諸段階におけるさまざまな機会が奪われた結果、人生全体に影響をもたらすほどの深刻な不利を追ってしまうこと」[5]と定義し、家庭だけでは解決が難しい重大な社会問題であると指摘している。

2　「子どもの貧困対策」に関連する法律等

　2013（平成25）年、「子どもの貧困対策の推進に関する法律」が成立し、2014（平成26）年1月より施行された。この法律に基づき、2014（平成26）年8月に、「子供の貧困対策に関する大綱〜全ての子供たちが夢と希望を持って成長していける社会の実現を目指して〜」が定められ、2015（平成27）年には、生活困窮者自立支援制度もスタートした。

　子どもの将来がその生まれ育った環境によって左右されることがないように、貧困が世代を超えて連鎖することがない社会の実現に向けて、教育の支援や生活の支援、保護者に対する就労の支援に経済的支援の4つの柱からなる子どもの貧困対策を国や地方自治体が実施し、貧困の状況にある子どもが健やかに育成される環境整備と教育機会の均等を図ることを目指している[6]。

3　実践事例の紹介
(1)　学習支援事業

　文部科学省は、学習機会の提供によって、貧困の負の連鎖を断ち切ることを目指して、「地域未来塾」という学習支援事業を展開している。「地域未来塾」とは、経済的な理由や家庭の事情により、家庭での学習が困難であったり、学習習慣が十分に身についていない中学生や高校生等を対象に、学校支援地域本部を活用して、大学生や元教員等の地域住民の協力やICTの活用等による、原則無料の学習支援である[7]。

　また、生活保護受給世帯など生活困窮層の子どもたちへの学習支援も全国で広がっている。認定NPO法人3keysは、児童養護施設などで生活している中高生への学習ボランティア派遣事業などの「学習支援事業prêle（プレール）」を実施している[8]。東日本大震災後に学習環境が悪化した被災地の子どもたちを対象に、認定NPO法人カタリバは放課後の学習指導と心のケアへの取り組み「コラボ・スクール」[9]を展開するなど、地域のNPOが行政機関などと連携しながら、それぞれの地域の課題や実情に即した形

で学習機会を提供し、貧困防止に取り組んでいる。

(2) 子ども食堂

　「食」は子どもの貧困状態を表す指標のひとつといえる。貧困により家庭で十分な食事がとれていなかったり、親が家庭に不在がちで孤独の子ども達を対象に、地域ボランティア等が栄養バランスの良い食事を提供しながら、様々な問題を抱える地域の親子の居場所づくりに取り組む「子ども食堂」の活動は、全国に2,286カ所まで広がっている[10]。

注

1) 厚生労働省（2018）社会的養護、http://www.mhlw.go.jp/stf/seisakunitsuite/bunya/kodomo/kodomo_kosodate/syakaiteki_yougo/index.html（参照日2018年5月1日）。
2) 厚生労働省子ども家庭局家庭福祉部（2017）社会的養育の推進に向けて、http://www.mhlw.go.jp/file/06-Seisakujouhou-11900000-Koyoukintoujidoukateikyoku/0000187950.pdf（参照日2018年5月1日）。
3) 厚生労働省（2017）平成28年国民生活基礎調査、http://www.mhlw.go.jp/toukei/saikin/hw/k-tyosa/k-tyosa16/index.html、（参照日2018年5月1日）。
4) 厚生労働省（2017）新しい社会的養育ビジョン—新たな社会的養育の在り方に関する検討会報告書—、http://www.mhlw.go.jp/file/05-Shingikai-11901000-Koyoukintoujidoukateikyoku-Soumuka/0000173888.pdf（参照日2018年5月1日）。
5) 松本伊智朗・湯澤直美・平湯真人・山根良一・中嶋哲彦（2016）子どもの貧困ハンドブック、かもがわ出版。
6) 内閣府（2014）子供の貧困対策に関する大綱～全ての子供たちが夢と希望を持って成長していける社会の実現を目指して～、http://www8.cao.go.jp/kodomonohinkon/pdf/taikou.pdf（参照日2018年5月1日）。
7) 地域未来塾ポータルサイト（2018）https://chiiki-mirai-juku.ictconnect21.jp/（参照日2018年5月1日）。
8) 認定NPO法人3keys　学習支援事業prêle（プレール）、http://3keys.jp/prele/http://3keys.jp/（参照日2018年5月1日）。
9) 認定NPO法人カタリバ　被災地の"放課後学校"コラボ・スクール、https://www.collabo-school.net/（参照日2018年5月1日）。
10) 浜田知宏（2018）広がる「子ども食堂」、全国2286カ所　2年で7倍超、2018年4月4日付朝日新聞デジタル、https://www.asahi.com/articles/ASL43573TL43UTFK010.html（参照日2018年4月5日）。

（木下直子）

17 外国人

はじめに

「外国人」という言葉の定義を整理しておこう。外国人とは、ある特定の国家からみた際にその当該国家の国籍を有していない者のことを指すことである。または、自国以外の国の人民、他の国家の人民のことであると理解される。

社会・世界・地球がグローバル化の歩みを進める中で、人・モノ・カネ・情報が国境を越えて相互に依存し合う関係になっている今日、私達は様々な国、言語、文化、環境の下に生きた人達と時空間を共有していることを十分に理解できよう。

電車内で民族衣装とヒジャブを纏い、ベビーカーを牽く中東系の女性。旅行ガイドブック片手に駅案内板を前に困った様子のアフリカ系の男性。日本食レストランに母語を話す東南アジア系の若者達。こうした情景を見かけることが増してきている。

さて、今日もなお私達が生きている地球上には民族紛争や資源・エネルギーをめぐる紛争によって尊い命が奪われている。そして先進国と開発途上国との経済格差が生じ貧富の格差が増大、飢餓の蔓延や児童労働、移民や難民の出現など種々の課題に直面している。さらには地球規模では温暖化といった地球環境の問題が生起し、日々深刻化している実態もある。

各人の自覚の差異はあれども私達の日常に国際化を想起または眼下にすることは容易いことであり、グローバルという言葉が脳裏をよぎる。

法務省による在留外国人に関する報告をみると「平成28年末における中長期在留者は、204万3,872人、特別永住者数33万8,950人で、これらを合わせた在留外国人数は238万2,822人となり、前年末と比べ、15万633人（6.7％）増加し、過去最高となったことを明らかとした。男女別では、女性が124万7,741人（構成比52.4％）、男性が113万5,081人（構成比47.6％）となり、それぞれ増加している。在留外国人数の都道府県別では、47都道府県全てで前年末の在留外国人数を上回り、東京都が50万874人と全国の21.0％を占め、愛知県、大阪府、神奈川県、埼玉県と続いている」[1]。

さらに日本政府観光局（JNTO）によると「2016年の訪日外客数は過去最多となる

2,403万9,053人であり前年比21.8％増であり、2011年以降、毎年訪日外客数は増加しているが、一方で伸率は2012年以降最も停滞している」[2]。このように外国人と時空間を共有する場面が身近にあり、日常について互いを理解し合いながら送ることが求められるのである。多文化共生社会をどのように生きていくのか。

　本項では、具体例として桐蔭横浜大学スポーツ健康政策学部の授業科目である社会貢献論（サービスラーニング実習）における国際関係分野での活動と内閣府認定の公益社団法人青年海外協力協会との連携により展開されている一部科目を取り上げ、スポーツを学ぶ学生にとっての社会貢献の有益性を探ることとする。

　さて、異文化理解とは異なる文化や個人の間に生起している多様な価値観を受容しながら、それらの形勢について尊重しながら共存する姿勢を身に付けることであろう。今日の大学教育では、国際理解や異文化理解そして多様性やダイバーシティ、インクルーシブなどを推し進めるべく講義科目を設定し、国際化の進展する社会や分け隔てのない社会の構築に向けた理解を示す人材の育成に努めている。

「スポーツ・フォー・トゥモロー」プログラム

　2013年9月に開催された国際オリンピック委員会総会で安倍総理は政府のスポーツ分野における国際貢献策として、Sport For Tomorrow（SFT）プログラムを発表した。その具体的な内容は、2014年から2020年までの7年間に開発途上国をはじめとする100カ国以上の国々、1,000万人以上の人々を対象に、世界のよりよい未来の構築の一助として、未来を担う若者やあらゆる世代の人々にスポーツの価値とオリンピック・パラリンピック・ムーブメントを広げていく活動を実施するものである。SFTは主に3つの柱から構成されている。

(1) スポーツを通じた国際協力及び交流

　まず、スポーツ関連施設の整備や器材供与、スポーツ指導者・選手の派遣・招聘、スポーツ分野での技術協力、スポーツ分野での日本文化紹介・人材育成支援、学校体育カリキュラムの策定支援、スポーツ・イベントの開催支援といったハード・ソフトの両面における支援である。

(2) 国際スポーツ人材育成拠点の構築

　次に、IOC、日本オリンピック委員会、国内競技団体、体育系大学等が連携して、オリンピズムの普及とスポーツ医科学研究の推進を図るため、IOC関係者等を教員等として招聘するほか、国際的なスポーツ界での活躍が期待される人材の受入れ・養成を行

う中核拠点を構築する。

(3) 国際的なアンチ・ドーピング推進体制の強化支援

さらに、アンチ・ドーピング活動が遅れている国へのドーピング防止教育・研修パッケージの導入・普及、人材育成支援、それらを支える研究開発、国際会議、シンポジウムの開催等を通じて、世界のスポーツにおけるドーピングの撲滅に貢献である。また、アンチ・ドーピング研究の高度化を支援するため、世界ドーピング防止期間に資金を拠出する。

これら Sport For Tomorrow（SFT）プログラムは、「スポーツ・フォー・トゥモロー・コンソーシアム」により運営されている。外務省やスポーツ庁を中心とした「運営委員会」と、SFT の趣旨に賛同し、スポーツを通じた国際貢献に携わる団体から成る「コンソーシアム会員」にて構築されたネットワークであり、桐蔭横浜大学も「コンソーシアム会員」に登録されている。

国際関係分野での活動がもたらす事柄

国際関係分野での体験やまたは経験者からの声を聴講した学生達は、普段の自分とは異なる環境や生活を認識するだけに留まらず、これまでの自分や今現在の自分の環境や生活などと照らし合わせながら、自分という存在について考えていくことに繋がっている。さらに、これからの自分はどうあるべきなのかといった生き方や立ち居振る舞いについて再考するきっかけをもたらしてくれている。

大学生活や日常生活では考え難い、または経験し難い実状を国際関係という枠組みの中で学ぶ機会となっている。学生達にとって日常とはかけ離れた新鮮味のある活動経験を国際関係分野では覗き見することができ得るのであろう。

「特定非営利活動法人オックスファム・ジャパン」[3] の紹介

オックスファムは1942年にイギリスのオックスフォードで設立され、世界約90カ国以上で活動する国際協力団体である。世界18の国・地域に拠点を置き、貧困を克服しようとする人々を支援し、貧困を生み出す状況を変えるために活動し、約70年以上の歴史の中で、貧困に苦しむ世界の人々と各地のパートナー団体とともに、貧困のない公正な世界を実現するための一歩一歩を歩み、信頼と実績を積み上げてきた。

図表1　オックスファム・ジャパン4つの事業

緊急人道支援	自然災害や武力紛争の結果、基本的生活が保障されない人々への救済と復興支援を実施
長期開発支援	保健衛生、基礎教育、HIV／エイズ対策、農業支援、技術支援、職業支援、災害予防対策など、持続可能なコミュニティ形成を支援
アドボカシー《調査提言》	貧困層の利益に配慮した公正な政策の導入を各国政府や国際機関に働きかけ
キャンペーン・アウトリーチ	世論の支持を作り出すための活動及びより多くの市民が貧困問題の解決に様々なスタイルで参加出来る方法を企画・運営

（特定非営利活動法人オックスファム・ジャパンHP参照：筆者が改変）

　オックスファムは、①水と衛生、②食料と土地への権利、③気候変動、④教育と保健、⑤紛争と平和、⑥貿易と貧困、⑦女性の権利、⑧ODAと開発資金、⑨格差と不平等、の9つの課題について取り組んでいる。

　オックスファム・ジャパンは2003年に設立され、4つの事業を通じて貧困のない世界の実現をめざしている（図表1）。

「横浜市青葉国際交流ラウンジ」[4]の紹介

　地域住民のボランティアによる自主運営であり、国際交流活動の拠点として外国人市民を支援するために生活情報提供、さらには外国人相談・支援など問い合わせに応じている。1989年に設立され、横浜市から委託を受けて運営委員会が管理・運営し、日本語教室や文化や習慣を学ぶイベント、外国につながりをもつ子どもたちのための学習補習や日本語学習サポートも実施するなど、外国人市民が地域の人々と親しみ、互いに異なる文化を理解するために、様々な事業を行なっている。

開発途上国でのスポーツに特化したボランティア体験の紹介

　桐蔭横浜大学スポーツ健康政策学部では、スポーツを通じて国内外で活躍できる人材の育成に力を注いでいる。そこで、学生の育成の一環としてJICAボランティア：青年海外協力隊（独立行政法人国際協力機構におけるボランティア事業）活動経験者から数回に亘り、開発途上国でのスポーツ活動の現実と課題、国際貢献活動の遣り甲斐と憂い等について講話を行なっている。経験談は「公益社団法人青年海外協力協会」[5]（JOCA）から派遣されたJICAボランティア経験者によるものである。

注

1) http://www.moj.go.jp/content/001220573.pdf（参照日2017年5月26日）。
2) http://www.jnto.go.jp/jpn/statistics/since2003_tourists.pdf（参照日2017年5月26日）。
3) http://oxfam.jp/（参照日2017年6月7日）。
4) http://aoba-lounge.com/index.php?option=com_content&view=category&layout=blog&id=10&Itemid=101&lang=ja（参照日2017年6月7日）。
5) http://www.joca.or.jp/（参照日2017年6月7日）。

（佐藤国正）

18 女性の健康づくり

はじめに

わが国では飛躍的な長寿化が現代女性の健康の特徴となっている。第二次大戦後の1947年に50歳を超えた女性の平均寿命は、その後の高度経済成長によってもたらされた栄養と衛生の改善、感染症の減少、医療の発達などによって、いまや世界でもトップクラスとなり、87歳を超えている。長寿により、高齢女性の人口割合は増加の一途をたどり、独居老人の経済問題、健康問題が大きな社会負担になっている現状がある。女性は男性よりも長寿であるが、日常生活に支障のない健康寿命はそれほど長いわけではなく、医療や介護を必要とする期間が平均でも10年以上あるのが特徴である（図表1）。

男性に比べ長寿である女性が元気になり。ゆたかな生活がもたらされることにより発展性を備えた活力のある健康長寿社会の形成が可能となる。そのためには、多くの女性が健康を身近なものとして捉え、自分たち、子どもたち、そして未来のために。運動・スポーツなどの身体づくりに勤しむことが求められる。

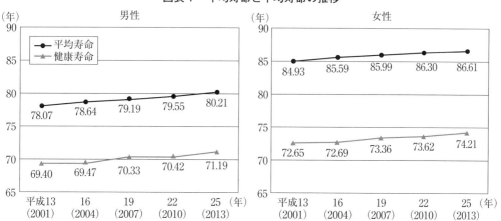

図表1　平均寿命と平均寿命の推移

資料：平均寿命：平成13・16・19・25年は、厚生労働省「簡易生命表」、平成22年は「完全生命表」
　　　健康寿命：平成13・16・19・25年は厚生労働科学研究費補助金「健康寿命における将来予測と生活習慣病対策の費用対効果に関する研究」、平成25年は厚生労働省「国民生活基礎調査」を基に算出

（平成27年版『厚生労働省高齢社会白書』より）

ヒトのからだは、男女それぞれの異なった特徴をもっている。その相違は体力や様々なスポーツパフォーマンスの結果に性差を生む要因となっている。女性のスポーツ実践において、女性特有の身体的特徴やスポーツ活動およびトレーニングにかかわる事項について学ぶことは重要である。

身体組成

これまで運動・スポーツに関する世界は、男性が中心となり発展して来たといっても過言ではない。したがって、健康増進を目的として行うスポーツ環境や指導方法なども、男性を基準として研究・開発され、それが女性にあてはめられてきたケースが多いように思われる。一方、身体を構成する器官である脂肪や筋肉には男女間でさまざまな違いが存在する。女性は男性に比べ体重に占める脂肪量の割合が高く、筋肉及び骨をはじめとする脂肪以外の組織量（除脂肪体重、LBM）の割合は低い。そのような脂肪量とLBMの比率はさまざまな運動パフォーマンスにも影響を及ぼし、性差を生む根本的な要因となっている。これに加え、女性の身体は月経周期を有し、初経から閉経までは男性の身体とは顕著な違いが顕れる。このような女性の身体的特徴を理解することは、女性の身体づくりに際し無視できない条件である。

性　差

2017年度の文部科学省学校保健統計調査の資料によると、男女の身長と体重は、生後から12歳頃までの小学校期では性差がほとんど認められず、その差が明確化するのは14歳以降で、身長および体重とも男子の値が高く体型が大きくなる。また、調査によれば皮下脂肪厚の値は男女とも腹部を中心に分布しているが、すべての部位において女子が高値を示す。筋肉の厚さは逆にすべての部位で男子が高値を示した。このことからも女性の方が体重は少ないものの、体重に占める脂肪の割合が男性より高いことがわかる。このように、脂肪量が増加し、初経を迎えた女子の身体的な特徴は運動・スポーツ活動においてはネガティブな要因となりやすい。特に脂肪量および体脂肪率の増加は体重移動を伴う活動におけるパフォーマンスの低下をもたらす。思春期となり、男性は男性ホルモンの影響により筋量が増し、筋パワーも高まる時期となるが、女性の場合は様々な理由で運動・スポーツに接する時間が減少し、筋出力・パワー系において男性よりも低値を示すこととなる。

図表2　加齢に伴う握力の変化

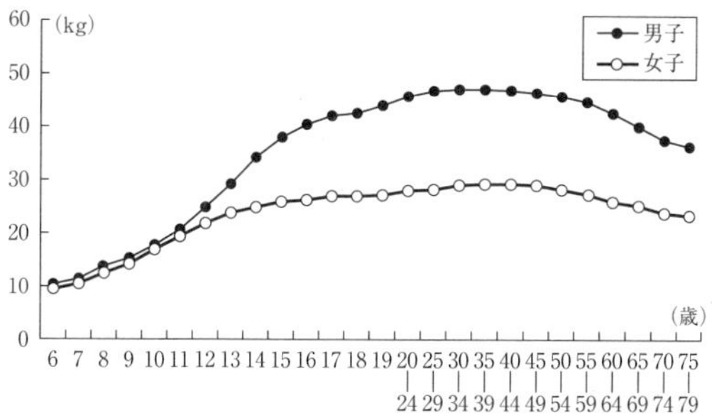

（文科省 H19体力・運動能力に関する調査結果）

体力における特徴

女性の有酸素作業能力や無酸素作業能力は、男性の約70％前後であると報告されている。しかし、これらは体重あたりや、筋肉量あたりでは差が少なくなる。また、筋力は筋肉重量あたり、筋断面積あたりでみると、ほとんど差が無くなる。筋肉は、トレーニングや運動習慣といった後天的な因子の影響を受けやすい組織である。

発育年齢に適した運動

女性がスポーツにおいて高い競技パフォーマンスを発揮しようとした場合、実施種目によっては減量が必要となる場合も考えられる（オリンピックや世界選手権に限らず、一般市民ランナー等にも当てはまる）。減量の必要性から摂食に対するストレスは時に拒食症、過食症などの摂食障害を誘発する。その結果として減量は達成されても体脂肪量の極端な減少は運動性無月経、さらにそれが長期に渡る場合はエストロゲンレベル（卵胞ホルモン）の低下から疲労骨折の誘引となることが報告されている。時にスポーツの指導に当たる者が男性の場合、女性の身体特性についての無理解から女性に極端な減量を指示すると、重篤な問題が起こる可能性が高まる。特に初経前の女性の場合、減量に関しては慎重に行い、女性機能の成熟期をのがすことなく将来を考えた運動・トレーニング内容を与えることが重要である。したがって、成長過程にある女子に過度の重量負荷トレーニング、長い走行距離、極度の減量は、成長に悪影響を及ぼし、骨や関節などの軟骨の形成を阻害し、さらに体脂肪の極端な減少は初経の遅れや月経障害などを引き起こす危険がある。この時期は将来に備えたからだ作りに重点を置き極端な食事制限を伴うよう

な片寄った運動・トレーニングは避ける必要がある。

月　経

　日本人の初経の発来は現在およそ11歳前後といわれている。月経が始まるとおよそ4週間の周期で月経期、卵胞期、排卵期、黄体期に分かれ、月経周期の前半の月経期、卵胞期は低温期となり、排卵期を境に高温期（黄体期）に移行し0.3〜0.5℃の体温上昇が観察される。周期の前半は、エストロゲン（卵胞ホルモン）、後半になるとプロゲステロン（黄体ホルモン）の分泌が盛んになることにより月経周期は生み出される。エストロゲンは骨のカルシウム代謝に対しプラスに働き、動脈硬化症の予防、血液凝固を亢進させる働きなどがある。一方、プロゲステロンは体温中枢に作用して体温を上昇させ、腸の蠕動（ぜんどう）運動を抑制し、水分貯留効果がある。日本人女性の閉経の平均年齢は50.5歳とされ、閉経の前後10年間においてエストロゲンの急激な減少がみられる。したがって、これらの女性ホルモンの分泌の状況は、女性にとっては運動やスポーツを行う際のコンディショニングに影響を与えることが考えられる。

　女性における身体活動と健康との関連は、妊娠・出産、育児など女性特有の要因による身体活動の低下に注意が必要である。中高年の女性に多い健康問題として、骨粗鬆症と身体活動量との関連が示されている。身体活動の状況をみると、どの年代でも運動時間や運動習慣において男性より低い傾向がある。この点からも今回提示した要因を理解したうえで女性の身体づくり・健康づくりに対する取り組みが必要である。

参考文献

内閣府（2017）「第1章　第2節　高齢者の姿と取り巻く環境の現状と動向」平成27年版高齢社会白書　http://www8.cao.go.jp/kourei/whitepaper/w-2015/html/zenbun/s1_2_3.html（参照日2017年6月10日）．

厚生労働省（2017）「主な健康指標の経年変化：身体状況調査」健康日本21（第二次）分析評価事業　http://www.mhlw.go.jp/seisakunitsuite/bunya/kenkou_iryou/kenkou/kenkounippon21/eiyouchousa/keinen_henka_shintai.html（参照日2017年6月10日）．

（櫻井智野風）

19 スポーツとジェンダー

性の諸相

　一言で"性"といっても、性には多様な側面がある。そのうち、人々の行動であったり社会的・経済的な地位、さらには価値観や物事の考え方など、文化、社会、心理的な側面における性の有り様をジェンダーと呼ぶ。そしてジェンダー論においては、こうした側面における男女の差は、歴史や地域などを含めた社会的な諸条件を背景に、それぞれの文化や社会において作られてきたものとして考える。他方、私たちの性は生物としてのメスとオスといった身体的側面にも関わっている。また性行為や性的欲望も性の重要な一面としてあるだろう。前者のような生物としての身体的な性の側面をセックス、性的欲望や性行為をセクシュアリティと定めて、それぞれがスポーツとどのように関わっているかについて考えていこう。

スポーツとジェンダー

　ここでは人々がスポーツを"する"という側面においてジェンダーがどのように表れているかを見ていこう。図表1には2015年における全国の4～9歳1,800人の運動・スポーツ実施状況を実施頻度群別に示した（笹川スポーツ財団、2015）。週7回以上の高頻度で実施したグループは女子よりも男子で3.3％多く、他方で年1回以上週3回未満の低頻度で実施したグループは男子よりも女子で4.3％多い。つまり、4～9歳の年齢層においては男子のほうが女子よりもやや活発に運動・スポーツを実施しているといえるが、その内容に違いはあるのだろうか。図表2には過去1年間に1回以上行った運動・スポーツ種目を示した。男女とも"おにごっこ"が第1位を占め、この実施率はわずかながら女子において高い。興味深いことに、男子の第2位に"サッカー（54.9％）"が入っているが、女子において男子のサッカーに並ぶ実施率のスポーツ種目は見当たらない。つまり男子は小学校入学前後からサッカーというスポーツに関わり始めているが、女子はどちらかというと運動あそび系の種目を行っており、スポーツへの関わり具合は

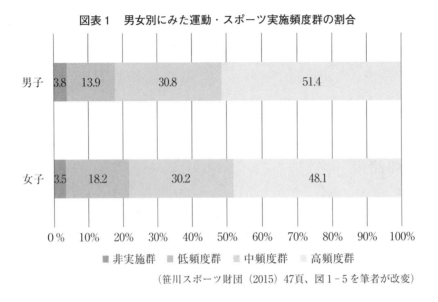

図表1　男女別にみた運動・スポーツ実施頻度群の割合

（笹川スポーツ財団（2015）47頁、図1-5を筆者が改変）

図表2　過去1年間に1回以上行った運動・スポーツ種目（男女別）

男子（n = 574）			女子（n = 549）		
順位	実施種目	実施率	順位	実施種目	実施率
1	おにごっこ	65.3	1	おにごっこ	66.1
2	サッカー	54.9	2	ぶらんこ	59.0
3	自転車あそび	52.6	3	自転車あそび	53.7
4	水泳	49.0	4	なわとび	53.6
5	かくれんぼ	46.0	5	鉄棒	52.1
6	ぶらんこ	45.5	6	かくれんぼ	50.1
7	ドッジボール	42.5	7	水泳	43.5
8	なわとび	41.1	8	かけっこ	42.4
9	鉄棒	37.8	9	ドッジボール	36.6
10	かけっこ	37.1	10	体操	22.6

（笹川スポーツ財団（2015）49頁、表1-4を筆者が改変）

男子と比べて低いことになる。

　次に中学生と高校生年代の運動部活動加入率（松宮、2016）を見てみよう。少子化による生徒数の全体的な減少に伴い、中学生の運動部活動加入者数は減少傾向にある。2015年では男子1,304,300人、女子903,554人であったが、これらの人数は2003年と比べると男子で138,869人、女子で96,051人減っている。しかし全生徒数に対する加入者数の割合（加入率）と加入率の男女差は2003年から2015年にかけて大きな変化は示さず、2015年の

加入率は男子73.2％、女子53.1％、加入率の男女差は約20％である。

高校生の運動部活動加入率は2003年には男子49.6％、女子24.9％だったが、2015年には男子58.9％、女子27.2％であり、男子は9.3％、女子は2.3％増加した。その結果、高校生の加入率における男女差は2003年の24.7％から31.7％に広がった。

こうした動向を示すために、中学生、高校生の男子の運動部加入率を100とした場合の女子の加入率を図表3に示した。この図から、女子の運動部加入率は中学生では男子の約70％、高校生では約50％で推移していることがわかる。特に高校生における男子に対する女子の運動部加入率は微減しているが、これは男子の参加率の微増に影響を受けた変化である。いずれにせよ、中高生の運動部加入率において女子はある一定割合で男子を下回り、かつわずかながらもその差が開きつつあることを確認できる（松宮、2016）。

続けて成人の運動・スポーツ実施について見てみよう。図表4には1965年から2013年にかけての年1回以上の運動・スポーツ実施率の推移を示した（工藤、2016）。約50年前の1965年では男女の実施率には20％以上の差があった。それが70～80年代には15％前後、90年代以降は10％ほどの差に、さらに2013年には6.5％に縮まっている。また多少の増減はあるものの男女とも実施率は増加傾向にあることがわかる。しかし、2014年に行われた調査データ（笹川スポーツ財団、2014）によれば、過去1年にまったく運動・スポーツを行わなかった人の割合は男性で23.2％、女性で29.5％と女性で6.3％ほど多い。他方、週2回以上実施した人の割合は男性46.2％、女性48.7％であり女性がやや上回

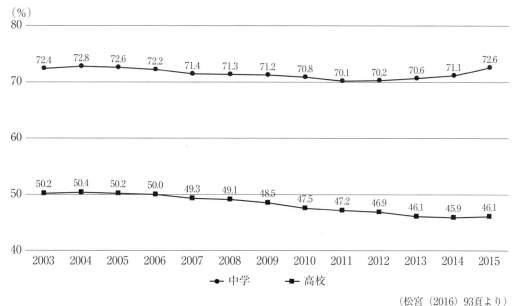

図表3　中学・高校における男子の運動部加入率を100とした場合の女子の加入率

（松宮（2016）93頁より）

図表4　成人の運動・スポーツ実施率

年	男性	女性
1965	58.8	36.7
1972	68.9	53.1
1976	75.5	55.9
1979	75.5	61.6
1982	73.0	56.4
1985	72.4	55.7
1988	73.0	56.7
1991	73.0	59.4
1994	72.2	61.9
1997	77.1	66.9
2000	74.1	62.6
2004	73.4	63.7
2006	78.8	70.7
2009	80.7	75.2
2013	84.3	77.8

（工藤（2016）42頁より）

る。こうした調査結果より、成人女性では男性よりも運動・スポーツを実施する人と実施しない人の二極化がやや強く表れる傾向を確認できる（工藤、2016）。

　以上のように、日本人の運動・スポーツ実施においては、就学前から成人に至るまで一貫して女性より男性の方が活発である傾向を確認できる。それではこうした男女差はなぜ生じるのだろうか。ここでは男性のほうが女性よりも先天的に運動・スポーツを好むとは考えずに、こうした男女差が社会において作られるという可能性について検討したい。例えば子どもの頃、男子は女子よりも外遊びを推奨されてこなかっただろうか。小学校に入り、運動やスポーツが上手なことが男子と女子とで同じ価値を持っていただろうか。中学校や高校の体育の授業で、女子は男子ほどきつい課題を与えられていただろうか。就学前から高校にかけての地域クラブや学校運動部における様々な環境や条件が男女でまったく等しかっただろうか。周りにいる人たちや様々な環境・条件が男女で異なるのであれば、成人後に男女が等しく運動・スポーツに親しむようにはならないだろう。さらに、運動・スポーツに接する機会の差はボールを投げたり蹴るなどの運動技術の優劣を、そして体力差をも生み出すことになる。

スポーツとセックス

　スポーツ、特に競技スポーツが女子と男子に分かれて実施されていることは自明のことだろう。この場合の女子と男子はセックス、つまり身体的な性別を表している。スポーツ競技会の最高峰ともいえるオリンピック大会では、参加する女性アスリートに性別確認検査を受けることが義務付けられていた時期があった。1968年のメキシコシティ大会から導入され2000年のシドニー大会で廃止されたこの医学的検査の目的は、男性の身体をもつアスリートが女性の競技に紛れ込むのを避けることにあった。しかしこの性別確認検査は、結果的には人間という生物の身体的な性がそう簡単には男性と女性とに分けることができないことを示すことになる。つまり染色体から外性器までの様々なレベルにおいて男性と女性どちらにおいても非典型の身体的特徴をもつアスリートが存在するのであるが、その代表例としては南アフリカの陸上競技選手、キャスター・セメンヤ選手がいるだろう。2017年11月にドイツの憲法裁判所が"第三の性"を正式に認めるという判決を下したように、今や非典型の性別をもつ人の存在は医学的だけではなく法的にも認められつつある。さらに、身体的性別（セックス）に違和を感じる人、あるいは性自認が男女２つのカテゴリーに収まらない人などの総称であるトランスジェンダーの人たちも存在する。こうしたインターセックスやトランスジェンダーの人たちへの対応は、競技スポーツだけではなく生涯スポーツや学校体育の現場においても課題となる。文部科学省は2014年６月に、学校における性同一性障害への対応に関する調査結果を発表した。体育は着替えや服装、身体接触など身体との関わりが強く、授業が男女別に行われたり水泳の授業などもあるため、学校生活の中でも特に適切な配慮が求められる教科なのである。

スポーツとセクシュアリティ

　LGBTはレズビアン、ゲイ、バイセクシュアル、トランスジェンダーそれぞれの用語の頭文字を並べたもので、セクシュアル・マイノリティと表現されることもある。このうちレズビアンやゲイ、バイセクシュアルは、自分の性的欲望の対象が同性か、あるいは両性に向いているといったセクシュアリティの領域に属する事柄である。
　レズビアン（女性に魅力を感じる女性）やゲイ（男性に魅力を感じる男性）はホモセクシュアル（同性の人に魅力を感じる人）と称されることもあるが、こうしたホモセクシュアルに

対する社会の理解は最近になってようやく深まりつつある。しかし同性愛者に対する差別感情や嫌悪的態度には根強いものがあり、そうした同性愛者に対する差別感情や嫌悪をホモフォビアと呼ぶ。そしてスポーツの世界においてはホモフォビア傾向が強いと言われている。それはおそらく、競技や練習中に身体と身体が接触する、更衣室やシャワールームを共有する、合宿や遠征で寝泊まりを共にする、といったスポーツ活動に特有のコミュニケーション形態の影響を受けているのであろう。

体育・スポーツ系学部・学科所属の大学生3,243名を対象に調査を行った藤山ら(2014)によれば、女子学生は男子学生よりも概してセクシュアル・マイノリティに関する知識を身につけており、また身の回りにセクシュアル・マイノリティがいると認知する傾向が強く、同時にセクシュアル・マイノリティに対するフォビア（嫌悪）は弱い。つまり、対象に関する正確な知識を学ぶことがその存在の気づきを高めたり、反対に対象への嫌悪を弱めることにつながるのだと思われる。スポーツとジェンダーやセックス、セクシュアリティとの関わりについて学ぶことは、社会における多様な存在に気づき、そうした人々の立場に立った理解にもつながるのである。

参考文献

藤山新・飯田貴子・風間孝・藤原直子・吉川康夫・來田享子（2014）体育・スポーツ関連学部の大学生を対象としたスポーツと性的マイノリティに関する調査結果、スポーツとジェンダー研究12：68-79。

笹川スポーツ財団（2014）スポーツライフデータ2014 スポーツライフに関する調査報告書、p.67。

笹川スポーツ財団（2015）子どものスポーツライフデータ2015 4〜9歳のスポーツライフに関する調査報告書、pp.46-49。

工藤保子（2016）日本スポーツとジェンダー学会編「データでみるスポーツとジェンダー」八千代出版、pp.42-43。

松宮智生（2016）日本スポーツとジェンダー学会編「データでみるスポーツとジェンダー」八千代出版、pp.92-94。

推薦図書

飯田・井谷編著（2004）スポーツ・ジェンダー学への招待、明石書店。
日本スポーツとジェンダー学会編（2016）データでみるスポーツとジェンダー、八千代出版。
飯田・熊安・來田編著（2018）よくわかるスポーツとジェンダー、ミネルヴァ書房。

（高峰　修）

第3章
どこで活動するのか

1

組織・団体

　社会貢献活動は、様々な施設を様々な組織や団体が、多くは公の施設を利用、活用して実施される。そこで、本節では、活動主体の組織・団体及び公の施設に関する指定管理者制度を述べた上で、特に学校以外での教育支援の諸組織・団体の活動について取り上げる。

組織と団体の基本概念

　「組織」も「団体」もともに、学問の世界では、様々な観点から、様々な意味に使用されている（多義性）。ここでは、本書の目的である、大学において社会貢献に関する授業を受講する学生諸君が最低限理解しておくべき、実際上、しばしば使用される用法を解説する。

　なお、個々の法人に冠せられる法人名は原則として略称を用い、次のとおりとする。社会福祉法人は「（社福）」、特定非営利活動法人は「NPO法人」、認定特定非営利活動法人は「認定NPO法人」、株式会社は、「（株）」、学校法人は「（学法）」、公益社団法人は「（公社）」、公益財団法人は、「（公財）」、一般社団法人は「（一社）」、一般財団法人は「（一財）」、独立行政法人は「（独行）」とする。

　組織及び団体は、一定の目的をもつ集合体であるということで共通する。組織は、それを構成する各組成要素が共通の目的に向かって協働し、各組成要素が持つ力以上の成果を発揮するように仕向けられた集合体であることに力点が置かれている。これに対し、団体は、人又は財産の集合体として、それ自体を独立した一体的なものとして把握される傾向にある。時には、団体の一機関について、組織ということもある。例えば、文部科学省は、国という団体の一機関でありながら、一つの組織を形成している。同じく、スポーツ庁は、文部科学省の一組織にありながら、広く国の一組織である。（社福）同愛会川崎市中央療育センター／川崎市北部療育センターについて言えば、（社福）同愛会という団体の一組織（機関）として、川崎市中央療育センターや川崎市北部療育センターが存在する。

組織―公的組織と民間組織―

組織については、実際上、公的組織と民間組織に区分した上で、民間組織を非営利組織と営利組織に分けるということがしばしば行われる。公的組織は、国や地方公共団体のような公の事務（平易には行政官庁の仕事）を行う組織を指す。国も一つの団体であり、神奈川県や横浜市も、地方公共団体として一つの団体であり、公的組織である。

これに対し、民間組織は、公の事務以外の事務（業務）を行う組織をいう。これには、その組織が経済的活動によって得た利益を組織の構成員に分配することを目的とする営利組織とそうでない非営利組織に分類される。前者の営利組織は、一般の企業、例えば（株）○○工業、（株）△△銀行などがこれに当たる。後者の非営利組織は、広く社会の利益（公益）に貢献することを目的とする公益団体と組織の構成員の利益を目的とする（ただし、得た利益を構成員に分配することを目的とはしない）共益団体に分類される。例えば、企業の労働組合は、その構成員である労働者らの共通の利益（給料のアップ、福利厚生の向上といった労働条件の改善など）のために結成された組織である。

近時、学生諸君に身近なスポーツ関係の団体は、次項以下で述べる様々な法人の形で法人格を取得し、活動するようになってきている。

団体―法人制度―

団体という視点からは、実社会では、法人制度を採用するわが国の法制度により、その法的性格が現実的に重要視されている。そのため、法人と任意団体の区別、法人の種類等を十分に理解しておく必要がある。実社会では、何かの集合体を団体として呼称する場合に、その団体がどのようなものであるかを理解しようとする際、その団体の法的性格を問うことが多い。この法的性格の観点から、以下に団体を解説する。

1　権利能力と法人

私たちは、様々な規範（行動を規制するもの）に取り巻かれて社会生活を送っている。規範には、道徳・倫理規範、宗教規範などがあり、法規範もその一つである。法規範は、他の規範とことなり、国家の力によって強制されるところの規範である。そして、わが国の法規範は、おおむね権利と義務とによって私たちの行動を規律するという方法を採っている。例えば、あなたが、結婚して新居のマンションを借りるとしよう。締結

されたマンション賃貸借契約書により、あなたは、約束の日からマンションを使用できるように請求できる権利（賃借権）を持つことになる。他方、不動産会社は、あなたに賃料を請求する権利（賃料請求権）を持つ。義務の面からいえば、あなたは、不動産会社に対して賃料支払う義務を負担し、不動産会社は、マンションをあなたが利用できるように手配する義務を負担する。このように、権利又は義務の帰属主体となりうる資格を権利能力という。この権利能力を持つのは、私たちのような生身の人間（法的には「自然人」という。）だけに限られていない。民法は第33条以下で「法人」という団体について規定し、同法第34条で、「法人は、法令の規定に従い、定款その他の基本契約で定められた目的の範囲内において、権利を有し、義務を負う。」と定め、団体に対しても、「法人」として、権利又は義務の帰属主体となれる権利能力（「法人格」という。）を付与している。そして、同法第33条第1項で、「法人は、この法律その他の法律の規定によらなければ成立しない。」と規定する。逆説的に言えば、法人とは、民法その他の法律によって、自然人以外に権利能力（法人格）が認められた団体であるということになる。

　近時、学生諸君に身近なスポーツ関係の団体は、次頁以下で述べる様々な法人の形で法人格を取得し、活動するようになってきている。

2　法人に関する法規制

　法学的観点から、団体は、人の集合体（社団）や財産の集合体（財団）を指すものとして扱われている。

　我が国は、法律に基づいてしか法人は設立されないという法人法定主義（民法第33条第1項）を採用していること、及びその設立、組織及び管理についても、法律の定めるところによること（同法第33条第2項）は前述したとおりである。

　民法は1898年（明治31年）に施行され、その下で法人制度は実施されてきた。しかし、従来の法人制度は現実に合わなくなり改革がなされた。2006年に一般社団法人及び一般財団法人に関する法律（以下「一般法人法」という。）、公益社団法人及び公益財団法人の認定等に関する法律（以下、「公益法人認定法」）、一般社団法人及び一般財団法人に関する法律及び公益社団法人及び公益財団法人の認定等に関する法律の施行に伴う関係法律の整備等に関する法律（以下、「整備法」という。）が制定されるに至り、ここに新しい法人制度が開始された。併せて中間法人法は廃止された新法人制度は、上記法の施行（2008（平成20）年12月1日）により開始した。移行期間が設けられたが、その末日は2013（平成25）年11月30日であり、現在では、本格実施となった。

3　民法に基づいて成立する「法人」

民法の規定の中で法人化を明言されているものとしては、相続財産法人（民法951条）がある。相続人のあることがあきらかでないときは、相続財産は法人とされることになっている。

4　民法以外の法律に基づいて成立する法人

民法以外の法律に基づく法人は、多数ある。学生諸君に身近なものとしては、NPO法人（例：青葉みらい農くらぶ、神奈川県歩け歩け協会、日本の竹ファンクラブ、横浜市青葉国際交流の会、横浜にプレイパークを創ろうネットワーク）、認定NPO法人（STスポット横浜）、会社、地方公共団体、商工会議所、労働組合、医療法人、消費生活協同組合、農業協同組合、農業生産法人、弁護士会、一般社団法人（例：木曽ひのきっ子ゆうゆうクラブ）、一般財団法人、公益社団法人、公益財団法人（例：東京YMCA、横浜市体育協会、横浜市男女共同参画推進協会（男女共同参画センター横浜北）、横浜YMCA）、宗教法人、学校法人、社会福祉法人（例：いずみ苗場の会）、独立行政法人（例：国立青少年教育振興機構国立信州高遠青少年自然の家、国立青少年教育振興機構国立赤城青少年交流の家）、地方独立行政法人等がある。それぞれ、民法以外の関連法律（略）によって法人とされている。

5　法人の分類

法人は、その事業によって得られた利益を構成員に分配することを目的とする営利法人とそうでない非営利法人に分けられる。後者については、さらに、不特定・多数の者の利益を図って活動する法人を公益法人といい、構成員の利益を図るが、活動によって得られる利益を構成員に分配することを目的とはしない法人（非公益法人と称しても良い）と区別されることがある。後者については、例えば、学校の同窓会やスポーツ愛好会等が該当する。

6　社団法人と財団法人

法人は、我が国の法制度上、社団法人と財団法人に分けられる。社団法人とは、一定の目的を持つ社員（構成員）が集合した団体（社団という）であって、法律により権利能力（法人格）が与えられ権利または義務の主体となるもの（法人）をいう。例えば、株式会社は、株式という構成員からなる社団法人である。

財団法人とは、個人や企業などから提供された財産（基本財産という）を元に設立され、その運用によって得られる利益で活動する法人である。

これらの法人について、上記一般法人法が制定され、それにより一般社団法人や一般財団法人（いずれも非営利法人）が成立している。一般法人法では、団体は、公益性の有無に関係なく法律の定める用件を満たして登記を行えば法人となることができる（準則主義）。人の集合体である社団であれば一般社団法人となり、財産の集合体である財団であれば、一般財団法人となる。そして、これらのうち、上記公益法人認定法によって、公益性ありと認められたのが、公益社団法人であり、公益財団法人である。公益社団法人・公益財団法人となると、税制面での優遇が受けられることになっている。（公財）東京YMCAや（公財）横浜YMCAは、教育支援を行っており、それに公益性があると認められ、公益財団法人として認定を受けている。

7　特定非営利活動法人（NPO法人）

　NPO法人は、Nonprofit Organization あるいは Not-for profit Organization の略である。民法以外の法律によって設立される法人、すなわち、特定非営利活動促進法により認められた法人のことであり、特定の公益的・非営利活動を行うことを目的とする法人である。「特定」とは、特定非営利活動促進法第2条別表に掲げる分野（例：社会教育の推進を図る活動、学術、文化、芸術又はスポーツの振興を図る活動等）に限定された範囲の意である。この範囲で不特定・多数の者の利益を意図して活動を行うことで、法人として認められるのが特定非営利活動法人である。例えば、身近には、前述した団体の他にNPO法人オーシャンファミリー海洋自然体験センター、NPO法人オックスファム・ジャパン、NPO法人コドモ・ワカモノまちing、NPO法人昴の会、NPO法人スペシャルオリンピックス日本・神奈川、NPO法人チャレンジサポートプロジェクト、NPO法人日本ガーディアン・エンジェルス、NPO法人びーのびーの、NPO法人フリースペースたまりば、NPO法人もあなキッズ自然楽校、NPO法人わくわく教室等がある。

　NPO法人の中で、一定の基準を具備していると所轄庁（都道府県又は政令市）が認めたものを、認定特定非営利活動法人（認定NPO法人）という。この認定基準は、通常の特定非営利活動法人よりも、さらに公益性のある団体として求められるものである。多くの市民に必要とされている団体であることが明確であるとして示された基準でである。例えば、実績を判定する期間における平均で、年3,000円以上の寄付者が年平均100人以上存在するといったような基準である。認定NPO法人に対しては税制優遇措置がとられる。

　認定NPO法人STスポット横浜（2004年6月設立認証）は、現在、認定NPO法人（有効期間平成29年4月1日〜平成34年3月31日）の扱いを受けている。同団体は、学術・文化・

芸術・スポーツという特定の分野に関して、公益的・非営利法人として、舞台芸術を中心としたアートと市民社会の新しい関係づくりを推進するとともに、アートの持つ力を現代社会に活かし、より豊かな市民社会を創出することを目的として活動している。その他身近なものとして、認定NPO法人スマイルキッズなどがある。NPO法人は、様々な活動を行っており、後述するフリースクールの運営もその一つである。社会福祉法人社会福祉法は、社会福祉を目的とする事業の全分野における共通的基本事項を定め、社会福祉を目的とする他の法律と相まって、福祉サービスの利用者の利益の保護及び地域における社会福祉の推進を図るとともに、社会福祉事業の公明かつ適正な実施確保及び社会福祉を目的とする事業の健全な発達を図り、それにより社会福祉の増進に資することを目的として制定された。社会福祉法人とは、社会福祉事業を行うことを目的として、同法によって設立された法人である（同法第22条）。社会福祉事業は、第一種社会福祉事業と第二種社会福祉事業がある（同法第2条第1項）。

　身近なものとして、（社福）いずみ苗場の会、（社福）同愛会川崎市中央療育センター／川崎市北部療育センター、（社福）西東京市社会福祉協議会杉の子会、（社福）法人孝楽会特別養護老人ホームけやき荘などがある。

8　独立行政法人

　独立行政法人とは、国民生活及び社会経済の安定等の公共上の見地から確実に実施されることが必要な事務及び事業であって、国が自ら主体となって直接に実施する必要のないもののうち、民間の主体に委ねた場合には必ずしも実施されないおそれのあるもの又は一つの主体に独占して行わせることが必要であるものを効果的かつ効率的に行わせるために、独立行政法人通則法及び個別法の定めるところにより設立される法人をいう。

　身近なものとしては、（独行）日本スポーツ振興センターがある。わが国におけるスポーツの振興や児童生徒等の健康の保持増進を図るための中核的・専門的機関として、種々の業務（ナショナルトレーニングセンターの管理・運営、災害共催給付・学校安全支援、スポーツ振興くじなど）を行っている。また、（独行）国立青少年教育振興機構国立信州高遠青少年自然の家、（独行）国立青少年教育振興機構国立中央青少年交流の家、（独行）国立青少年教育振興機構国立磐梯青少年交流の家、（独行）国立青少年教育振興機構国立那須甲子青少年自然の家などがある。ここでは、後述する社会（青年）教育支援などが行われている。

9 学校法人

　学校法人とは、私立学校の設置運営を目的として私立学校法の定めるところにより設立される法人である。担当の官庁は、文部科学大臣（私立大学及び私立高等専門学校）もしくは都道府県知事（私立高等学校以下の学校のみ）である。桐蔭横浜大学を設置管理するのは（学法）桐蔭学園である。桐蔭学園幼稚部・小学部アフタースクールは、（学法）桐蔭学園内の幼稚部・小学部に所属する園児児童を放課後サポートするためのもので、施設も同法人のものを使用するが、学校法人桐蔭学園とは別個の独立した、学校支援を目的とした組織事業体である。

10 任意団体

　任意団体とは、目的を同じくする構成員によって成立する集合体であるが、法人格（権利・義務の主体となりうる能力、すなわち権利能力）を持たない団体をいう。任意団体の中には、代表者や内部規則など、実質上、法人格を有する団体と代わりがないものがある。このような団体を権利能力の無き社団または人格のない社団という。例えば、地方自治法によって法人格を主としていない町内会などがある。身近には、農業支援を行っている緑と大地の会がある。

　任意団体は、法人格を持たないので、例えば、自らの名で実質上所有する土地の登記をすることができない。代表者の個人名義（例：甲野太郎）で登記（代表者 甲野太郎は不可）したり、構成員全員の共有名義で登録するなどしている。

11　NGO―NPOとの比較を法人格の観点から―

　NPOとNGOに関する概説的説明は、本書8頁以下のとおりである。ともに非営利（利益を構成員に配分しない、利益は新たな活動に回す、利益を得るための活動は行う）組織・団体であり、かつ非政府（政府の一機関として活動しない）である。ただし、現在の通常の用法としては、NPOはその活動の中心を国内的活動とし、NGOは、国際的、国境を越えて活動する組織・団体を指す。

　そして、法人格の観点から述べるならば、日本で、特定非営利活動促進法に基づいて法人格を取得したものをNPO法人（特定非営利法人）という。同法に基づいて法人格を取得していないものは、単にNPO（団体）であって、NPO法人ではない。

　国境を越えて活動するNGOが日本の特定非営利活動促進法に基づき、法人格を取得している場合は、国内ではNPO法人を名乗り、対外的に（国際的な通称として）、単にNGOと称して活動することが多い。それがNPO法人としての法的性格を有するもの

であっても、NGO法人と呼ばないのが通常である。法人格を持たないNPO団体は、単に「任意団体○○」であり、代表者が存在し、構成員の会議等があれば、権利能力なき社団・財団として扱われる場合もある。

NGOが外国法人（外国に属するものされる法人）である場合については、規制が種々である。どの（どこの）法律に従うか（従属法）について、設立準拠法主義と本拠地法主義の対立がある。

12　法人格を取得することのメリット

任意団体のままでも、活動は続けられるが、法人格を取得すると、以下のような利点があるといえる。

- 土地などの不動産の権利関係を明確にすることができる。法人名義（一般社団法人○○会）で取得し、登記することができる。また、代表者の死亡や変更の際にも、代表者の親族との間に無駄な争いが生じない。
- 法人名義で講座を開設することができる。
- 法人名義で契約をすることができる。
- 法人格を有することで、渉外関係での信用度が増す。

学校以外での教育支援の諸組織・団体

学校は教育の場であるが、学校以外で、子どもたちの教育支援をする組織・団体も多い。以下では、このような組織・団体について述べることとする。

1　スポーツ団体

スポーツ団体は、広くスポーツに関する活動を行う有機的な集合体である。上記でのべた様々なものがある。特殊な任務を課された（独）日本スポーツ振興センター（前出156頁）から、特定のスポーツを楽しむために結成されたチームが集まったリーグ・協会（任意団体。例えば、北名古屋市ソフトボール協会）にいたるまで、様々である。ここでは、本書の目的である社会貢献活動ないしボランティア活動のために必要な範囲に限定して述べる。

多数存在するスポーツ団体を統括する団体として（公財）日本スポーツ協会（旧日本体育協会1911年設立）がある。競技団体の統括団体として、加盟団体や関係行政機関などと連携し、協力し合って、日本のスポーツ振興に関与している。1989年に、（公財）日本オ

リンピック委員会（JOC）は国際競技力の向上を主たる目的として、日本体育協会（現日本スポーツ協会）から完全に独立した。このため、同協会は、加盟団体の統括、国民体育大会の開催、スポーツ指導者の育成などの生涯スポーツの面に重点を置き、主たる任務としている。各都道府県には、体育（スポーツ）協会が設立されている。これらは独立した団体として加盟しているのであり、いわゆる支部ではない。

競技団体としては、多数の各種スポーツの団体（地方の各種目別。例えば（公財）東京都サッカー協会、（一社）神奈川県バスケットボール協会）がある。これらの競技団体をまとめるのが中央競技団体（NF＝National Federation）である。例えば（公財）日本サッカー協会、（公財）日本バスケットボール協会などである。

障害者スポーツの関係では、（公財）日本障がい者スポーツ協会（1965設立）が、統括団体として存在する。内部組織として、日本パラリンピック委員会（JPC）を設置している。

2　学校支援

現在の学校現場は、様々な課題を抱えている。その課題を少しでも解決しようとしてボランティア活動が保護者や地域住民によって行われている。全国各地で展開されており、身近では、あおば学校支援ネットワーク、横浜市立東山田中学校区学校支援地域本部（やまたろう本部）、桐蔭学園幼稚部・小学部アフタースクール、NPO法人わくわく教室（放課後の運動指導）などをみることができる。

3　フリースクール

様々なことが原因で、学校に通わない児童生徒（不登校児）が多くなっていることが社会問題化している。ぎょうせいもこの問題への対応を迫られ、教育支援センター（適応指導教室）を設け、学校以外の場所や学校の余裕教室を活用するなど、対策を講じている。しかし、同センターだけでは十分な解決を図ることができていない。この他に、民間の施設でもこのような対応を行っており、それがフリースクール（フリースペース）と呼ばれるものである。

フリースクールは、ほとんどは学校教育法第1条に定める学校の要件に該当せず、私立学校の認可も受けていない。現在では、在籍する学校（小、中、高校）の校長の裁量で、フリースクールに通った期間を、学習指導要領上、出席として扱うことができている。このため、進級や卒業も、学校に行かない期間があっても可能となった。

このようなフリースクールの運営は、学校法人や一般社団法人、NPO法人などに

よって行われている。身近には、NPO法人楠の木学園、NPO法人のむぎ地域教育文化センター、（一社）横浜国際・医療・総合教育学院などがある。

4　青年教育支援

　自然体験、野外活動などの社会教育（一般社会人、青年）を支援する団体には、公益的な団体が多い。身近には、(公財)東京YMCA、(公財)横浜YMCAなどである。単に関係者の利益、共益のみを目的とするのではなく、広く不特定な人々を対象として、自然に親しむことなどの機会を提供しようとするものである。

　他方、このような自然に親しみ人間性を育むなどの機会を提供することは、必ずしも国家が実施しなければならないものではないが、民間ではなかなか実施されがたい事業であることから、特別に法人格を付与して特にその事業の遂行を期すことがある。その身近な例が、(独行)国立青少年教育振興機構である。長野県では、国立信州高遠青少年自然の家を、福島県では、国立磐梯青少年交流の家を、栃木県では、国立那須甲子青少年自然の家を管理運営している。

参考文献

福嶋達也（2006）新公益法人制度—移行と設立のポイント、学陽書房。

（吉田勝光）

2

指定管理者制度

定　義

　指定管理者制度とは、公の施設の管理運営を、地方公共団体やその外郭団体に限定せず、広く、株式会社などの営利企業を始めとして、非営利の法人（例えばNPO法人）や市民グループのような任意団体などに包括的に任せる方法をいう。

　公の施設は、様々な分野にわたり、文化やスポーツの施設も含まれている。このことから、指定管理者制度の実施は、我が国のスポーツ環境にも大きく影響を与えるものたなっている。

現状─様々な事例─

　総務省は、2006年、2009年、2012年、2015年といったように3年ごとに指定管理者導入状況の調査を行ってきた。

　それによれば、以下のとおりである。

> 「公の施設の指定管理者制度の導入状況等関する調査結果」の公表（総務省HP）
> ・導入施設数は全体として増加傾向が続き、76,788施設となっている。
> ・約4割の施設で民間企業等（株式会社、NPO法人、学校法人、医療法人等）が指定管理者になっている。
> ・指定期間が長期化の傾向にある。指定期間を3年間、4年間、5年間とする指定管理者の中で、5年間とするものの割合が前回調査（2012年）56.0％に対し、今回調査では、65.3％となっている。
> ・指定管理者を公募する地方公共団体の割合は、都道府県の約6割、指定都市の約7割、市区町村の約4割である。
> ・指定管理者の選定基準は「サービス向上」が最多で、次いで「業務遂行能力」「管理運営費の節減」である。
> ・リスク分担に関する各事項について、約9割の施設で選定時や協定時にて提示されている。「必要な体制の整備」、「地方公共団体への損害賠償」、「利用者への損害賠償」、「修繕関連」、「備品関連」、「緊急時の対応」の全ての項目について、前回調査

> ・労働法令の遵守や雇用・労働条件への配慮について、約7割（66.0％）の施設で選定時や協定時に提示されている。
> ・指定管理者の指定の取消し等は2,308施設である。指定の取消し696施設、業務停止47施設、指定管理の取りやめ1,565施設である。

現状―神奈川県及び横浜市の例―

(1) 神奈川県の代表例

神奈川県では、現在、スポーツ施設に限って列挙すると以下のとおりである。

神奈川県スポーツ会館、神奈川県武道館、西湘地区体育センター、相模湖漕艇場、伊勢原射撃場、山岳スポーツセンターなどがある（神奈川県HP）。

(2) 横浜市の代表例

横浜市では、多くの施設で指定管理者制度が実施され、文化施設、スポーツ施設、青少年施設、公園、動物園、文化財施設など、多岐に渡っている。スポーツ関係では、各地区スポーツセンター（例：青葉スポーツセンターはコナミスポーツクラブ・東急コミュニティ共同事業体が師弟管理）、横浜文化体育館は（公財）横浜市体育協会が指定管理）などがある。中でも、日産スタジアム（正式には横浜国際総合競技場）、日産ウオーターパーク（屋内プール）、日産フィールド小机（小机競技場）を含む新横浜公園の指定管理は、指定管理者が（公財）横浜市体育協会と管理JV（ハリマビステム・東京ビジネスサービス・シンテイ警備・西田装美）共同事業体となっている。直近の指摘間は、平成27年4月1日から平成34年3月31日までとなっている。

制度設立の経緯

地方自治法の改正が2003年6月13日に公布され、同年9月2日に施行された。3年間の経過措置を経て、2006年9月から本格的に実施されるに至った。

制度の設立の主な理由は、行政改革の一環として、公の施設運営の経費の節減と施設におけるサービスの向上を習ってのものである。公の施設の建設・運営には莫大な費用が必要であり、その経費を民間業者に管理を一括して管理運営させることにより、経費の縮減を図ろうとしたのである。また、これまでの公務員による運営では、ノウハウ及びその承継には限度があり、住民サービスの向上が望め無いことから、その道に精通し

た民間業者に任せることとしたものである。

「公の施設」とは、地方公共団体が設置し、同団体又は外郭団体が管理・運営している施設である。指定管理者になりうる者（資格保有者）は、法人はもちろん、法人でなくても、任意団体でも資格を有する。ただし、個人（自然人）には資格が無い。したがって、自然人が指定管理を受けようとする場合は、同好の士を集めるしかない。指定管理者の指定は、契約ではなく、「指定」という行政処分である。

この施設管理に関する資格としては、体育施設管理士、体育施設運営士、上級体育施設管理士がある。

課　題

指定管理制度が本格的に実施されてから10年余を経過した。現在、様々な課題を指摘しうる。

- 指定管理者の選定に当たっては、いわゆるできレースと思われる事例が見られる。
- 指定管理者が交代するような場合、適切な事務引継ぎが行われにくい。競争相手にこれまでの蓄積を簡単には渡せないのは道理である。また、従事者の交代による技術やサービスの低下、人材不足のおそれがある。
- 指定期間内に業績を上げることに目が向きやすい。長い目で見た運営が行われにくい。

参考文献

東京自治問題研究所編（2004）指定管理者制度―「改正」地方自治法244条の概要と問題点―、東京自治問題研究所。
柏木宏（2007）指定管理者制度とNPO、明石書房。

（吉田勝光）

3 総合型地域スポーツクラブ

　平成12年9月にスポーツ振興基本計画が策定されて以降、我が国のスポーツ施策は、概ね10年ごとに策定される推進計画に基づいて進められている。平成13年度〜平成23年度はスポーツ振興基本計画（以下、振興計画）が策定され、平成24年度〜平成33年度はスポーツ基本計画（以下、基本計画）が策定された。総合型地域スポーツクラブ（以下、総合型クラブと表記する場合もある）は、振興計画においては2010年（平成22年）までに全国の各市区町村において少なくとも1つは育成していくという目標が立てられ、量的拡大が目指された。その後の基本計画では、特に計画後半の第2期スポーツ基本計画（平成29年度〜平成33年度）において、総合型クラブの登録・認証等の制度の整備、都道府県レベルでの中間支援組織の整備、総合型クラブによる地域課題解決に向けた取組の推進など、総合型クラブが持続的に地域スポーツの担い手としての役割を果たしていくための質的充実により重点を移して、推進していくことが示されている。総合型クラブは、子どもから高齢者、障がいのある人も含めて生涯にわたって誰もがスポーツに親しめる環境を具現化するものとして、また、コミュニティづくりに貢献するものとして大きな期待がなされている。

　本項では、総合型クラブの特徴について、歴史的、社会的な背景から捉えていくことにする。

総合型地域スポーツクラブとは

　総合型地域スポーツクラブという言葉を聞いたことが無い人でも、スポーツクラブという言葉を聞いたことが無い人はいないであろう。例えば、フィットネススタジオやトレーニングマシーン等を有する民間商業型スポーツクラブ、水泳やテニスなど特定の競技をインストラクターから教わるスクール型のスポーツクラブなどが想起されるのではないだろうか。では、これらのスポーツクラブと総合型クラブとでは何が異なるのだろうか。

　総合型地域スポーツクラブという言葉は、振興計画に先立って文部科学省が1995（平

成7）年度から2003（平成15）年度まで実施した「総合型地域スポーツクラブ育成モデル事業」において、初めて使用された言葉である。そこでは、総合型クラブとそれまでのスポーツクラブとの違いについて、「総合型地域スポーツクラブ（以下『総合型クラブ』という。）とは、人々が、身近な地域でスポーツに親しむことのできる新しいタイプのスポーツクラブで、(1)子どもから高齢者まで（多世代）、(2)様々なスポーツを愛好する人々が（多種目）、(3)初心者からトップレベルまで、それぞれの志向・レベルに合わせて参加できる（多志向）、という特徴を持ち、地域住民により自主的・主体的に運営されるスポーツクラブ」（文部科学省、2001）と説明されている（傍点、筆者加筆）。すなわち、総合型クラブは従来のスポーツクラブと異なり、地域に住んでいる多様な人たちが同じスポーツクラブの会員となることを想定すると同時に、そのようなクラブを地域住民自らが運営していくという点がこれまでのスポーツクラブと異なっているのである。

　総合型クラブを自主的・主体的に運営していくためには、自分たちが住んでいる地域にとってより良いスポーツ環境を作り上げるためにどのようにしたらよいかを様々な人と話し合ったり、協力したりして進めていくことが必要となる。その過程において、地

図表1　アソシエーティブスポーツクラブとしての総合型地域スポーツクラブ

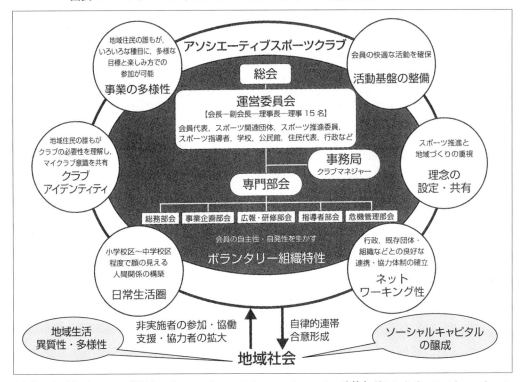

（出典）中西純司、2016、「地域スポーツのキーアクター――コミュニティ政策とボランタリーアソシエーション――」、山下秋二・中西純司ほか編著『図とイラストで学ぶ新しいスポーツマネジメント』、109頁。

域のスポーツ振興上の課題と共に、それに関連した多様な生活上の課題が明らかとなることも多々ある。総合型クラブは単なる「スポーツ愛好者集団」によるスポーツ参加の場という意味を超え、地域住民が自主的、主体的に参画して生活課題の解決を含めた地域住民全体のスポーツ振興を志向する場でもあり、実際の課題解決に向けては、総合型クラブだけで解決できないことでも、地域の様々な団体連携しながら共に解決を志向していくこともある。人々が自由・対等な立場で、かつ自由意志に基づいてボランタリー（自発的）に、ある共通目的のために結び合う非営利・非政府の民主的な協同のネットワーク集団が「ボランタリーアソシエーション」であることから、総合型クラブはアソシエーティブスポーツクラブと呼ばれることもある（図表1）。

現代社会における総合型地域スポーツクラブの意義

1 地域における人と人とのつながりの変容

　このような特徴を持つ総合型クラブは、現代社会においてなぜ求められるのであろうか。本項の冒頭部分において基本計画の後半（平成29年度〜平成33年度）で総合型クラブによる地域課題解決に向けた取組の推進が求められていることを紹介したが、総合型クラブが地域づくりと密接に結びつく可能性を有することに由来する。

　近年、「コミュニティの再生」や「コミュニティづくり」という言葉をよく耳にすると思うが、ここで言うコミュニティとは、「地域における人と人とのつながり」を指していることが多く、私たちの暮らしを豊かなものにしていくものとしてその再生が望まれている。では、なぜ失われてしまったのだろうか。

　歴史を遡ってみると、18世紀ごろから始まった産業革命と市民革命の影響が大きい。産業革命によって、材料の調達、加工、販売のすべてをほぼ一軒の中で行う家内制手工業から、資本家が工場を建ててそこに労働者を集めて機械でものをつくるという工場制機械工業に変わった。また、蒸気機関車が実用化されたことで、人の移動や荷物の運搬も、遠距離でも高速で行えるようになった。このような産業構造の変化は、人々の暮らしに大きな変化をもたらした。家内制手工業だった時代には、自分の家やその周辺だけで生活は完結していたので先祖代々から同じところに住んでいる人も多く、共通の生活体験を長年にわたって共有しており、互いに近所の人のことをよく知っている暮らしであった。また、家内制手工業は効率よく大量生産ができないため生活が苦しい人も多く、互いに助け合って生きていく必要があった。それゆえ、知らず知らずのうちに自然発生的に共同体ができあがり、共同体内での人と人とのつながりがあった。このような

自然発生的な共同体を社会学者のF.テンニエスは、ゲマインシャフトと呼んだ（F.テンニエス、1957）。

それが工場制機械工業の時代になると、分業と協業による徹底した合理化、効率化と共に均一な製品の大量生産が可能になった。大量生産した商品を安定的に売るためには大量消費が必要であったことから、賃金の安定と安定雇用もはかられるようになり、労働者も余暇を楽しむ余裕が持てるようになった。さらには、同時期に市民革命も起こった。その結果、それまで当たり前だった社会秩序や身分制度が崩壊したことで職業選択の自由や個人が尊重されるようになり、農村から工場のある都市にあちらこちらから大量の労働者が集まるようになった。都市に集まった人たちは、共通の生活体験を長年にわたって共有してきた者同士とは異なり、見ず知らずの者同士である。したがって、自然発生的な共同体は生まれない。都市に集まった人々は、自然発生的な共同体の集団とは異なる互いの共通の目的や利害関心に基づいた労働組合や趣味のサークル、スポーツクラブなどの人為的な集団をつくった。F.テンニエスは、このような利益的関心に基づいた人為的な集団をゲゼルシャフトと呼んだ。ゲゼルシャフトはゲマインシャフトと異なり、人々は集団のどれに属するかを選択することや複数の集団に属することもできる。そして選択した集団内で親密な人と人とのつながりを持つ一方、見知らぬ人に対してはその人がどのような人だかよくわからないから関わらない、関心もよせない、自分に対しても個人を尊重してそのようにしてもらいたいという関係が見知らぬ人同士が集まる都市で生じるようになった。いわゆる、個人化の進行である。産業革命と市民革命以降のこのような人と人とのつながりの変容は、現代社会における都市にも当てはまる。

2　期待される総合型クラブの姿

多様な地域住民が、身近な地域にある同じクラブにおいて会員となることが想定されている背景には、スポーツやクラブライフを通じた地域住民同士の緩やかなつながりの再生への期待がある。それゆえ、総合型クラブはクラブ会員向けのスポーツサービスが中心ではあるが、ゲゼルシャフト的にクラブ会員だけに閉じられた組織ではなく、非会員も含めた地域住民に開かれた組織であることが期待されている。近世・近代のイギリス社会においては、クラブの原型はコーヒーハウス（現在の喫茶店のようなもの）であり、特に初期のコーヒーハウスは、共通の関心と能力があれば多少の階層の格差には無頓着に自由に討論のできる場であったとのことである（川北、2005）。また、総合型クラブはドイツの地域スポーツクラブをお手本にしたと言われているが、ドイツの地域スポーツ

クラブには、飲食やパーティを行うことができるクラブハウスを持つクラブもある。クラブハウスの壁面には、歴代のクラブのボランティアスタッフの写真や試合で勝利したときのカップ等が飾られ、クラブ会員に限らず地域の人たちから、寄り合いの場として利用されることもある。総合型クラブにとって、地域の様々な人が集えるようなクラブハウスの所有は、総合型クラブという集団の内と外の垣根を低くすることにつながるだろう。

みんなのクラブをみんなでつくる

　地域住民に開かれた組織としての総合型クラブは、その運営においても閉じることなく開かれていることが重要である。すなわち、スポーツ環境も含めた地域課題の解決に対して、総合型クラブが地域の様々な組織と連携・協働することが必要となる。それにより、それぞれの組織の強みを活かし合い弱みを補完し合うことができると同時に、地域の様々な組織と総合型クラブとが関わる機会が増え、「みんなのクラブをみんなでつくる（つくっている）」という意識を醸成させることにつながる。総合型クラブと地域の様々な組織との連携・協働による地域課題解決に向けた取組として、総合型クラブが社会福祉協議会、町会、民生委員等との連携・協働によって、家に閉じこもりがちな高齢者の居場所としてのサロンを運営している例もある（奥田、2016）。総合型クラブはスポーツをする場を提供するのみならず、地域のコミュニティの核として大きな役割を果たせる可能性を有しているのである。

参考文献

F. テンニエス、杉之原寿一（訳）（1957）ゲマインシャフトとゲゼルシャフト―純粋社会学の基本概念（上下）、岩波書店。
川北稔（2005）開かれた社交・閉じられた社交 ―コーヒーハウスからクラブへ、川北稔編、綾部恒雄監修結社のイギリス史 ―クラブから帝国まで、pp.86-105。
中西純司（2016）「地域スポーツのキーアクター―コミュニティ政策とボランタリーアソシエーション―」、山下秋二・中西純司ほか編著図とイラストで学ぶ新しいスポーツマネジメント、pp.106-109、大修館書店。
奥田睦子（2016）NPOと地縁団体との協働によるコミュニティを基盤とする高齢者サポートシステムの構築、金沢大学人間社会研究域附属地域政策センター編『2015年度地域政策研究年報』、pp.164-169。
文部科学省HP（2001）総合型地域スポーツクラブ育成マニュアル、http//www.mext.go.jp/a_menu/sports/club/main3_a7.htm（参照日2018年8月3日）。

（奥田睦子）

4 グループホーム

グループホームとは

　グループホームは、障害者や高齢者が、地域のアパートやマンション、一戸建て等で生活をする居住の場のことを言う。地域の中で可能な限り普通の生活を行いたいという当事者たちの願いをもとに生まれたもので、病院や入所施設に比べると規模が比較的小さく、少人数で生活することに特徴がある。

　グループホームには、認知症（原因が急性でない者）の高齢者を対象とした「認知症対応型共同生活介護」と、障害者を対象とした「共同生活援助」があり、本項では、特に障害者のグループホームについて紹介していく。

障害者のグループホーム

1　障害者のグループホーム制度

　日本ではこれまで、障害者の地域での生活援助事業について、身体障害、知的障害、精神障害（発達障害を含む）の障害種別ごとに定められていたが、2006（平成18）年に障害者自立支援法により、「共同生活援助（グループホーム）」と「共同生活介護（ケアホーム）」の２つの枠組みで運用されるようになった。その後、地域社会における共生の実現に向けた障害福祉サービスの充実等を踏まえ、障害者自立支援法が改正され（2013（平成25）年）、障害者の日常生活及び社会生活を総合的に支援するための法律（以下、障害者総合支援法）が制定された。この法律により、障害者の範囲に「難病等」も含まれるようになり、グループホームの利用対象が拡大された。また、2014（平成26）年には障害者の高齢化・重複化に対応し、介護が必要となった入居者が希望する限りサービスを受けられるように「共同生活援助（グループホーム）」へと一元化された。なお、同法律において、「共同生活援助」とは、障害者につき、主として夜間において、共同生活を営むべき住居において相談、入浴、排せつ又は食事の介護その他の日常生活上の援助を行うことをいう（第５条第15号）と規定されている。

2　グループホームのサービス提供形態

　グループホームの一元化に伴い、入浴や排泄、食事等の介護や、その他日常生活で必要とする援助を必要とする利用者も入居するケースが出てきた。このような状況に対応し、利用者個々のニーズに応じたサービスを提供するために、グループホームの運営事業者は、「介護サービス包括型グループホーム」と、「外部サービス利用型グループホーム」のいずれかの形態を選択できるようになった。介護サービス包括型グループホームとは、事業者自らが利用者の状態に応じて、介護スタッフ（生活支援員、後述）を配置して介護サービスを行う形態である。一方で、外部サービス利用型グループホームは、外部の在宅介護事業所と委託契約し、在宅介護事業所が介護サービスを行う形態を示す。

3　グループホーム利用者の対象

　グループホームの利用者対象は、生活介護や就労継続支援等の日中活動を利用している障害者であって、地域において自立した日常生活を営む上で、食事や入浴等の介護や、相談等の日常生活上の支援を必要とする者（身体障害者は、65歳未満の者又は65歳に達する日の前日までに障害福祉サービス若しくはこれに準ずるものを利用したことがある者）である。厚生労働省が実施した平成27年度の社会福祉施設調査（2015）によると、共同生活援助事業所数は6762箇所、サービス利用人数は8万3,882人であった。

4　グループホームでの生活

　グループホームは、設置に関する基準によって「居住地又は住宅地と同程度に利用者の家族や地域住民との交流の機会が確保される地域にあり、かつ入所施設又は病院の敷地外に設置されなければならない。」と定められている。また、グループホームの性質上、利用者の生活の指導や訓練を行うのではなく、支援者は、入居者自身が自分で自分の生活をデザインし実行できるように援助していくことが基本とされている。

　グループホームの契約者は利用者本人であり、契約に基づき家賃や食費、光熱費等その他の経費を支払うことで、必要な援助を受けて生活することができる。生活のスペースは、基本的には一人に一つ用意された個室（収納スペース以外で7.43m²以上）と、風呂やトイレ、洗面台、台所などの共同利用のスペースがあり、共同生活をする他の利用者や地域住民との交流を図りながらもそれぞれのプライベートが守られるようになっている。利用者の中には、朝晩をグループホームで過ごし、日中活動の場として、作業所・施設の生活介護・一般就労としての企業・会社に出かける人もいる。

5　グループホームの職員

　グループホームには、入居者が自立した生活を送ることができるように、管理者、サービス管理責任者、世話人、生活支援員（外部サービス利用型指定共同援助の場合を除く）が配置され、図表1のようにグループホームでの生活をサポートしている。

図表1　グループホーム職員の役割と配置人数

管理者	適切な指定共同生活援助を提供するために必要な知識及び経験を持ち、従業員及び業務の一元的な管理や規定を順守させるために必要な指揮命令を行う。
	・1名配置（兼務可、常勤職員）
サービス管理責任者	利用者に合わせた個別支援計画の作成や、サービス内容の評価、支援サービスに関わる担当者との連絡調整、サービス提供者に対する技術的な指導および助言を行う。
	・利用者の数が30名以下の場合　1名以上 ・利用者の数が31名以上の場合　1名に利用者が30名を超えて30またはその端数を増すごとに1名を加えて得た数以上
世話人	食事や入浴の準備、健康管理、金銭管理などの日常生活に必要な相談や援助、利用者の生活日誌の作成などを行う。
	・利用者の数を6で除した数以上（常勤換算方法による） 　なお、利用者5人または4人に対して世話人が1名の割合で配置される場合は単価報酬（利用者にサービスを提供した場合にその対価として国から事業者に支払われるお金）に反映される。
生活支援員	食事や入浴、排泄等の介護を行う。
	・障害程度区分3に該当する利用者の数を9で除した数 ・障害程度区分4に該当する利用者の数を6で除した数 ・障害程度区分5に該当する利用者の数を4で除した数 ・障害程度区分6に該当する利用者の数を2.5で除した数 の合計数以上　（常勤換算方法による）

（障害者総合支援法に基づく指定障害福祉サービスの事業等の人員、設備及び運営に関する基準より筆者作成）

6　グループホームのこれから

　ここまで、障害者のグループホームについて紹介してきたが、その制度の特性から、利用者の障害の多様化・重複化や高齢化、費用面での問題が懸念されており、現場ではより専門性の高い職員の配置や職員数の確保等が課題となっている。

　2016（平成28）には「障害を理由とする差別の解消の推進に関する法律（障害者差別解消法）」が施行され、合理的な配慮が求められるようになった。以上のような課題に対峙しつつ、グループホームでの生活が、利用者本人が望む「その人らしい生活」となる

よう、暮らしやすいグループホームづくりや地域づくりが進むことが期待されている。

参考文献

厚生労働省（2017）障害者の住まいの場の確保に関する施策について（資料1（5））http://www.mlit.go.jp/common/001117471.pdf、（参照日2017年9月17日）。

厚生労働省（2015）平成27年度社会福祉施設調査 http://www.mhlw.go.jp/toukei/saikin/hw/fukushi/15/index.html、（参照日2017年9月20日）。

障害者の日常生活及び社会生活を総合的に支援するための法律、電子政府の総合窓口 e-Gov 法令検索、http://law.e-gov.go.jp/htmldata/H17/H17HO123.html（参照日2017年9月12日）。

障害者の日常生活及び社会生活を総合的に支援するための法律に基づく指定障害福祉サービスの事業等の人員、設備及び運営に関する基準、http://law.e-gov.go.jp/htmldata/H18/H18F19001000171.html（参照日2017年9月12日）。

（加藤彩乃）

5 介護施設

介護施設

　一般的には、障害者や高齢者の生活支援の場と理解されることが多い。本項では、高齢者のための介護施設について紹介する。

　高齢者のための介護施設とは、介護保険制度に基づき、入所する要介護者に対して入浴・排泄・食事等の介護や日常生活上の世話、機能訓練、健康管理、療養上の世話を行う施設とされる。サービスの内容により、介護老人福祉施設（特別養護老人ホーム）・介護老人保健施設（従来型老健）・介護療養型医療施設（療養病床）などがあり、介護保険施設とも言われる。なお、介護療養型医療施設は2024（平成36）年3月で廃止が予定されている（2012年3月末の廃止が予定されていたが、2018年3月末まで延長され、さらに2017年の法改正により2024年3月まで廃止が延長された）。一方、2018（平成30）年4月より、新たな介護保険施設として介護医療院が創設された（図表1）。

　高齢者の居住施設としては、ほかに、グループホーム（認知症対応型共同生活介護）や老人福祉法に規定された養護老人ホーム、軽費老人ホーム、公的補助のまったくない有料老人ホームなどがある。有料老人ホームには、その目的や介護サービスの提供方法、入居対象者などにより「介護付有料老人ホーム」「住宅型有料老人ホーム」「健康型有料老人ホーム」の3つのタイプがある。また、軽費老人ホームの一種のケアハウスと有料老人ホームで一定の要件を満たした施設は、介護保険の「特定施設入居者生活介護」が適用される。

　ほかにも広義には、介護保険制度の居宅サービスに含まれるデイサービス（通所介護）やデイ・ケア（通所リハビリテーション）施設など、居住施設だけではなく、通所施設を含めて介護施設と呼ぶ場合もある。

図表1　介護施設・老人ホームの種類とサービス内容

介護施設・老人ホームの種類		サービスの内容・入所条件など
公共型	介護老人福祉施設（特別養護老人ホーム）	老人福祉施設である特別養護老人ホームのことで、寝たきりや認知症のために常時介護を必要とする人で、自宅での生活が困難な人に生活全般の介護を行う施設。
	介護老人保健施設（老健）	症状が安定期にあり、入院治療の必要はないが、看護、介護、リハビリを必要とする要介護状態の高齢者を対象に、慢性期医療と機能訓練によって在宅への復帰を目指す施設。
	介護療養型医療施設（平成36年3月末に廃止予定）	脳卒中や心臓病などの急性期の治療が終わり、病状が安定期にある要介護状態の高齢者のための長期療養施設であり、療養病床や老人性認知症疾患療養病棟が該当する。
	介護医療院（平成30年4月より施行予定）	主として長期にわたり療養が必要である要介護者に対し、療養上の管理、看護、医学的管理の下における介護および機能訓練その他必要な医療ならびに日常生活上の世話を行う施設。
	特定施設入居者生活介護（有料老人ホーム、軽費老人ホーム　等）	特定施設入居者生活介護は、利用者が可能な限り自立した日常生活を送ることができるよう、指定を受けた有料老人ホームや軽費老人ホームなどが、食事や入浴などの日常生活上の支援や、機能訓練などを提供する施設。
民間型	有料老人ホーム　介護付有料老人ホーム	施設が介護保険事業者の指定を受けて介護サービスを提供する。食事、清掃、身体介護、リハビリなど、施設スタッフによる幅広いサービスが受けられるため、介護が必要になっても居室での生活が可能。
	住宅型有料老人ホーム	高齢者向けの「住宅」として食事の提供や掃除など最低限の生活支援が受けられる。介護が必要になった場合は訪問介護など外部の在宅サービスを利用し生活できる。
	健康型有料老人ホーム	自立した高齢者を対象とした施設で食事などのサービスは提供され、露天風呂やトレーニングルームをはじめ、元気な方がシニアライフを楽しむための設備が充実している施設が多い。介護が必要となった場合は退去する必要がある。
	サービス付き高齢者向け住宅	民間事業者などにより運営される介護施設で、「サ高住」「サ付き」などと略されることもある。基本的に、まだ介護の必要がない比較的元気な高齢者のための施設。安否確認サービス、生活相談サービスの2つのみ義務付けされている。
	グループホーム　認知症対応型共同生活介護	介護保険制度において、数人の認知症高齢者が職員とともに共同住居に住み、入浴、排泄、食事等の専門的介護サービスが受けられる。認知症の進行の遅延や家庭介護の負担の軽減も考慮されている。
	シニア向け分譲マンションやケア付き高齢者住宅	老人ホームなどの介護施設と違い自治体に届け出をする必要がない。しかし、一般的にバリアフリー設計がなされ、スタッフや看護師が常駐、食事・家事サービス付きでレストランや温泉、フィットネスなどの設備を備えている所も多い。

（『国民の福祉と介護の動向2017/2018』（一般財団法人厚生労働統計協会）115頁、表5・6を改変）

介護保険施設の特徴

1　介護老人福祉施設（特別養護老人ホーム）

　老人福祉法に規定された特別養護老人ホーム（入所定員が30人以上であるものに限る）で、かつ、介護保険法による都道府県知事の指定を受けた、社会福祉法人や地方公共団体が運営母体となっている公的介護施設である。特養（とくよう）と呼ばれている。入所する要介護者に対し、施設サービス計画に基づいて入浴、排せつ、食事等の介護その他の日常生活上の世話、機能訓練、健康管理及び療養上の世話を行うことを目的とする施設である。介護に関わる家族の負担を大幅に軽減することができる。しかし、利用料が低額であるため入所待機者も多く、厚生労働省の発表では、要介護3〜5の方で約295,232人が入所待ちの状態となっている（2016年時点）（図表2）。

〈入所条件〉

　自宅での介護が困難で介護度が高い人が優先的に入所となり、2015年4月1日の改正からは、原則介護度3以上の人が対象となっている。日常生活の場であるため、感染症を持つ人や定期的な医療的行為が必要な人は原則、入居できない。一方、介護度1、2であっても以下のような理由がある場合は、施設から管轄する市町村に申請することで特例として入所が認められる。

- 認知症で、日常生活に支障を来すような症状等が頻繁に見られる。
- 知的障害・精神障害等を伴い、日常生活に支障を来すような症状等が頻繁に見られる。
- 深刻な虐待が疑われること等により、心身の安全・安心の確保が困難な状態である。
- 単身世帯等家族等の支援が期待できず、地域での介護サービス等の供給が不十分である。などである。

図表2　特別養護老人ホームの入所申込者の概況

	要介護3	要介護4	要介護5	計
全　体	115270人	103,658人	76,309人	295,237人
	39.0%	35.1%	25.8%	100.0%
うち在宅の方	56,750人	40,356人	26,118人	123,224人
	19.2%	13.7%	8.8%	41.7%
うち在宅でない方	58,520人	63,302人	50,191人	172,013人
	19.8%	21.4%	17.0%	58.3%

（厚生労働省　報道発表資料「特別養護老人ホームの入所申込者の状況（平成29年3月27日）」を筆者が改変）

2　介護老人保健施設（老健）

　介護保険法による都道府県知事の開設許可を受けた施設である。入所する要介護者は、自宅復帰を目指し医師による医学的管理の下、看護・介護が提供される施設である。さらに作業療法士や理学療法士等によるリハビリテーション、また、栄養管理・食事・入浴などのサービスが併せて提供される。利用者ひとりひとりの状態や目標に合わせたプログラムを、医師をはじめとする専門スタッフが提供し、看護師が24時間常駐しているところも多い。在宅復帰を目標とするため、入居期間は原則として3〜6ヶ月の期間限定になっている。しかし、現状は「リハビリがうまく進まず目標とする身体状態まで回復していない」、「家族の受け入れ態勢が整わない」などの理由から、その期間で自宅に帰れないケースもある。平均在所日数は、平均322.1日（2014年　従来型老健）。入所期間が限定されているため終の棲家にはなり得ず、特別養護老人ホームの入所待ちとして利用している人もいるのが現状である。

> 入所条件
> 　介護老人保健施設の入所基準は、65歳以上で要介護1以上の高齢者と定められている。ただし、40歳以上64歳以下の場合でも、特定疾病により介護認定がおりている人は入所できる。しかし、入所基準を満たしていても看護師が24時間常駐していない施設では、夜間のたんの吸引や点滴など医療行為が行なえないため、場合によっては入所できないケースもある。
> 　また、介護老人保健施設は在宅復帰を前提とした施設のため、在宅復帰率とベッドの回転数によりその種類が分けられており、「従来型老健」と「在宅強化型老健」に分類される。在宅復帰率やベッドの回転数が高い「在宅強化型老健」は、平均在所日数が195.7日（2014年）であり、上述した「従来型老健」の322.1より4割ほど短い。これは、在宅強化型老健では、リハビリテーション専門職員が多い傾向や、集中してリハビリを行うため、在宅復帰率が上がるためと考えられる。リハビリなど介護サービス費が高くなる費用面でのデメリットはあるが、早い在宅復帰を目指す人の選択肢となっている。

3　介護療養型医療施設（療養病床）

　医療法に規定する医療施設で、かつ、介護保険法による都道府県知事の指定を受けた施設であり、医療法人による運営がほとんどである。入院する要介護者に対し、施設サービス計画に基づいて、療養上の管理、看護、医学的管理の下における介護、リハビリテーションその他の世話及び必要な医療を行うことができる施設である。介護度の高い要介護者向けの介護施設で、特別養護老人ホーム、介護老人保健施設と並び、要介護者の入居できる公共型の施設として位置付けられている。

介護保険施設の中では、最も医療ケアが充実しており、経管栄養や胃ろう、痰の吸引といった医療行為が必要な人のための施設と言える。

> 入所条件
> 介護療養型医療施設の入所申し込みは、施設に行います。各施設が定めた所定の申込書を各施設から入手し、担当のケアマネジャーあるいは自身で記入し窓口に提出する。それを施設スタッフや医師、行政担当者などで構成される委員会が、「要介護度」「介護の必要性」「介護者の状況」「待機期間」「資産や収入額」などから、総合的に判断して、入所が決定される。
> しかしながら、介護療養型医療施設は実態として医療・看護ケアを必要としない入所者も多く、平成36年3月末で廃止予定となっている。廃止後は医療保険型の療養病床もしくは老健のなかでも医療ケアの充実した「介護療養型老人保健施設」へ移ることが必要となる。あるいは、平成30年度より始まる新たな施設サービスである「介護医療院」が介護療養型医療施設の役割を果たすものと考えられる。

介護施設の課題

施設入所の理由は個人によってさまざまであるが、何らかの事情によって居宅生活、或いは、病院、他の居住施設から移られる方である。いずれにしても、環境の変化は大きく、不安や混乱による身体的・精神的な影響は計り知れない。環境に順応することが難しい利用者は体調を崩したり、認知機能が低下したりすることもある。家族は利用者の様子を細部まで気にかけ、施設に慣れるよう職員と対策を講じることも必要となる。ややもすると集団生活であり、食事や入浴、起床や就寝時間が決められ、施設内のルールが優先され制限された生活になりかねない。しかし、直接的に介護に関わる職員や施設は、利用者に対し尊厳を持った態度と心を持ち、接していくことが重要である。

最近までは個人の生活を重視し、個室での対応を良しとしていたが、ユニットケア（利用者を少人数の居室空間に分け、専属職員も加わりユニット内で家庭的な雰囲気を醸成）の考えも普及し、個人と集団の中にある個人として生きがいのある生活が送れる施設が期待される。

介護施設の必要性

日本は出生率の低下や長寿化の進展により人口の高齢化が急速に進んでいる。1970年に高齢化率（総人口に対する65歳以上人口の割合）が7％を超え高齢化社会に入り、1994年

には高齢化率14％を超え高齢社会となった。そして、2007年には高齢化率が21％を超え超高齢社会となっている。高齢になれば、加齢に伴う老化や病気などで介護が必要な状態となる可能性は高くなり、要介護高齢者の増加は避けられない。それに伴い、介護の問題が浮上する。かつては家人の介護は家族によって担われてきたとされるが、核家族化により、老親等の介護を家族が担うことが困難な状況となっている。

　また、寿命の延伸や医療技術の向上等により、介護期間の長期化や介護の重度化の傾向となり、老老介護（高齢者が高齢者を介護する）や介護者の身体的、精神的、経済的負担など多くの問題が出てきているのが現状である。

　そこで、家族の負担を軽減し、自身が高齢者となり介護が必要な状況になったとしても、人間としての尊厳を損なうことなく、安心して生活できる場の確保が必要であり、介護施設の重要性、必要性が増してきている。

参考文献

一般社団法人厚生労働統計協会編（2017）国民の福祉と介護の動向2017/2018、厚生労働統計協会、pp.153-156。

厚生労働省（2017）特別養護老人ホームの入所申込者の状況より　http://www.mhlw.go.jp/stf/houdou/0000157884.html、（参照日2017年10月20日）。

独立行政法人福祉医療機構（2014）「在宅強化型老健」と「従来型老健」の比較分析について　http://hp.wam.go.jp/Portals/0/docs/gyoumu/keiei/pdf/2014/20140814report_rouken.pdf（参照日2017年10月20日）。

（加藤知生）

6

療育機関

療育とは

　療育機関とは、端的にいえば、療育するところである。では療育とは何か、一般的に、1948年に発表した、肢体不自由児療育の父と言われている高木憲次の造語ではないかと言われている（尾崎・三宅、2016）。高木は、「療育とは、現代の科学を総動員して不自由な肢体をできるだけ克服し、それによって幸いにも恢復したる恢復能力と残存せる能力と代償能力の三者の総和（これを復活能力と呼称したい）であるところの復活能力をできるだけ有効に活用させ、以て自活の途の立つように育成することである」と述べている（井原、2009）。すなわち、何らかの障害のある部分に対して、さまざまな専門職を集結させ、障害の部分はもちろんのこと、残存能力・代償能力などの障害ではない部分にも目を向け、自活できるように誘（いざな）うことを目的としたのである。高木は、肢体不自由児を対象としたが、その考え方は、発達障害や知的障害、その他の様々な障害のある児童を対象とした療育であっても違うものではない。

　ところで療育は、英語ではtreatment and educationと訳され、「治療教育」とも記される。その用語を通して世界に目を向けると、古くは1861年に、オーストリアのウィーンで、GeorgensとDeinhardtが福祉施設で実践した内容をまとめた書である「治療教育学（Heilpädagogik）：特に知的障害と知的障害施設を顧慮して」という本のなかで、治療教育（療育）について説明されている（加戸ら、2013）。すなわち「子どもたちは特別の教育的処置を必要とし、そうした処置によってのみ彼らの抱える問題は克服され、損傷を受けた器官や機能を"治す"ことではなく、それを"迂回し補償する"ことによって、人間性の実現をめざすものであり、その目的の達成には医学と教育学との協働が重要である」（加戸ら、2013の一部改）と記されているそうだ。つまり療育とは、医療にとどまらず、教育的方法を駆使し実施されるものであると理解することができる。ウィーンでは、こうした考えを踏襲し、1911年にウィーン大学小児病院に治療教育部門が設立され、アスペルガー症候群で有名なハンス・アスペルガー医師もまた、ここで、今で言うところの自閉症スペクトラム障害（ASD）のある児童に対する療育に携わり、

1938年にASDのある子どもについて報告したのである。

　このようにしてみると、療育とは、障害のある子どもに対して、1）様々な専門職による複合的アプローチのもと、2）障害されたところだけでなく、発達可能性のあるところに焦点をあてて、3）自律した生活を送れることを目的とした取り組みである。これらが療育の3つの原則と考えることができる。

療育機関とは

　今日、上記の定義に合致すると思われる療育機関はいわゆる障害児施設である。図表1には、2012（平成24）年度の児童福祉法改正によって一元化された障害児施設が示されている。すなわち、現行の福祉制度においては、障害児施設は、大きく2つの支援内容によって分かれており、ひとつは家から通いながら療育を受ける障害児通所支援を行う施設と、入所して一日の生活を通して療育が行われる障害児入所支援による施設である。そのうち、障害児通所支援を行う施設では、児童発達支援と医療型発達支援、放課後等デイサービス、保育所等訪問支援が用意されている。

図表1　障害児施設における支援内容

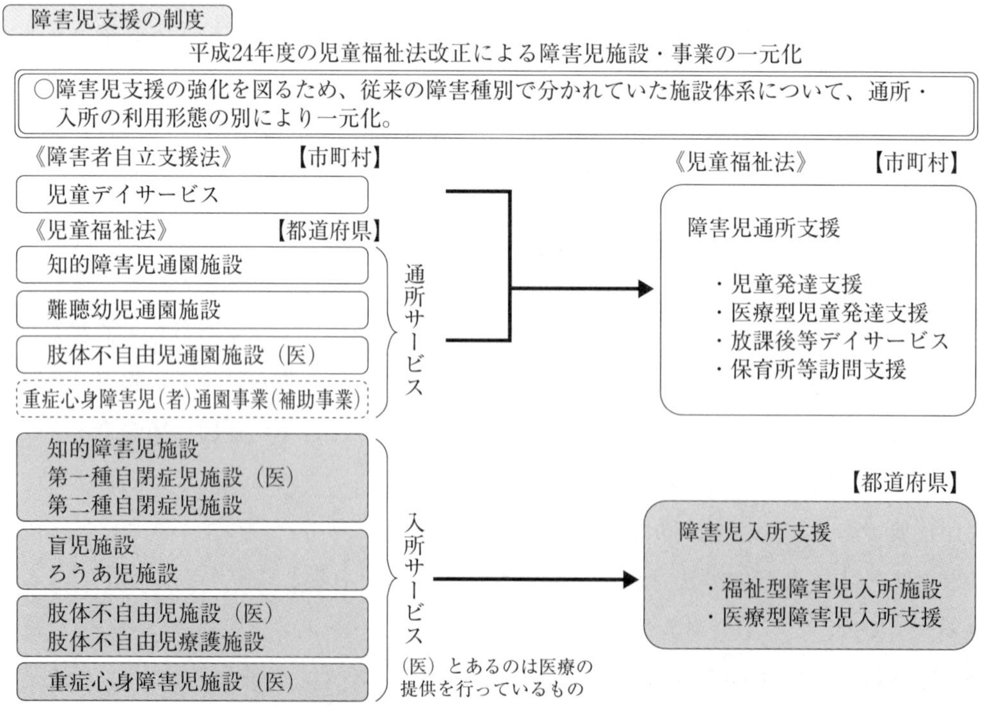

［障害児支援の制度］
平成24年度の児童福祉法改正による障害児施設・事業の一元化

○障害児支援の強化を図るため、従来の障害種別で分かれていた施設体系について、通所・入所の利用形態の別により一元化。

《障害者自立支援法》【市町村】
- 児童デイサービス

《児童福祉法》【都道府県】
- 知的障害児通園施設
- 難聴幼児通園施設
- 肢体不自由児通園施設（医）
- 重症心身障害児(者)通園事業(補助事業)

（通所サービス）→

《児童福祉法》【市町村】
障害児通所支援
- 児童発達支援
- 医療型児童発達支援
- 放課後等デイサービス
- 保育所等訪問支援

- 知的障害児施設
- 第一種自閉症児施設（医）
- 第二種自閉症児施設
- 盲児施設
- ろうあ児施設
- 肢体不自由児施設（医）
- 肢体不自由児療護施設
- 重症心身障害児施設（医）

（入所サービス）→

【都道府県】
障害児入所支援
- 福祉型障害児入所施設
- 医療型障害児入所支援

（医）とあるのは医療の提供を行っているもの

（厚生労働省、2016）

本稿では、特に療育機関の全体を占める割合の大きい「発達支援」と「放課後等ディサービス」をとりあげて説明していく。

発達支援を行う障害児施設の療育

児童発達支援は、主に知的障害や発達障害のある、そして医療型発達支援は、主に医療を日常的に必要とする肢体不自由のある就学前の児童で、「集団療育および個別療育を行う必要があると認められる」ものを対象としていることが多い（厚生労働省、2016）。そして、その主たる内容は、「日常生活における基本的な動作の指導、知識技能の付与、集団生活への適応訓練など」である（厚生労働省、2016）。

実際、各地域に「発達支援センター○○」や「○○療育センター」、「○○知的障害児通園施設」などといった名称で運営されている。現在、児童発達支援・医療型発達支援事業を行っている施設は全国でのべ約4千施設、利用児童数は約8万6千人程度である。

一日の流れは、施設によって異なるため事例ではあるが、図表2のようなものがある（社会福祉法人十愛療育会、2017）。すなわち、朝10時ころに通園し、朝の身支度をしながらコミュニケーションの訓練をしたり、朝のあつまりで、今日の予定を、視覚的にわかりやすいように絵カードを使って、説明したりする。その後、個別療育や集団療育を行い、給食、歯磨き、着替えなどの生活スキルの獲得を目的に場面を設定し、自由時間を過ごした後、帰りのあつまりをして帰宅する。だいたい14時か15時くらいには終了する。クラスの子どもの人数は、施設によっては異なるが、6人から8人程度である。

図表2　療育施設の一日

時間	活動	活動内容
10:00	登園 おしたく	健康状態のチェック 持ち物の片づけ、排泄 （例）おしたくの様子 おしたく手順表
	朝のあつまり	お返事・手あそび・一日の活動伝達・説明 （例）あつまりの様子　あつまりの内容伝達 一日の活動伝達　出欠表
10:45	プログラム	集団／個別プログラム 動的・静的内容を組み合わせていきます （例）ボーリング　サーキット　揺れあそび 制作の例　制作の手順表
	自由あそび	クラスでは配膳を行います
12:00	給食	それぞれ発達段階に合わせた、様々な食形態で提供しています また、アレルギー食の対応も行っています （給食の例）幼児食　そしゃく食　押しつぶし食　えんげ食
	歯磨き・着替え 自由あそび など	部位磨き見本 歯磨きの様子　歯磨きの内容伝達
13:40	帰りの あつまり	あいさつ 歌・手あそびなど 帰り方の提示
14:00	降園	

（社会福祉法人十愛療育会、2017）

保育士や児童指導員などの資格をもつクラス担任数人が児童の担当となりクラスを運営する。障害特性や年齢、通う頻度によってクラスが編成されていたりする。週に一度だけのクラスや、週5日に通うクラスもある。頻度の低い児童は、障害児施設の通園以外、幼稚園や保育所を利用しているものもいる。

基本は親子で通園するが、頻度の高い、年長であったりする理由から、児童だけで通う場合もある。集団療育のなかには、認知や社会性、情動などの発達を促進するものに加え、子どもの運動発達を育てるための運動プログラムを用意している施設や、日常的に散歩や園庭にある大型遊具の使い方を教えている施設がある。こうしたプログラムは、児童の特性等の実態把握を目的としたアセスメントによって決めなければならない。しかしプログラムありきの施設は少なくなく、アセスメントがおざなりになっている。

このような施設の多くは、児童の特性を把握したり、個別療育を行うために様々な専門職が関わっている。たとえば、医師や看護師、心理士、作業療法士・理学療法士、ソーシャルワーカーなどである。こうしたチーム力を発揮することで、高木やGeorgensとDeinhardt以来の療育の基本原則に立ち返り、今日的な療育的課題を解決していかなければならない。

放課後ディサービスによる療育

放課後ディサービスは、主に学齢期の障害のある児童生徒を対象に、「授業の終了後又は休校日に、児童発達支援センター等の施設において、生活能力向上のための必要な訓練、社会との交流促進などの支援を行う」とされ、平成24年4月からの新制度に伴って実施されているもののひとつである（厚生労働省、2016）。

最近は「放ディ」と呼ばれるなど、身近な存在となっている。特別支援学校の下校時に、契約している児童生徒を迎えに、各「放ディ」事業所の車がところ狭しと集まってくる風景は、この時間帯の風物詩になっていたりする。

実際にどんな活動をしているかは、事業所によって異なるものの、参考までに公表されている大阪府（2016）のものを示すと、基本的日常動作の支援（92%）や集団適応指導（90%）、あそび（90%）、製作活動（85%）などである。それ以外に体づくりが約6割であった。このなかでのあそびや製作、体づくりなどを含めて、身体運動が関わる活動内容は比較的多く、実際、ダンスやサッカー、体操など、スポーツ・運動種目をウリにしている事業所は少なくない。

現在、「放ディ」を実施している事業所の数は、平成28年3月集計で約7900カ所、利用児童数12万人程度である。事業所数は、これらの事業を含めた新制度がはじまった平成24年4月以降、大幅な増加を続け、平成26年度時には、障害児支援全体費用の約6割を占めるほどであった。この増加の下支えをしてきたのは、この事業を実施している設置者の約6割にあたる株式会社等の営利法人である（厚生労働省、2016）。

その一方で、社会保障審議会（2015）は「単なる居場所となっている事例や、発達支援の技術が十分ではない事業所が軽度の障害児を集めている事例がある」と公表した（社会保障審議会、

図表3　放ディのサービスガイドラインにおける事業者向けの自己評価表

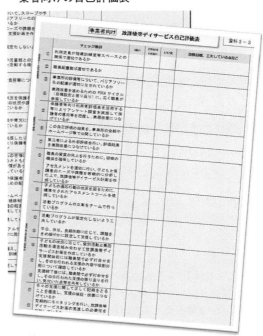

（厚生労働省、2016）

2016）。実際、適切とはいえない事業所の例として、「テレビを見せているだけ、ゲーム等を渡して遊ばせているだけ」や「送迎に時間をかけ、営業時間のほとんどを車内で過ごさせる」、「利益を上げるために必要以上の頻度で通わせる（支給決定日数の多い自治体を探して参入している）」、「重度の障害児の受入れを実質的に拒否している（支援の不十分さを伝え保護者側から断らせる等）」、「指導員が支援経験の無い（乏しい）バイト（非常勤職員）のみ」などである（大阪府、2016）。

こうした事態の改善を図るため、厚生労働省は、2016年3月に自治体に対して、「障害児通所支援の質の向上及び障害児通所給付費等の通所給付決定に係る留意事項について」という通知を発出した。そこでは、「放ディ」の質の向上と支援内容の適正化を図るため、1）指定障害児通所支援事業者の指導と、2）放課後等デイサービスガイドラインの活用の徹底が図られることになった。

「放ディ」は療育かと問われることがある。折しも、放課後等デイサービスガイドラインの参考資料（図3を参照）において、事業所は、自己評価表を作成することが求められており、そのなかには、アセスメントの実施とチーム力の活用が含まれていた。放課後デイサービスの本質的目的内容を含めれば、高木やGeorgensとDeinhardtらが指摘

した療育的機能の充実が求められていることは言うまでもない。

おわりに

　療育を担当するものは、発達支援と「放ディ」の充実が、障害児の生活を豊かにしていくための手段であっても、そこで療育していることに満足してはならない。自分たちの実践が、本当に、彼ら／彼女らの生活や人生に貢献しているのかを繰り返し自問自答していく必要がある。そのためにも、高木やGeorgensとDeinhardtらの取り組みを振り返ってみるのも然り、特にハンス・アスペルガーのASD児に対する療育内容は一読の価値がある（加戸ら、2013）。

参考文献

井原哲人（2009）子どもの権利条約における「療育の権利」の位置づけ、佛教大学大学院紀要社会福祉学研究科篇、37：1-18。
加戸陽子・齋藤公輔・JohannersPlan・眞田敏（2013）ハンス・アスペルガーの1938年講演論文とウィーン大学の治療教育、関西大学人権問題研究室紀要、66：1-21。
厚生労働省（2016）アセスメントと支援提供の基本姿勢、サービス管理責任者等研修。
社会福祉法人十愛療育会（2017）通園の一日の流れ（例）、参照先：地域療育センターあおば：http://www.chiikiaoba.jp/tuenflow.html（参照日2017年11月17日）。
社会保障審議会（2016）障害者総合支援法施行3年後の見直しについて（障害児支援関係）、社会保障審議会障害者部会。
大阪府（2016）障がい児支援のあり方と放課後等デイサービス事業の現状、大阪府障がい児等療育支援事業全体研修会。
尾崎康子・三宅篤子（2016）知っておきたい発達障害の療育、ミネルヴァ書房。

（澤江幸則）

7 野外活動関連施設

野外活動（outdoor Activities）とは

　野外活動という言葉は、主に屋外や自然のなかで行われる様々な活動を総称するものとして一般的に用いられている。この用語自体が、我が国で、法令上使われているのは、1961（昭和36）年に公布のスポーツ振興法が最初である。

　その後、2011（平成23）年に新たに制定されたスポーツ基本法においても、その第24条で「国及び地方公共団体は、心身の健全な発達、生きがいのある豊かな生活の実現等のために行われるハイキング、サイクリング、キャンプ活動その他の野外活動及びスポーツ・レクレーション活動を普及奨励するため、野外活動又はスポーツとして行われるレクレーション活動に係るスポーツ施設の整備……必要な施策を講ずるよう努めなければならない」と明記されている。

　このテキストでは、こうしたスポーツ・レクレーション活動の普及奨励のための施設として位置付けられているもののほか、広く社会貢献論のサービス・ラーニングの実習先となっている青少年に対する自然体験活動や集団宿泊活動などの場を提供している青少年教育施設についても取り上げ、解説することとしたい。

野外教育

　野外での教育活動に着目した用語として、野外教育（outdoor education）という言葉もよく使われる。野外教育については、アメリカの教育キャンプにそのルーツをみる考え方が一般的であるが、それを踏まえ、野外教育については、アメリカのドナルドソンが提唱した次の定義が有名である。すなわち、「野外教育は、野外における、野外に関する、野外のための教育である（Outdoor education is education in, about, and for the outdoors）」。この定義では、単に学習が行われる場所としての野外教育だけではなく教育の内容（テーマ）や活動の目的も含めて、野外教育を総合的なものと捉えた概念となっている。

また、日本国内において、この言葉が公的な文書のなかで初めて使用されたのは、1996（平成8）年に、当時の文部省（現在の文部科学省）に設置された協力者会議が取りまとめた「青少年の野外教育の充実について」の報告による。

　この報告では野外教育を、「自然のなかでの組織的、計画的に一定の教育目標を持って行われる自然体験活動の総称」と定義して、ここでいう自然体験活動については、「自然のなかで、自然を活用して行われる各種の活動であり、具体的には、キャンプ、ハイキング、スキー、カヌーといった野外活動、動植物や星の観察といった自然・環境学習活動、自然物を使った工作や自然のなかでの音楽会といった文化・芸術活動などを含んだ総合的な活動である」としている。さらに、この報告のなかでは、青少年を対象とした野外教育は、「知的、身体的、社会的、情緒的成長、すなわち全人的成長を支援するための教育である」とも述べている。

　こうした教育的な活動を行うNPOや民間組織が野外教育団体であり、このような諸活動を自ら主催して企画実施し、活動の拠点となる場や施設設備を多くの人たちに提供するのが野外教育活動施設であると整理している。

　現在のところ、こうした広い意味で野外教育活動施設として位置づけられるものには、青年の家、少年自然の家、青少年野外活動センター、自然体験センター・海洋センターなどが挙げられる。

青年の家・青少年交流の家

　青年の家は、青年たちに様々な体験や研修活動の場を提供する施設である。そのうち、宿泊型の青年の家は若者たちが山や海など恵まれた自然環境のなかで、数日間の集団宿泊生活を通じながら仲間との交流を深めたり、キャンプや野外活動、地域の特色を活かした様々な生活文化体験などの実践的で体験的な活動を行う教育施設である。特に、若者たちが社会人として育っていくために必要な、社会性の陶冶や様々な仲間との切磋琢磨の機会を提供する施設として大きな役割を担っている。

　設置者によって、国が設置したものと都道府県や市町村など地方自治体が設置し条例上位置付けた公立青年の家などがあるが、公立青年の家は、現在、民間団体や企業などがその管理運営を代行する「指定管理者制度」によるものが増えつつある。

　また、形態としては、宿泊型のほかに、非宿泊型の一般的には青年館や都市青年の家と呼ばれている「都市型青年の家」ものがある。

　施設設備としては、宿泊型青年の家は屋外を活かした活動ができるよう、キャンプ場

図表1　国立青少年教育振興機構　全国の拠点（□のなかは、施設のキャッチフレーズ）

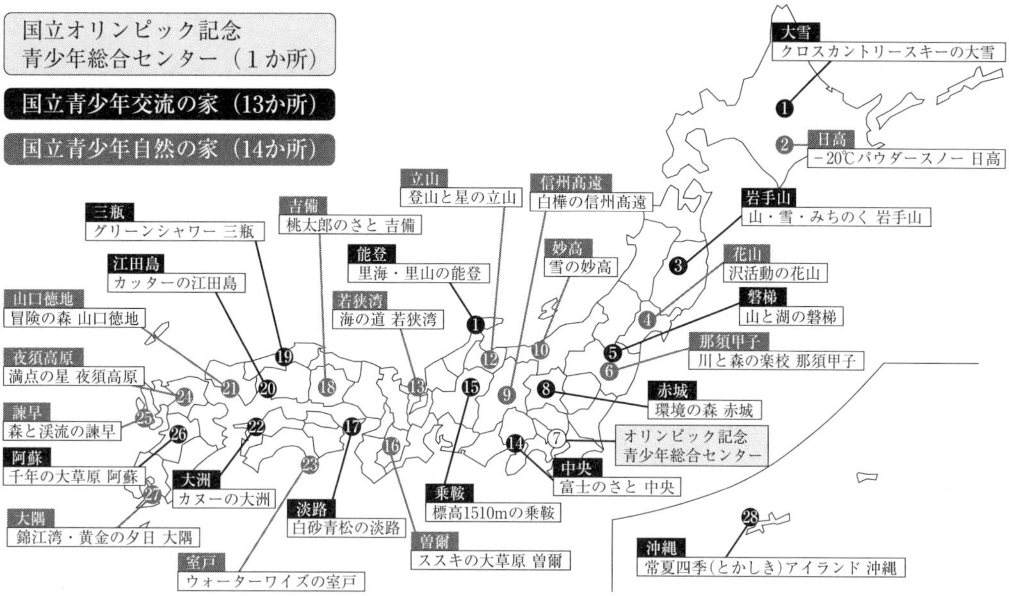

や野外炊事場、多目的広場、スポーツ施設などが整備されているほか、屋内においても様々な多目的な研修に対応できるよう、研修施設や講堂、体育館、ホールなどといった施設を有することが多い。なお、現在のような形態での青年の家の設置は、1959（昭和34）年に富士山の麓の御殿場市に国立中央青年の家が設置されたことに由来する。その後、国立の施設は公立施設のモデルとして全国13カ所に整備がなされた（図表1参照）。

少年自然の家・青少年自然の家

　少年自然の家は、子供たちが大自然の中で自然の恩恵に触れ、自然に親しむ心や敬虔の念を育むとともに、集団宿泊生活を通じて社会性等を養うことなどを目的とした教育施設である。発足の経緯は、子供たちの自然体験、生活体験の不足などが指摘されるなか、1970（昭和45）年に、当時の文部省から地方自治体への補助制度が開始され、その整備が行われたのが最初である。その後、地方の施設のモデルとして国立の施設の設置が「学制[1]）百年（1972（昭和47）年）の記念事業として構想され、最終的に全国14か所に整備がなされた。

　少年自然の家の設置の元々の目的は、①「人間と自然とのかかわり」を自然体験のなかで子供たちに実感させる（大自然への畏敬の念や生きものへの慈しみ、自然とのふれあいのなかでの驚きや感性、自然の移ろいや地球環境への関心など）②集団宿泊生活を通して仲間との

友情などを養う③身体を動かすことによって直接体験させる④学校では得られない学習活動や実践体験をさせる⑤子供たちを自由に大自然のなかで遊ばせる【放牧】させる（安全のために活動エリアなどは決めるが、あとは野に放ち自由に活動させる）こととされ、その整備が推進された。

　こうした趣旨の下に、少年自然の家では、大自然に恵まれた立地や特色などを活かし、施設自らが企画実施して、主に少年（義務教育諸学校の児童・生徒）や少年教育指導者等を対象に行う、社会的な課題などを踏まえた「主催事業」が展開されている。また、子供や若者たちが施設を利用して、自然のなかで様々な自然体験活動が行えるような場を広く提供する「研修支援事業・受入れ事業」が行われている。

　具体的には、野外炊事やテントでのキャンプ泊、さらには山型や高原型の施設であれば、登山やハイキング、オリエンテーリング、森林環境学習、野草観察、沢遊びなど、海型や湖を臨む施設では、カッターやカヌー、スノーケリング、砂浜での造形活動、海辺の生きもの観察など多様な体験プログラムの提供が行われている。

　また、臨海学校や臨海学園とは異なり年間を通じて四季折々の活動も展開されている。例えば、春の草花観察や野鳥探訪、秋の紅葉狩りや芋煮会、冬のスキーやそり遊び、雪洞づくりなどの雪上活動、冬の星座観察など施設の立地に応じた魅力的な活動プログラムも開発され、実施されている。また貝殻や枝木を使ったクラフト、陶芸、紙漉き、和紙工芸などのアートや文化的な活動なども行われている。

　しかし、少年自然の家は、自然との触れ合いをメインとしたため、施設設備面では野外のキャンプ場や営火場、野外炊事場、フィールドアスレチック、海の活動場所では艇庫などが整備されているものの、屋内施設に関しては一般的にあまり充実していない。特に、青年の家とは異なり、クラフトなどに用いる施設やプレイホールなどは保有するものの、座学のための講義室や研修施設、体育館、音楽室など学校にあるような施設はほとんど有していないのが実態である。

　なお、青年の家、少年自然の家では、様々な体験活動を展開する上で、大学生や高校生等のボランティアの受入れも積極的に行っている。そこでは、「よき兄さん、姉さん」役として、大学生のボランティアリーダーが子供たちに慕われ活躍している例が数多く見られる。特に、国立の施設では、そうしたボランティアを志す若者たちのための養成講座なども毎年開催しており、そうした修了生を対象とした国立施設全体のボランティア登録制度も設けられている[2]。

独立行政法人「国立青少年教育振興機構」

　2001（平成13）年に、国立の青年の家、国立の少年自然の家は、行・財政改革の一環で独立行政法人に移行した。さらには、2006（平成18）年には、全国各地にある国立の青年の家（13施設）と少年自然の家（14施設）、それに都内にある国立オリンピック記念青少年総合センターが「独立行政法人国立青少年教育振興機構」に統合・一元化されて、我が国の青少年教育の中核的なナショナルセンターとしての役割を持つ組織として新たな発足をみた。また、統合に伴い、地方の国立施設の名称が青年の家はその後に青少年交流の家に、少年自然の家は青少年自然の家に改称された。

　現在、国立青少年教育振興機構は、現在、自然体験、生活体験、交流体験、社会参加体験などの様々な「体験活動を通した青少年の自立」を目指して、青少年に対する多様で総合的な体験活動の機会や場の提供や、青少年教育指導者等の研修交流活動の推進、青少年教育に関する調査研究などの取組みが行われている。

青少年野外活動センター

　野外活動という用語がスポーツ振興法、それを一部引継ぐスポーツ基本法のなかで位置付けられていることもあり、野外活動センターと銘打っている場合、行政上ではスポーツ部局所管のことが多い実態が見られるのが通常であるが、施設の活動状況は現在のところ、ほぼ少年自然の家と同様である。市町村エリアにあるものは、手軽にキャンプや野外炊事などを行うことができ、身近な野外活動や自然体験活動の場、交流の場として親しまれている。

海洋自然体験センター

　自然の家などでも、その立地によって海の自然環境を活かした活動がなされているが、特に自然体験活動のなかで、海の自然環境を活かした活動を中心的に展開する施設や機関を「海洋自然体験センター」という名称で称する場合がある。日本は四方を海に囲まれた海洋国家でありながら、ともすると海が遠い存在になってはいないかという問題意識から、人々がもっと海洋についての理解と関心を深め、海の環境教育についても取組むことなどが重要であるとして、海をテーマにした様々な活動が行われている。

例えば、「海に親しむ」活動としてのマリンスポーツや「海を知る」活動としての生きもの観察、「海を守る」上での環境保全活動などが主に取組まれている。

注
1)「学制」とは、1872（明治5）年に発せられた日本最初の近代的学校制度を定めた教育法令である。これにより学校制度の礎が築かれた。
2) 詳細は、次のHP参照　http://www.niye.go.jp/info/bora/houjin/。

参考文献
伊藤俊夫編著（2002）生涯学習・社会教育実践用語解説、（財）全日本社会教育連合会。
（独）国立オリンピック記念青少年総合センター編（2003）青少年教育施設職員の手引き。
江橋慎四郎編（1987）野外教育の理論と実際、杏林書院。
国立那須甲子少年自然の家編（1991）自然と子ども（少年自然の家の歴史とこれからの展望）。
田中壮一郎監修（2016）子供の活動支援と青少年教育ボランティア、学文社。
文部省（1996）青少年の野外教育に振興に関する調査研究協力者会議報告
　http://www.mext.go.jp/b_menu/shingi/chousa/sports/003/toushin/960701.htm（参照日2017年7月1日）。

（服部英二）

第4章
スポーツ・運動指導にあたって

1 指導者としての心得

スポーツの効果

　スポーツは、人生を明るく豊かで活力に満ちたものにし、個々の心身の健全な発育や発達に大きく貢献するものである。文部科学省が策定したスポーツ振興基本計画（2006）では、スポーツには次のような意義があることが紹介されている。

> ①青少年の心身の健全な発達を促すとともに、青少年の健全育成に資する。
> ②スポーツを通じて住民が交流を深めていくことにより、地域における連帯感の醸成に資する。
> ③スポーツ産業の広がりとそれに伴う雇用創出等の経済的効果を生むとともに、国民の健康の保持増進とそれによる医療費の節減が期待され、国民経済に寄与する。
> ④言語や生活習慣の違いを超えて互いに競うことにより、世界の人々との相互の理解や認識を一層深めることができ、国際的な友好と親善に資する。

　このように、スポーツの意義は、教育、社会、経済、国際等、様々な側面から指摘することができる。
　また、スポーツ参加者の側から捉えてみると、広く「健康」の側面においてスポーツの効果を見出すことができる。すなわち、1）筋肉や骨格、心肺機能等を発達させ、丈夫な身体を作るなどといった「身体的健康」の側面、2）気晴らし、ストレス解消、楽しさ体験をするなどといった「精神的健康」の側面、そして、3）交流、仲間づくり、学校や職場での生活が充実しているなどといった「社会的健康」の側面である。とりわけ、障害者スポーツについては運動機能の向上の他、自信の獲得や社会参加の機会を有するなど、多くの点で効果が期待される。

スポーツの心理的効果

1　健康スポーツによる心理的効果

　現代社会の特徴の一つに社会に蔓延するストレスがある。大人では仕事上のトラブル

や長時間労働、あるいは将来への不安などが原因となってうつ病を発症したりすることがある。また、子供であっても学力偏重の評価が心理的負担となったり、友人関係の悪化が不登校に発展したりもする。これらは問題の大きさや質の違いこそあれ、メンタルヘルスに関わる問題である。

　メンタルヘルスへの対応はその対処とともに、予防についての取り組みも期待されている。その方法の一つとして注目されているのが、運動やスポーツの貢献である。健康を目的としたスポーツにはメンタルヘルスのための予防措置として効果があることが認められている。それだけではなく、うつ病や不安神経症などの治療としても注目されている。たとえば、私たちはテニスやゴルフをすることがあるが、こうした一過性の運動が気分の改善や主観的な不安、それに抑うつ感を一時的に減少させるという効果がある。また、長期的な運動によって不安が低減するという報告もある。

　このようなことから、日頃のストレス対応策の一つとして、私たちの生活にスポーツを取り入れることは効果的である。笹川スポーツ財団（2012）によれば、健康の維持増進に必要とされる運動所要量（週2回以上、1回30分以上、運動強度「ややきつい」以上）を維持しているアクティブ・スポーツ人口は、1992年は6.6％であったのに対して2010年では18.4％となっている。18年の間に約12ポイントの上昇がみられたわけである。その理由をここで言及するまでには至らないが、生活にスポーツを取り入れている人の割合は増加傾向にあるといえる。ストレス社会と呼ばれる現代にあって、健康スポーツの心理的効果を享受してメンタルヘルスを良好に保てる人が増えてくることを期待したい。特に、障がい者においては運動やスポーツ参加の物理的、あるいは心理的な障害（バリア）はまだまだ多く存在する。そのような課題を一つひとつクリアすることによって、障害の有無を超えて、様々な人がスポーツに参加できる社会の構築を目指したい。

2　青少年スポーツにおける心理的効果

　青少年スポーツは人間形成に役立つと言われている。日本スポーツ協会や文部科学省も、スポーツは自己責任、克己心、フェアプレー、コミュニケーション能力、思いやり、他者尊重、そして、実践的な思考力や判断力等を育むものとして、青少年の健全育成、豊かな人間性の涵養に資することを指摘している。

　青少年は自分にとって魅力的な目標をそれぞれが掲げ、それに引きつけられてスポーツを行う。その過程で参加者同士が関わり合い、お互いに協力して活動を行う。また、工夫して練習に取り組んだり、一生懸命努力したり、あるいは、できなかったことができるようになったりといった体験もするであろう。このような体験を含んだスポーツ活

動は、青少年の人間形成において貴重な成長の場を提供する。青少年はスポーツ活動を通じて、自分自身をコントロールすることや他者と効果的に関わるといった心理社会的能力を存分に育むことが期待される。

3　ライフスキル

　世界保健機関（WHO）は、青少年が心理社会的能力を獲得することの重要性をライフスキルという用語を用いて説明している。ここで、ライフスキルとは「日常生活で生じるさまざまな問題や要求に対して、建設的かつ効果的に対処するために必要な能力」であるWHO (1994)。これには、意志決定、問題解決、創造的思考、批判的思考、効果的コミュニケーション、対人関係スキル、自己意識、共感性、情動への対処、ストレスへの対処が含まれる。これらのスキルは、これからの時代を生きる青少年に是非とも養ってほしい能力であるとともに、スポーツ活動を通じて高めていくことが可能な能力でもある。スポーツ支援の方法としては、まずは青少年がスポーツ活動のどのような場面や状況で、どのようなライフスキルを必要とするのかということを考えてみたい。そのうえで、日々のスポーツ活動の中に、参加者がライフスキルを使用する機会を意図的に組み込むことができれば、スポーツ活動を通じた人間形成は効果的に行われるであろう。

スポーツ参加と動機

1　参加者の多様な参加動機に応える

　人の行動を説明する概念の一つに「動機づけ」がある。動機づけは「行動を生じさせ、方向づけ、持続させる潜在的な心理的エネルギー」と説明されるが、私たちのスポーツ参加を巡っても個人が有する動機は大きな影響を及ぼす。たとえば、私たちは何を求めてスポーツに参加するのかを考えてほしい。ある人は楽しさを求めてスポーツに参加するかもしれない。またある人は一番になりたい、そしてある人は友達を作りたいということでスポーツに参加するかもしれない。このように、人がスポーツに参加する動機は様々あることがわかる。そして、それらの動機はスポーツ活動で満たしたい欲求にもなりうる。もし、スポーツ活動が参加者の欲求充足につながるようであれば、その人はますますスポーツに入れ込んでくるであろう。逆に、スポーツをしていても参加者の欲求が全く満たされないようであれば、その人はスポーツからどんどん足が遠のいていくことになる。

　このようなことから、スポーツ参加を支援する側として留意すべき点は、スポーツに

対して個々人が有する多様な動機を理解し、それを私たちが提供するスポーツ活動でどれくらい充足させられるかということである。障がい者の場合であっても、個々の参加者が有する動機は多種多様である。参加者と支援者の両者が適切にコミュニケーションを図ることによって、よいスポーツ活動やスポーツ支援が実現されるであろう。

2　スポーツからの離脱を防ぐ

参加者とスポーツとの関係によっては、参加者はスポーツの効果を得られないどころか心身の健康に不利益を与えてしまう可能性もある。たとえば、参加者の興味関心を無視したクラブ運営や権威主義的な指導が行われたとしよう。おそらく、参加者にとってクラブでの活動や指導者との人間関係はストレスに満ちたものであることが想像される。その結果として、参加者が燃え尽き症候群（バーンアウト）に陥ってしまうことや、クラブからの離脱につながってしまうこともあるだろう。このような事態が生じたのであれば、そこでのスポーツ支援はとても参加者のためのものとは言えない。スポーツ参加を促す立場である指導者がスポーツ参加の障壁となってしまっては本末転倒である。

参加者にとって最も重要な人的環境要因である指導者は、正しいスポーツ観と指導理念を有することが必要である。私たちはスポーツ活動を通じて参加者をどこに導こうとするのか。スポーツの主人公である参加者が目的地にたどり着くのをサポートするのがコーチ（Coach）の役目である。スポーツ指導を含め、スポーツ支援に携わる者は決して自分本位になることなく、参加者中心の姿勢で活動に携わることが重要である。

スポーツとハラスメント

1　ハラスメントの実態

スポーツ指導を巡る問題行為は多く指摘されている。指導者による暴力やハラスメントはその代表的な例であろう。例えば、2012年12月に大阪市立高校のバスケットボール部員が顧問教諭による暴力的指導を苦にして自死するという事件が起きた。また、それと時を同じくして女子柔道日本代表監督による暴力事件も発覚している。当時の文部科学大臣はこのような事態を受けて、「日本スポーツ史上最大の危機」と表現している。その後はスポーツ指導における暴力行為根絶に向けた取り組みが国をあげて行われてきてきた。しかし、指導者による暴力やハラスメントの報道を耳にする機会は少なくない。その度に、楽しいはずのスポーツの現場で生じる指導者による理不尽な行為が、どれだけの青少年を傷つけてきたかと思うと心が痛む。

ハラスメントには多くの種類があり、その代表的なものとしてはパワーハラスメント、セクシャルハラスメント等がある。この用語は、様々な場面で、他者に対する発言や行動等が本人の意図に関係なく、相手を不快にさせたり、尊厳を傷つけたり、不利益を与えたり、脅威を与えることを意味する。日本体育協会（2013）は、暴力やハラスメント等の指導者としての倫理に反する行為や言動の内容を説明している。それらには、殴る、蹴る、物を投げつけるなどの「身体的暴力」、無視や選手の人格や尊厳を否定するような発言を行う「精神的暴力」、権力乱用による相手の望まない性行為である「性暴力」、相手が不快や不安を感じる性的な言動である「セクシャルハラスメント」等が含まれる。また、罰として正座をさせたり、不適切な負荷を設定したトレーニングを課したりすること、それに、脱衣、断髪の強要など個人の尊厳を傷つける行為も倫理に反する不適切な指導としている。

ところで、ハラスメントを論じる際に「体罰」という用語を用いることがあるが、それが意味するところを的確に理解することは重要である。学校教育法第11条において、校長及び教員は教育上必要があると認めるときには、児童、生徒及び学生に懲戒を加えることができるが、体罰を加えることはできないと定められている。すなわち、生徒に違反行為があった場合の懲戒行為としての暴力は体罰となるが、ミスをした際や奮起を促す際に用いられる暴力、あるいは、教員以外のスポーツ指導者による暴力は体罰にはならず、「単なる暴力の行使」であるということを知っておくべきである。

2　負の連鎖を断ち切る

スポーツにおいて暴力的指導を行う指導者には4つのタイプがあるといわれている。それらは、暴力を有益で必要だと信じている「確信犯型」、暴力以外の指導方法を知らない「指導方法わからず型」、感情のコントロールを失って暴力を行う「感情爆発型」、そして、ストレス解消のために暴力を振るう「暴力行為好き型」である（望月、2014）。これらのうち、「確信犯型」は愛のムチとして暴力を積極的に用いるタイプであり、正しい指導観を持つことが重要である。また、「指導方法わからず型」は自らの経験だけに頼って指導するタイプである。改善のためには新しい知識を入手することが大切である。「感情爆発型」は情動対処の能力が不十分なタイプである。アンガーマネジメントの方法を身につけることが効果的である。最後の「暴力行為好き型」は指導者として問題外であることは説明の必要はないであろう。

阿江（2000）によれば、過去に暴力的指導を受けてきた選手はそうした指導を容認する割合が高く、また、将来は自分も指導に暴力を用いると考える割合が高いということ

であった。このようなことから、暴力的指導は自らのスポーツ経験が大きく関わっていると考えられる。暴力的指導で人を動かすことは容易である。しかし、そこで選手の行動が変わったとしても、それは指導者に対する脅威が原動力である。熱心に指導を行う指導者が暴力的指導を行うのならば、選手はそれがよい指導であるとの認識を持つかもしれない。そうした選手が将来指導者となったとき、やはり暴力を用いて指導を行うこともあるだろう。これからの指導者は、暴力的指導が選手にもたらすものが「意志に乏しい行動」と「誤った価値観の継承」であることを肝に銘じたい。

参考文献

阿江美恵子（2000）運動部指導者の暴力的行動の影響：社会的影響過程の視点から、体育学研究、45：89-103。
日本体育協会（2013）スポーツ指導者のための倫理ガイドライン。
笹川スポーツ財団（2012）（2012）青少年のスポーツライフ・データ2012—10代のスポーツライフに関する調査報告書—。
WHO編：川畑徹朗ほか監訳（1994）WHO・ライフスキル教育プログラム、大修館書店。
望月浩一郎（2014）スポーツ部活動から暴力をなくすために何が必要か？菅原哲朗ほか編、スポーツにおける真の指導力：部活動にスポーツ基本法を活かす、エイデル研究所、124-133。

（渋倉崇行）

2 運動指導論①―概説―

運動指導の必要性

　かつてない高齢社会の到来と都市化の進展にともない、スポーツや健康・体力づくりに対する必要性や期待度は増大している。健康づくり・体力づくりを維持・改善させる方法の一つとしてのスポーツ・運動の遂行には、個人個人の身体状況を適切に把握したうえで、その人に応じたプログラムの作成が必要となる。それに加え、そのプログラムに則った指導を行うことにより初めて運動の効果が顕れる。

運動処方とは

　病院で薬を出してもらうことを「処方」という。医師は以下のように段階を踏んで処方にたどり着く。

> ・情報収集：患者を診察したり検査したりすることによって病状に関する情報を得る。
> ・目的：どのように改善したいかを考える。
> ・処方：その患者にあった最適な薬を考え付与する。

　薬を選ぶとき、「その働き」や「強さ」、「持続時間」、「形態（錠剤、カプセル、液体、粉など）」を考慮する。また、患者の年齢や病歴を確認し、副作用がでる可能性が最も低く、最大限に作用を発揮できると考えられる薬を選択する。
　運動の指導を行うときも同様である。運動の場合は、「種類」、「強度」、「継続時間」、「頻度」を考慮し、これの決定が「処方」となり運動指導には重要となる。

運動の原理・原則

　運動やトレーニングを習慣的に行うと心血管系や呼吸器系の機能を高めることができ、生活習慣病を予防することができる。しかし運動は諸刃の剣といわれるように、や

りすぎると腰痛などの関節痛を起こしたり、あるいは循環器系の合併症を引き起こしたりする可能性もある。運動はがむしゃらにやればよいのではなく、効果を最大限に得ようとすればいくつかの原理・原則に従わなくてはならない。運動・トレーニング指導を行う際にはこの原理・原則への理解が重要である。

1　運動・トレーニングの3原理

トレーニングが身体におよぼす影響を3つの原理としている。

> 「過負荷の原理」
> 　ある程度の負荷を身体に与えないと運動の効果は得られないということである。その強度の最低ラインは、日常生活の中で発揮する力以上の負荷である。
> 「特異性の原理」
> 　運動中のエネルギーの使われ方や筋肉の活動の仕方と関係する能力が増加することである。わかりやすくいうと、短距離走のトレーニングをすれば短距離は速くなりますが長距離は速くならないし、脚のトレーニングをすれば脚のパフォーマンスは高まるが腕のパフォーマンスは向上しないということである。
> 「可逆性の原理」
> 　せっかく獲得した効果もトレーニングを中止すると失われてしまうことである。

2　運動・トレーニングの5原則

3原理から生まれたトレーニングのルールを5つの原則としている。

> 「意識性の原則」
> 　トレーニングの内容・目的・意義をよく理解し、積極的に取り組むことである。トレーニングの目的は何か、プライオリティは何かを意識して取り組むことが重要である。
> 「全面性の原則」
> 　有酸素能力・筋力・柔軟性などの体力要素をバランスよく高めることである。筋力トレーニングについていえば、全身の筋をバランスよく鍛えること、大筋群を優先して実施することなどである。
> 「個別性の原則」
> 　トレーニングの実施内容を個人の能力に合わせて決めるようにする。これは効果を得るばかりでなく、安全のためにも極めて重要なことで、ひとりひとりの能力を細かく見極める必要がある。
> 「漸進性の原則」
> 　体力・競技力の向上に伴って、運動の強さ・量・技術課題を次第に高めていくことである。いつまでも同じ強度の繰り返しではそれ以上の向上は望めない。定期的なプログラムの再検討が重要になる。

> 「反復性の原則」
> 　運動プログラムは、ある程度の期間、規則的に繰り返すようにする。繰り返し行うことは、テクニックを上げるための重要な要素である。周期性の原則は、1年間を通したトレーニング計画を行うことである。どの時期が最も効果的かを考えてプログラムを作成する。

運動の種類

　健康づくり運動にはストレッチング、有酸素運動、レジスタンストレーニングの3種類の要素を含む必要がある。運動の目的によって、この3種類の運動のバランスを工夫することになる。

1　ストレッチング
　筋肉の柔軟性や関節の可動域を高める運動で、有酸素運動やレジスタンストレーニングのウォーミングアップやクーリングダウンにも多用されている。特に久しぶりに運動に取り組む場合には、障害の予防として欠かすことが出来ない。また、高齢者や低体力者の場合にはストレッチングと軽いウォーキングが運動・トレーニングの中心となる。

2　有酸素運動
　比較的軽い強度の運動を総称して有酸素運動という。この強度の運動では、エネルギー代謝の過程で糖とともに脂肪が多く使われるので、肥満の解消や生活習慣病予防に有効である。運動・トレーニングの中心であり、ウォーキングやゆっくりとしたジョギングが代表的である。環境が整えばサイクリングやゆっくりとした水泳、水中ウォーキング等も選択肢として推薦できる。

3　レジスタンストレーニング
　ダンベル、チューブやトレーニングマシン、自分の体重などを利用して筋肉に負荷をかけ、筋力や骨を強くする運動で、通常は胸、背中、お腹、腿など大きな筋群を使用するメニューから始める。高齢者の転倒予防や生活活動能力の維持・向上、さらに代謝の改善には筋肉が重要な働きをするので、近年中高年者の健康づくりに特に重視され、要介護予防プログラムにも取り入れられている。

運動の強度

運動の「強度×持続時間」が運動量（消費エネルギー量）となる。アメリカスポーツ医学会は、低い強度の長時間運動でも、高い強度の短時間の運動と同様の効果が得られるとしている。

1　METs

メッツとは運動や身体活動の強度の単位である。安静時（横になったり座って楽にしている状態）を1とした時と比較して何倍のエネルギーを消費するかで活動の強度を示す。

歩く・軽い筋トレをする・掃除機をかけるなどは3メッツ、速歩・ゴルフ（ラウンド）・自転車に乗る・子供と屋外で遊ぶ・洗車するなどは4メッツ、軽いジョギング・エアロビクス・階段昇降などは6メッツ、長距離走を走る・クロールで泳ぐ・重い荷物を運搬するなどは8メッツといったように、様々な活動の強度がすでに明らかになっている。

メッツで表された活動強度に活動実施時間（時）をかけたものをメッツ・時と言い、運動・活動量の単位として国際的に使われている。またこれをエクササイズ（Ex）とも呼ぶ。

2　心拍数

運動強度の設定に心拍数が用いられている。この際もし可能であれば、漸増運動負荷テストによって最高心拍数（HRmax）を求める。負荷テストができな場合は、「HRmax＝220－年齢」を使用する。

％HRmax：至適運動強度の目標心拍数を求める昔からの方法が、HRmaxの70～80％強度を目安とする方法である。例えばHRmaxが180拍／分なら目標心拍数は126～153拍／分と計算できる。

HRRによる方法：この方法では、HRmaxから安静時心拍数を引いて、HRRを求める。さらにHRRの60～80％の値を安静時心拍数に加えることにより算出する。

目標心拍数＝［((HRmax－安静時心拍数)×0.60～0.80（％）］＋安静時心拍数

HRmaxが180拍／分、安静時HR70拍／分の例では、HRR法によると132～156拍／分となる。

60～80％強度というのは体力の改善や維持に十分に効果のある運動強度である。

3　自覚的運動強度（RPE: Rate of perceived exertion）

　一般に用いられているRPEスケールはボルグスケールである。RPEは心拍数による強度設定の補助的目的で使用される。漸増運動負荷中のRPEは運動強度と常に一致するわけではなく、運動負荷の種類（トレッドミルやエルゴメーターなど）が異なると強度が同じでもRPEは異なる。HR測定が困難な場合や服用している薬物を変更して運動に対するHRの反応に変化が起こった場合など、RPEは運動処方に有用と考えられている。運動に対して生理的な適応を生じうるRPEの平均的範囲は、Borgのスケール（図表1）の12～16とされている。しかし、個々人によって心理的・生理的関連がさまざまなので、あくまでも運動強度設定の1つのガイドラインとして用いるべきものとされている。

図表1　BorgのRPEスケール

6	
7	非常に楽である（Very, very light）
8	
9	かなり楽である（Very light）
10	
11	楽である（Fairly light）
12	
13	ややきつい（Somewhat hard）
14	
15	きつい（Hard）
16	
17	かなりきつい（Very hard）
18	
19	非常にきつい（Very, very hard）
20	

運動の持続時間

　運動を始めたとき、最初に利用されるのは筋肉の中に蓄えられているエネルギーである。血流を通して筋肉に糖・脂肪や酸素を取り入れるしくみがうまく働くようになるのは5～10分くらいしてからである。貯蔵されている脂肪が分解され効率よくエネルギーとして利用されるには、細切れでもよいので合計30分以上の時間が必要である。血糖の調節にも、少なくとも15分は続けることが必要であり、肥満気味で余分な脂肪を減らしたい人は、30～40分ぐらいの運動を続けた方がよい。健康のために必要なエネルギー消

費としては、1日240kcal消費する運動量を行うと良いとされている。

運動の頻度

運動には、持続効果があるため、糖の代謝に及ぼす効果は運動後1～2日は維持される。

しかし、週1回の運動では気晴らしやリフレッシュ程度の意味しかない。習慣化する意味では、週5日は行うことが推奨される。

安全の重視

健康づくりのための運動プログラム作成は実行の際に安全性を最重視する必要がある。その際は個人の潜在的なリスクや体力水準、体組成などの評価が重要となる。

〈櫻井智野風〉

3 運動指導論②—子ども—

　本稿で扱う運動指導の内容は学校体育に関する研究知見にもとづいているため、子どもへの運動指導にとって有効であることはもちろんだが、一般向けの運動指導にも一程度は援用可能であろう。

インストラクション（instruction）

　子どもに運動のポイントなどを言葉で伝えること（＝「説明」）、あるいは指導しようとしている運動を実際にやってみせたりすること（＝「演示」）、これらは総じてインストラクションと呼ばれる教授行為である。インストラクションは、レッスンの「はじめ」と「おわり」に各1回、「なか」に数回おこなうのが基本である。

1　「はじめ」のインストラクション

　「はじめ」のインストラクションでは、本時のレッスンの目的（めあて）や全体の流れなどを伝えることが求められる。レッスンの目的や全体の流れを伝えないままレッスンを始めてしまうのは「羅針盤を持たずに航海に行ってこい」と言っているようなもので、子どもはレッスン内での個々の運動の意味やそのつながりを理解できないまま、レッスンを受けることになってしまう。

悪い例	良い例
（レッスン開始時、子どもに何も伝えない）	（レッスン開始時）「今日のレッスンのめあては、『パスを受けるために、空いているスペースに動くこと』です。そのために、レッスンの前半の運動では、めあてを達成するための練習を2つおこない、後半では前半で練習した成果を活用した試合をおこないます」

2　「なか」のインストラクション

　「なか」のインストラクションでは、技術練習や戦術練習など、子どもが取り組もうとする運動のポイントを伝えることが求められる。座学と異なり、運動指導では、言葉

で「説明」するだけでなく、実際にやってみせてあげる（＝「演示」）ことで、子どもに運動のポイントがよりよく伝わる場合も多い。また、運動のポイントを伝える際、一度に多くのポイントを伝えすぎないことも大切である。発達段階にもよるが、子どもは一度に4つ以上のポイントが伝えられると、覚えきれずにすべてのポイントを忘れてしまうと言われている。1回のインストラクションで運動のポイントを2、3つ伝えたら、実際に子どもに運動をさせて、ある程度ポイントが達成できていれば次の運動のポイントを提示するとよい。

悪い例	良い例
「側方倒立回転のポイントは、①腕を振り上げて前足をまっすぐ踏み出すこと、②体をひねって前足側の手をつくこと、③手と手の間を見たまま もう片方の手をついて後ろ足を振り上げること、④肘を伸ばして体を支えること、⑤腰を立てて膝やつま先を伸ばすこと、⑥後ろ足→前足の順にまっすぐ振り下ろすこと、⑦手でマットを突き放して体を起こすこと、以上7つです」←7つを一度に言われても子どもは理解できない	7つのポイントを「着手」「展開」といった2、3の運動局面で分割し、一度に伝えるポイントが少なくなるよう精査しておく

3　「おわり」のインストラクション

「おわり」のインストラクションでは、本時のまとめをおこなう。運動が終わった後、まとめをしないままレッスンを終えてしまうのは初心者によくある運動指導だが、まとめがないままだと本時の指導内容が子どもに十分残らない。レッスンの最後に必ず振り返りの時間を設けて、「本時で学んだ運動のポイントは何か」、「本時のめあては達成できたか」等、レッスン全体のまとめをおこなうことで、指導内容の定着をはかることができる。

4　インストラクションは簡潔に

「はじめ」「なか」「おわり」のインストラクションとも、なるべく簡潔に伝えることが大切である。指導に慣れていないと、「子どもに多くのことを教えてあげたい」という親切心から、インストラクションが長くなってしまうことがよくある。だが、インストラクションが長くなればなるほど、子どもは運動ができず退屈してしまう。インストラクションに時間をとられ過ぎないよう、指導に入る前にあらかじめ子どもに伝える指導のポイントを精選しておき、指導では要点をおさえた説明・演示ができるよう努めたい。

巡視（monitoring）

　指導者のインストラクションが終わると、子どもは練習やゲームなどの運動に取り組む。

　子どもが運動に取り組んでいる間、慣れない指導者は何もせず棒立ちしたままになってしまうことがよくあるが、可能な限り子どもを巡視することが大切である。巡視は一か所に立ち止まって全体を見渡すだけでは不十分で、積極的に動き回り、子どもが運動をしている場所一つ一つに足を運ぶことが大切である。

1　子どもの安全が確保されているか

　巡視の第一の目的は、「子どもの安全が確保されているか」のチェックである（図表1）。座学とは異なり、運動ではケガ等の危険が常につきまとう。巡視をして、子どもが取り組んでいる運動課題に危険性があると判断した場合は、ただちに運動を中断し、運動課題の内容を修正する必要がある。

2　つまづいている子どもを探す

　子どもの安全が担保されているようであれば、「運動課題につまづいている子ども」のチェックという、巡視の第二の目的に移りたい（図表1）。運動課題の遂行にトラブルが生じている子どもを放置し続けると、「できないまま」「わからないまま」の子どもはやがて、運動が嫌いになってしまうかもしれない。指導者は巡視により、提示した運動課題が「できない」子ども、運動のポイントやコツが「わからない」子どもにいち早く気づけるよう努めたい。

図表1　巡視の手順・目的

(1) 子どもの安全は確保されているか	
Yes ↓	No ↓
(2) 運動につまづいている子どもを探す	運動を中断し、課題を修正する
→ 「できない」子ども　・「わかっていない」子どもへの指導	

（Graham（2005, p.117）をもとに筆者作図）

相互作用（interaction）

　子どもが運動に取り組んでいる際、指導者は巡視のなかで、子どもの運動のできばえに対する声かけことが求められる。この教授行為は「相互作用」と呼ばれる。子どもに有効な相互作用は、①「褒める」言葉がけ、②「直す」言葉がけ（アドバイス）、③「励ます」言葉がけ、④「問う」言葉がけの4種があるが、場面に応じた適切な言葉がけに努めたい。

言葉がけの種類	言葉がけの例
「褒める」言葉がけ	「うまい」「よかったね」（抽象的）／「腕の上げ方がとても良くなったね」（具体的）
「直す」言葉がけ	「まだ」「もう少し」（抽象的）／「まだ腕の振りがたりないね」（具体的）
「励ます」言葉がけ	「頑張れ」「いけ、いけ」「さぁ、しっかり」
「問う」言葉がけ	「手の付き方はそれでいいかな？」「この運動の大切なところはどこかな？」

1　なるべく抽象的な言葉がけより、具体的な言葉がけをするよう努める

　「褒める」言葉がけと「直す」言葉がけについては可能な限り具体的な言葉がけをするよう努めたい。例えば「褒める」言葉がけについていえば、「OK!」「ナイスプレイ」「いいね」といった抽象的な言葉がけより、「腕の振りがいいね」「腰が高く上がっているね！」といった具体的な言葉がけのほうが、子どもの心に残りやすい。また、「できない」子どもや「わかっていない」子どもに対するアドバイスについては、子どもがつまずきそうな事案とそれに対する言葉がけをあらかじめ準備しておけば、具体的な言葉がけがしやすい。逆にその事前想定をしないまま指導に臨んでしまうと、言葉がけも場当たり的になり、子どもに有効な具体的なアドバイスをすることは難しいだろう。

例：かけっこの指導

子どもがつまずきそうな事案の事前想定	事案が生じた場合の「直す」言葉がけの事前想定
脇を空けて腕を振ってしまう	「脇をしめて腕を振ろう」
頭が上下左右に揺れてしまう	「頭はグラグラさせないよ」
左右に蛇行して走ってしまう	「何かまっすぐ先にあるものを目印にして走ろう」

2 自身が提示した運動のポイントを意識する

　積極的に巡視をしていても、子どもに何を教えようとしているのかが自身のなかで不明確だと、子どもに有効な言葉がけは生じにくい。逆に、インストラクション時に自身が何をポイントとして提示したのかが明確に意識できていれば、ポイントに沿った運動をしている子どもに対して褒めたり、ポイントができていなかったりわかっていなかったりする子どもに対して適切なアドバイスができるはずだ。

　以上、本稿で記した教授技術は、子どもへの運動指導の基本的な教授技術であるとともに、比較的短期間で身につけることができる教授技術でもある。指導のたびに本稿を振り返り、子どもの運動指導の向上に役立ててもらえれば幸甚である。

参考文献

Graham, G (2005) Teaching Children Physical Education: Becoming a Master Teacher (2nd ed). Human Kinetics.
高橋健夫（2000）子どもが評価する体育授業過程の特徴：授業過程の学習行動及び指導行動と子どもによる授業評価との関係を中心にして、体育学研究、45 (2)：147-162。
高橋健夫・友添秀則・岩田 靖・岡出美則編（2010）体育科教育学入門、大修館書店。

（木原洋一）

4

運動指導論③—障害者—

運動・スポーツの身体的効果

　身体運動やスポーツ活動が多くの生活習慣病を予防・改善し、健康の維持や介護予防に効果的なことは常識である。一般的な障害のない人における運動の効用のうち、科学的根拠のあるものについてまとめると以下のようになる。このように幅広い効用が期待できる。

(1) 動脈硬化性の病気、特に心筋梗塞の危険性を減少
(2) 体脂肪を減らし体重のコントロールに有効
(3) 脂質異常症（低HDLコレステロール血症、高トリグリセライド血症）の予防・改善に有効
(4) 高血圧の予防・改善に有効
(5) 糖尿病やメタボリックシンドロームの予防・改善に有効
(6) 骨粗鬆症による骨折の危険性を減少
(7) 筋力を増し、色々な身体活動の予備力が向上
(8) 筋力とバランス力を増やし、転倒の危険性を減少
(9) 乳がんと結腸がんの危険性を減少
(10) 認知症の予防・改善に有効
(11) 睡眠障害の改善
(12) ストレスの解消、うつ病の予防・改善に有効
(13) シェイプアップし、自己イメージが改善
(14) 家族や友人と身体活動の時間を共有
(15) 良い生活習慣が身につき、悪い生活習慣を止めるのに有効
(16) 老化の進行を防ぎ、QOL（生活の質）の改善に有効

障害者におけるスポーツ指導上の一般的な留意点

　身体、知的、精神障害それぞれに目的・内容・方法をふまえた指導法について代表的な事例と共に紹介する。

(1) 目的を明確にすること
　医学的なリハビリテーションとして行い、競技としてはとらえていない人もいる。
(2) 医師と連携すること
　医師による定期的な診察と共に運動を行う。但し、知的障害、発達障害は必ずしもこれに該当しない。
(3) 安全に留意すること
　障害をさらに悪化させることが無いように。
(4) 施設、用具やルールを工夫する
　一般的に行われているスポーツに応用を加える。安全への配慮を工夫することが最も大事である。安全に配慮し、一般的に行われているスポーツを障害の特性に照らし合わせて実施すると良い。
(5) 運動量に留意すること
　緊張による疲労などに注意が必要である。
(6) 継続への意欲を持たせること
　他人との比較を避ける。不安を取り除く工夫が必要である。
(7) 形やフォームにこだわらないこと
　その人にとっての楽な動きの中からよいフォームを作ればよい。
(8) 他者とのコミュニケーション機会を拡大する
　障害者同士、また障害の有無を超えて多くの人と出会い、共にスポーツ活動の機会が広がるよう促す。
(9) 障害の受容程度に応じ支援する
　障害受容の程度、本人の希望に応じた支援を心掛ける。

身体障害（車いす生活）者に対する運動指導法

1　車いす生活者の運動の必要性

　車いす生活者は、健常者に比べて身体活動量が少なく、基礎代謝量が低い傾向にある。また、身体障害また損傷による身体的・心理的ダメージによって閉じこもりがちになり、身体活動量が低く肥満になりやすい。車いす生活者の運動を考える場合、健常者の運動指針がそのまま適用できるとは限らない。車いす生活者の運動の場合、健常者の運動と大きく2つの点で異なる。一つは、活動筋群である。健常者は下肢運動もしくは全身運動が筋活動の中心となるが、車いす生活者は上肢運動が中心となる。もう一つは、障害（例えば運動に関与しない障害部位）が運動時の生理応答に影響を及ぼすことである。車いす生活者の運動指針を立案する場合、これらのことも含めて考えていく必要がある。

2　車いす生活者に対する運動指導の留意点

車いす生活者がスポーツ活動を行う際に、ともに活動する健常者が配慮する点を以下に挙げる。

> 転倒防止
> 車いすスポーツでも激しい活動を有するものでは転倒の恐れがある。ヘルメットの着用や、ベルトによる体の固定などと共に、車いすの点検も忘れてはならない。
> バランスの安定
> 姿勢が安定しない車いす生活者の場合、体幹をベルトで固定するなど留意する。
> 褥瘡（じょくそう）予防
> 臀部が麻痺している場合、運動中も随時臀部の圧迫を和らげることを心がける。
> 排尿・排便
> 規則的な排便習慣を心がける。
> 体温調節
> 頸椎損傷者は体温調節機能が低下しているため、随時体温の上昇防止を心がける。

3　車いす生活者のスポーツプログラム具体例

(1) 全身持久力

車いす生活者は全身持久力が低下しやすいことが知られており、活動に問題が無ければ全身持久力向上を目的とした運動トレーニングを処方すべきである。全身持久力を向上させるためには、有酸素運動が効果的である。有酸素運動とはリズミカルで長時間続けられる運動であり、車いす走行や水泳が良い。

・最高心拍数60～80％を目安とする強度で、1回30分、週に3～4日実施する。

(2) 筋力トレーニング

車いすをスムーズに操るために、上肢の筋力トレーニングも必要である。ベンチプレス、プルダウン、アームカールが推奨される。

・15回程度できる重量で、5分の休息を挟んで3セット、週に2～3日実施する。

(3) 柔軟性トレーニング

障害予防のために柔軟性を向上させるトレーニングも必要である。肩、首、腕、手のストレッチが良い。

知的障害者に対する運動指導法

1　知的障害者の運動の必要性

知的障害者の体力レベルは健常者と比較して40～60％のレベル、また青年期の知的障

害者の体力レベルは健常者の60歳以上のレベルである場合もありうると言われている。加齢に伴う体力低下についても、知的障害者が健常者に比較して全般的に体力が低いことが分かっているが、その理由として加齢に伴う体力低下もむしろ若年時からの問題である。知的障害者は肥満と有酸素作業能力の低下が見られるが、運動習慣により顕著な改善効果が認められることも分かっていることより、運動の有効性は明らかである。運動能力の向上には、生活能力の向上につながっているので、そのための知識や技能の習得が必要である。

2　知的障害者に対する運動指導の留意点

障害が重複していることも考えられ、情緒面の不安定や集中することが難しいといった側面もあるため、安全に留意しておく必要がある。

- 綿密な個別指導とともに、併せてグループ指導を行なうこと
- 具体的で簡潔な言葉を使うこと
- 言葉での理解が難しい場合は、視覚や実際の動きにより理解できるようにすること

3　知的障害者のスポーツ実践具体例

- 身体活動量を増加させることが重要であるが、知的障害者が自身で身体活動やスポーツ種目を決めることが難しいこともあるため、視覚的に情報を提供するとよい。また、場合によっては二者択一や「はい、いいえ」で回答できるように質問したりするなどして、個々の発達段階に応じた意思決定を促すことが大切である。こうした配慮がないと、指導者に依存するだけの関係性になってしまうこともある。
- ルールへの理解や勝ち負けの判断ができる発達段階にある者には、簡単なゲーム形式のスポーツを導入することも、スポーツ活動が楽しくなる可能性が高く推奨される。
- 青年、成人の者に対しては、遊びだけではなく高度なプレーなどを有する種目も導入することで、さらなる成長を促すことも出来る。但し、青年期であっても知的発達年齢が低い方もいるため、個人の特性に合わせたプログラムを展開することも検討すると良い。

精神障害者に対する運動指導法

1　精神障害者の運動の必要性

精神障害者の運動能力の特徴としては、巧緻性や敏捷性といった素早い動きや、全身

持久力が低下することが報告されている。そのため、可能な限り運動・スポーツを実施することが必要である。身体運動活動時の緊張感は、自律神経機能の向上と併せてストレス耐性の向上をもたらす効用がある。一方で、スポーツという観点からは、①精神障害者の社会性の維持・獲得、②精神障害に対する見方・捉え方を変えるといった側面もある。さらに、疾患が重症化している場合には、単純に疾患名でとらえるのではなく、個人差があるということを前提にした方が望ましい。

2　精神障害者に対する運動指導の留意点

運動指導の際、以下の点に留意しながら行う。

- 疾患の状況をみてスポーツをすすめるようにし、急性期や不安定な時には、スポーツは避ける。また、バスケットボールなどのように直接身体接触のある競技は慎重に実施したほうがよく、バレーボールやソフトボールなどが推奨される。長期や大量に薬物を使用している者には、運動量や強度を抑えて行わせる。
- 一人ひとりの障害の状況を十分把握しておくこと
- 個性を生かしたきめ細やかな指導につとめること
- 多くの精神障害者は、治療中で、服薬を続けながら運動やスポーツ活動に参加している。仮に服薬量が多い場合は、運動の可否、運動量の程度などを、医師に確認することも検討した方がよい。

3　精神障害者のスポーツ実践具体例

具体例として以下のものが挙げられる。

- 全身持久力
  自転車エルゴメータ駆動などの有酸素運動
- 1回30分、週に3～4日実施する。最高心拍数60～80％を目安とする強度で行う。
- 敏捷性、巧緻性
  ボールゲーム（バスケットボール、ソフトバレーボール、ドッヂボール）、鬼ごっこなど
- 回30～60分、1日1-2回、週6日であり、強度は中等度のレベル（RPEレベル「楽である－ややきつい」）程度とする。
- 身体に障害が認められないため、基本的には、本人が希望するスポーツ種目の選択肢は広げる方向で考えてよい。

（櫻井智野風）

5 運動指導論④―高齢者―

高齢者の運動の必要性

　一般的に体力は、20歳台でピークに達し、その後は徐々に低下をたどり、若いころに健康に自信があった方であっても、高齢期には急激に低下が進行すると言われている。身体機能には「使えば発達し、使わなければ衰退する」という生物学な原則があり、日頃の状況によって個人差が生じることも少なくない。特に高齢者においては、その影響が大きく、身体活動を積極的に保つことが身体機能の維持向上に大切になってくる。しかし、活動量が低下しがちな高齢者にとって、運動する場面（時間・場所）を特別に設けることは、難しいため、日常生活の中で、自宅でも気軽に実践可能な項目を中心に考えることが大切となる。

高齢者における身体活動が及ぼす効果として以下のものがある。
- 心肺機能低下の防止
- 骨格筋機能（筋力、骨密度）低下の防止
- 動脈硬化の抑制
- 情緒の安定
- 認知症の予防

高齢者におけるスポーツ指導上の一般的な留意点

高齢者における指導においては、以下の点に留意してすすめる。
- 個人の体力・健康水準に適した運動である。
- 安全で、効果の認められる運動である。
- 心理的に安全だと感じられる環境づくりを行う。
- コントロール可能な「運動の習慣づけ」をして、運動習慣が身につけさせる
- 短期的な目標を立てる。

- 短時間に大きな力を発揮するような運動や、敏捷性を必要とする運動は、好ましくない。
- 短時間に大きな効果を期待するよりも、少しずつの改善も有効である。
- 運動の習慣化や生活化につながるように、毎日続けられる運動である。
- 運動を楽しむことが重要である。
- 水分と糖分の摂取に気を配る。
- 体力・健康水準の改善に伴って運動量を調整する。
- 日々の体調によって、運動量を調整する。
- 実施温度、湿度に注意する。
- 運動して鍛えている部位に集中しながら行う。
- 疲労を蓄積しないように、十分な休養と栄養摂取が必要である。
- メディカルチェックを行う。

運動の構成および量

1　運動の構成

運動の順序としては、以下のようなものがある。

①ストレッチ運動（上肢、腹、背中、下肢）

図表1　高齢者の運動の推奨例

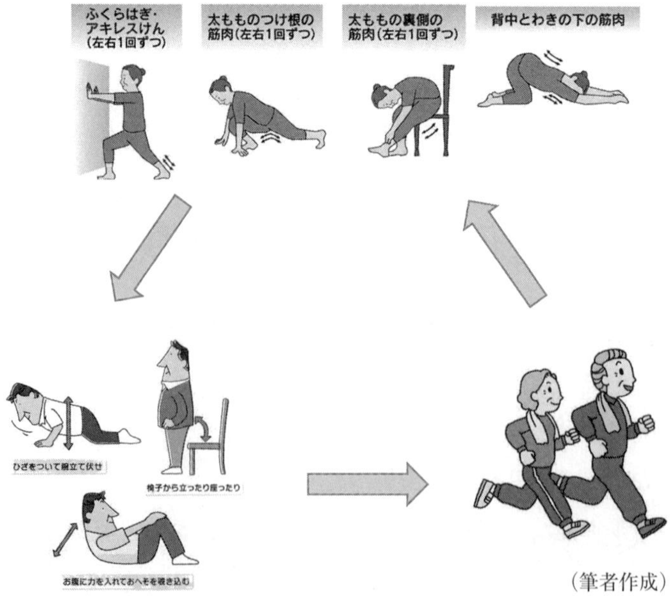

（筆者作成）

②筋力トレーニング（腿、胸、腹部：自分の体重を負荷とした運動）
③ウォーキング　もしくは　ジョギング
④ストレッチ

2　運動の強度
強度は下記を目安にする。
①体力・健康水準に適した強度（重さ、速さ）を選択し、楽に実施可能な項目から開始する。
②3〜5週間程度継続した後、運動強度を見直し・変更する。

3　運動の量
運動量は下記を目安にする。
①15回反復できる時間とする。
②1つの運動プログラムを1日に2〜3回実践する。
③1日の運動時間は20〜60分程度にする。
④週3〜4日実践する。

留意点

全体を通じ、以下の点に留意する。
・運動開始前にメディカルチェックを受診し、自分のからだの状態を把握した上で実践する。
・無理のない範囲で実践する。
・軽い気持ちで、楽しくできるよう心掛ける。
・自分の体力を考慮し、出来る項目から始める。出来ない動作は時間をかけて慣れるようにする。
・疲労が残らないように運動時間と項目を調整する。

参考文献

東京都老人総合研究所疫学部（2001）高齢者の転倒予防を目指す運動プログラム、http://www.tmghig.jp/J_TMIG/images/press/pdf/tentou.pdf（参照日2017年12月10日）。

（櫻井智野風）

6 ケガの予防

スポーツ活動において、ケガや重大事故は避けなければならないが、少ない確率であっても発生しうることは認識しておかなければならない。そのうえで、予測しうるリスクを明らかにし、未然にケガや事故を防ぐことは、指導者・管理者の責務であり、安全管理上、非常に重要なことである。

スポーツ傷害の発生要因

スポーツ傷害の発生要因の理解・分析は、効率的な治療やリハビリテーション、そしてケガや事故の原因究明、予防対策に有用となる。例えば、個体の要因として、大腿

図表1　スポーツ傷害発生要因と予防対策例

	発生要因	具体例	予防対策例
個体の要因	筋力、筋持久力、柔軟性、関節不安定性、競技スキル、姿勢、身体組成、年齢、アライメント（骨の配列）、ストレス、対人関係など	柔軟性の不足による腰痛	日常的なストレッチングの導入
		O脚による膝内外側の痛み	下肢の筋力トレーニングやストレッチ、足底板の挿入
環境の要因	天候、気温、湿度、路床面、靴底の摩耗、防具の破損や非着用、施設・用具、衣食住環境など	高温多湿による熱中症	水分の補給、休憩時間の確保。スポーツの中止など
		グラウンドの不整による捻挫	グラウンドの確認と整備
方法の要因	誤った練習方法・量、身体接触の有無、対戦相手のレベルなど	練習量過多によるスポーツ障害	過剰な練習の制限と休息の重要性の指導と啓発
		頭部からのタックルによる脳震盪	正しいタックルの指導と啓発
指導・管理の要因	指導者の資質、指導法、傷害の予防・緊急時の管理体制、競技団体の安全管理体制など	指導者の知識欠如	指導者向け傷害予防講習会の開催
		傷病者の病院搬送遅延による重症化	緊急時手順マニュアルの作成、訓練

（山下敏彦・武藤芳照編：スポーツ傷害のリハビリテーション第2版、金原出版、2017、p2表1を筆者が改変）

（大腿四頭筋）の筋力や伸張性の低下は膝周囲の痛みを生じやすくなる。また、大腿の筋力不足を他の部位で補うためにほかの身体部位に負担がかかることとなる。

スポーツ傷害の発生要因は、以下の4つに分類される。
(1)個体の要因（スポーツ実施者の心身に関するもので、筋力や柔軟性、アライメント、スキルの他、ストレスやパーソナリティ特性などの心理状態など）
(2)環境の要因（スポーツ活動の実施環境や被服、靴、用具、防具など）
(3)方法の要因（トレーニングの質、量、方法や自身および対戦相手・チームのレベルなど）
(4)指導・管理の要因（指導者、スポーツの指導内容・方法、管理体制など）

図表1に発生要因、傷害発症に至る具体例およびその予防対策例について記した。

スポーツ外傷・障害の予防

1　スポーツ外傷・障害

スポーツ外傷・障害とは、スポーツ・運動に起因して起こる運動器のトラブルのことで、総じて「スポーツ傷害」と呼ばれる。これが、どのように起きたかで、スポーツ外傷とスポーツ障害に分類される。

スポーツ外傷とは、転倒、衝突などの1回の外力により組織が損傷した場合で、例として骨折、捻挫、打撲、肉離れなどがあげられる。一方、スポーツ障害は、比較的長期間に繰り返される過度の運動負荷により組織が損傷した場合で、疲労骨折、腸脛靱帯炎、足底筋膜炎、アキレス腱症などがあげられる。実際には、外傷と障害の区別がはっきりしない場合もある。

2　スポーツ外傷・障害予防のための対策

スポーツ外傷・障害予防として行われるウォーミングアップ、基礎トレーニング、クールダウンには、筋力トレーニング、バランストレーニング、コアトレーニング、ストレッチング、アイシングなどがある。以下にその例を示す。

(1) ウォーミングアップ（運動開始前）

ウォーミングアップの軽運動によって体温が上昇し、筋肉の粘弾性や神経系の伝達がよくなることで、パフォーマンスの向上やケガの予防が期待できる。

　　静的ストレッチング（第4章6項参照）
　　①頸部前後屈・側屈　②肩・肩甲帯　③前腕前・後面　④大胸筋
　　⑤広背筋　⑥体幹側屈　⑦体幹前屈（体幹腰背部と殿部、大腿後面）

⑧大腿前面　　⑨股関節外転＋膝屈曲位での関脚運動　　⑩ふくらはぎ（アキレス腱）
動的ストレッチング（第4章6項参照）
①股関節　前後振り　　②股関節左右振り　　③股関節分回し　外回し＋内回し

(2) 基礎トレーニング

身体的な基本的運動能力の向上を行うと同時に、自身の足りない筋肉や柔軟性を把握する。また、その日の体調の確認を行う。

筋力＋バランス
①両足スクワット→　その場ジャンプ→　移動ジャンプ（前後左右・回旋）（写真1）
1-a　足幅は肩幅とし膝と足の向きは同じにする。両手は腰にあてる。
1-b　足先―膝―顔の位置がほぼ一直線になるように構える。
1-c　まずは垂直ジャンプ、その後、前後左右に移動ジャンプを行う。その際、空中や着地動作でふらつきが無いように行う。
1-d　写真cと同様に空中や着地動作でふらつきが無いように行う。しっかり捻る。
②片脚荷重訓練→　片脚スクワット　→レッグランジ、サイドランジ（写真2）
2-a　片脚に体重をかけ屈伸を行うが、最初はバランスをとるため、後方の脚を床に付けてもかまわない。
2-b　直立位から左右方向に一歩踏み出す。最初は歩幅を小さく、徐々に大きくする。しっかり体重移動を行う。

1-a　基本姿勢(ハーフスクワット)

1-b　基本姿勢　横向き

1-c　ジャンプし前後左右

1-d　ジャンプして半回旋　1周

写真1　両足スクワット、その場ジャンプ、移動ジャンプ(前後左右・回旋)

2-a 片脚スクワット

2-b サイドランジ

写真2 片脚荷重訓練　片脚スクワット⇒　レッグランジ⇒　サイドランジ

3-a 四つ這い

3-b 片手拳上

3-c 片脚拳上

3-d 片手片脚拳上（対角線）

写真3 四つ這い（ハンド・ニー）からの上肢拳上⇒　下肢拳上⇒　上下肢拳上

4-a 膝つきベンチ

4-b 膝つきベンチ　片手拳上

写真4 膝つきベンチ（エルボー・ニー）からの上肢拳上

222   第4章　スポーツ・運動指導にあたって

　　5-a　サイドベンチ　　　　　　　　　5-b　サイドベンチ　股関節外転

写真5　サイドベンチ（エルボー・ニーorフット）からの股関節外転

6-a　背臥位基本姿勢＋ドローイン　　　6-b　基本姿勢＋ドローイン＋頭頸部肩
息を吐きながら下腹部を引っ込め、腹圧　　　　まで拳上
を高める（ドローイン）。

6-c　基本姿勢＋ドローイン＋腰背部ま　　6-d　コア固定＋上下肢負荷
　　で拳上　　　　　　　　　　　　　　頭、腰背部、骨盤をマットにつけて手と
　　　　　　　　　　　　　　　　　　　膝の押合い

写真6　背臥位　腹筋（腹部をひっこめた状態（ドローイン）で行う）

③片脚スクワットジャンプ
④四つ這い（ハンド・ニー）からの上肢拳上、下肢拳上、上下肢拳上（写真3）
　3-a　肩の下に手、股関節の下に膝が来るように、背筋は反ったり丸めたりしない。
　3-b　四つ這いから片手を真っ直ぐ前方にあげる。
　3-c　四つ這いから片脚を真っ直ぐ後方にあげる。
　3-d　バランスを取りながら右手、左脚と対角線上にあげる。指先から足先まで一直

6 ケガの予防　223

写真7　背臥位　片脚伸展位挙上（ドローインにて）
お腹を引っ込めて、膝を伸ばしたまま片脚を挙げる。骨盤が傾かないように行う。

8-a　ブリッジ　　　　　　　　　　　　　　　8-b　ブリッジ　片脚挙上
肩・腰・膝までが一直線に　　　　　　　　　　肩・腰・膝・つま先まで一直線に
写真8　背臥位　ブリッジからの⇒　片脚ブリッジ（ドローインにて）

　　　線になるように。
⑤膝つきベンチ（エルボー・ニー）からの上肢挙上、下肢挙上（写真4）
　4-a　肩から膝までのラインを一直線に保持して、肘と膝で支える。
　4-b　aの姿勢を維持しながら、片手を前方に挙上する。
⑥ベンチ（エルボー・トウ）からの上肢挙上、下肢挙上、上下肢挙上
⑦サイドベンチ（エルボー・ニーorフット）からの股関節外転・屈伸（写真5）
　5-a　写真はエルボー・フット。難しい場合はエルボー・ニーから行う。体軸はまっすぐに保持する。腰が引け落込んだりしない。
　5-b　aの姿勢から上にある脚を横に挙上。この際もドローインを意識して行う。
　筋力＋コアトレーニング
①背臥位　腹筋（正面、斜め　ドローインにて）（写真6）
　6-a　息を吐きながら下腹部を引っ込め、腹圧を高める（ドローイン）。
　6-b　お臍を見るようにあごを引き、肩まで浮かせる。
　6-c　息を吐きながら両手は太腿から膝まで滑らせる。
　6-d　頭、腰背部、骨盤をマットにつけて手と膝の押合い。
②背臥位　片脚伸展位挙上（ドローインにて）（写真7）
　お腹を引っ込めて、膝を伸ばしたまま片脚を挙げる。骨盤が傾かないように行う。
③背臥位　ブリッジ（両足⇒片脚　ドローインにて）（写真8）

8-a　肩・腰・膝までが一直線になるように、骨盤は傾かない。
8-b　肩・腰・膝・つま先まで一直線になるように、骨盤は傾かない。

(3) クールダウン（運動終了後）

運動によって使用された筋肉の緊張を和らげ、筋疲労を改善・予防する。また、アイシングにより過使用された筋・関節のケアを行う。

静的ストレッチング（第4章6項参照）
①頸部前後屈・側屈　②肩・肩甲帯　③前腕前・後面　④大胸筋
⑤広背筋　⑥体幹側屈　⑦体幹前屈（体幹腰背部と殿部、大腿後面）
⑧大腿前面　⑨股関節前面　⑩伸脚　⑪股割り　⑫臀部外側
⑬ふくらはぎ（アキレス腱）
アイシング（第4章7項参照）

スポーツ現場における安全対策（主として重大事故対策）

スポーツ現場における重大事故は、死亡事故に繋がることが少なくなく、その防止に万全を期さなくてはならない。これまで問題となった発生事例として、水泳の飛び込み動作やアメリカンフットボールのタックル、ラグビーのスクラムなどで頚髄損傷、四肢麻痺を生じたケースがある。また、頭部への衝撃による脳震盪や脳挫傷は受傷後数時間から数日を経て急性増悪する場合もある。

中高年者の心臓発作や青少年期の胸部への強い衝撃による心臓振盪なども死に直結する。昨今、頻繁に注意喚起される暑熱環境下でのスポーツ活動では熱中症による死亡事例も散見される。一方、障害者スポーツ現場においては、これらの認知された重大事故ばかりでなく、既に生じている身体状況（頚椎損傷による体温調節能の低下、下肢切断者の義足装用など）についても配慮し、より慎重な対応が望まれる。

以下にスポーツ活動の前日、スポーツ活動中・活動後に配慮、実施したい事柄を示す。

1　スポーツ活動前の安全対策

事故を未然に防ぐためには、事前の準備が重要であることは言うまでもない。しかし、事故は発生するものとしてその対応策を準備することが必要不可欠となる。

①事故発生時の応急手当に必要な物品やマニュアルの準備
担架、救急箱、松葉杖、AED（自動体外式除細動器　automated external defibrillator）や、緊急時手順マニュアル（緊急連絡体制を含む）などを準備。大会規模によっては、事前に活動の実施要項を、近隣消防署や警察署、医療機関に連絡しておく。
②使用施設等の点検
活動場所・施設の用具、備品、機器等の点検をする。
③事前打合せ
大会やイベント実施者、施設管理者など関係者の事前打ち合わせ。

2　スポーツ活動当日の安全対策

当日の突発的な事象についても、予測しうる事が多いため事前の安全対策は重要となる。

①交通機関・経路の確認
最寄りの公共交通機関から会場までの経路や、環境条件（天候、障害物、事故等）の確認。
②活動場所、施設の確認
活動場所であるグラウンド、体育館内の床面など施設の最終点検、確認。
③プール活動時の確認
プール使用時は水温、外気温、水質等の確認。
④参加者の健康状態の把握
自覚的：参加者本人に体調の良し悪しを確認、自己申告。
他覚的：顔色、態度、歩容等を含めた全体像のチェック。場合によっては脈拍、血圧、体温等の確認。
⑤緊急時の対応説明
地震など災害時の避難経路や緊急時の対応についての説明。
⑥準備体操、ウォーミングアップの実施。
スポーツ活動前に傷害予防、身体的・精神的準備として軽運動、ストレッチング等の実施

3　スポーツ活動中の安全対策

スポーツ活動中はイベント全体の監視と個人の観察が必要となるが、遂次、イベントの進行状況等の把握がスタッフによって行わなければならない。

①イベント全体の監視と個人の観察
全体の監視において事故の事前予知を行い、事故発生後の迅速な行動を可能する。
個人の観察は顔色、動作等から判断し事故防止に努める

> ②環境変化への配慮
> 雨、落雷、風雪をはじめ気温の変化、暑熱・寒冷に注意を払い、場合によってはイベントの中断、中止、会場変更など適切な対応が必要
> ③臨機応変な対応
> 例えば、急激な気温・湿度の上昇に伴う水分補給の呼びかけなど、急に生じた安全管理上必要な事項を効率よく伝える

4　スポーツ活動後の安全対策

スポーツ活動後の身体のケアは、その活動量や年齢により必要度が変化する。参加者に対しては、何をどのように、どのくらい行なうかを指導する必要がある。例えば、事前に活動後のケア方法をパンフレットなどで配付する方法もある。

> ①整理体操の実施
> 軽い体操、ストレッチングにより使用した筋肉のリラクセーション
> ②アイシングの実施
> 主としてスポーツにより負担のかかった関節およびその周囲を冷却することで痛みや腫れを抑制。
> ③帰宅後のケア
> 入浴、食事、睡眠等により疲労回復を促す。

おわりに

スポーツの現場におけるケガや重大事故は、一見、予測不可能であり、やむを得ないと思われがちだが、多くの場合は予測・予防が可能と言われる。スポーツを安全に楽しむためには、そのための準備を指導者と同様に、実施者本人も自覚し行う必要がある。そのためには、スポーツにおける安全教育を初等中等教育において行うことが重要と考える。

参考文献

立谷泰久（2013）ケガとアスリートの心理、日本臨床スポーツ医学会誌、21(3)：502-504。
加藤知生（2017）スポーツ復帰への基本戦略とプログラム、スポーツ傷害のリハビリテーショプログラム、山下俊彦・武藤芳照編、金原出版、pp.16-21。

（加藤知生）

7

ストレッチング

ストレッチングの目的と効果

　一般的にストレッチングは、スポーツ外傷・障害の予防、競技力向上、コンディショニング、リハビリテーションなどを目的として行われることが多い。これらの目的の背景にはストレッチングがもたらす生理学的な効果がある。

　生理学的な効果として、「筋の伸張性・粘弾性の向上」「関節周囲の筋・腱・靭帯・関節包など軟部組織の伸張性向上」「血液循環動態の促進」「筋の収縮効率の促進」などがあるとされる。結果、スポーツ・運動前のストレッチングは、関節可動域の改善・拡大による競技能力やパフォーマンス向上に貢献するとともに、傷害の予防にも繋がる。また、スポーツ・運動後のストレッチングは、「筋緊張の緩和」「発痛物質や痛覚増強物質の除去」などの効果より、競技後の遅発性筋痛の予防・緩和、心身のリラクセーション、筋疲労からの回復もなども期待される。

ストレッチングの種類

　ストレッチングには多くの種類や方法があるが、その中でも代表的な3種類の方法を挙げる。また、時期別にストレッチングの種類を使い分けると効果的である（図表1）。

図表1　時期別ストレッチングの選択

ウォーミングアップ（運動前）	クーリングダウン（運動後）	傷害予防（普段）
スタティックストレッチングだけでなく、実際の運動動作に近い動き、かつ、競技特性に合わせたバリスティックやダイナミックストレッチングを取り入れると効果的。	運動後は筋緊張が高まっている状態になるため、スタティックストレッチングにより、遅発性筋痛の予防、心身のリラクセーションが期待できる。	基本的には柔軟性の向上を目的にスタティックストレッチングを実施すべきであり、日々の継続が最も重要である。

1 スタティックストレッチング（static stretching）

　よりポピュラーなストレッチング方法である。伸ばしたい筋肉をゆっくり痛みのない範囲で伸ばすもので、最終伸張位でゆっくりと一定時間保持することにより、筋の弛緩と伸張が同時に起こる。また、スタティックストレッチングは、ゆっくり行うことにより伸張反射が生じにくく、危険性も低く、筋の柔軟性向上や疲労の回復に効果的である。ウォーミングアップ、クーリングダウンのいずれでも行われるが、対象となる筋肉や方法、実施時間は運動の質や量により変化させる。

2 バリスティックストレッチング（ballistic stretching）

　急激な反復反動動作や弾みをつけて、最終伸張位での保持はしないストレッチング法である。バリスティックストレッチングは伸張反射を促すものであり、筋や結合組織に微細損傷を引き起こす可能性がある。主として、ウォーミングアップのスタティックストレッチング後に実施することが多い。実際の運動動作に近い動きであり、競技特性に合わせた方法でも実施でき、生理学的な反応をより速くひきだせるという利点もある。実施の際には、反動の負荷をはじめは弱く、段階的に上げるなど工夫する必要がある。

3 アクティブストレッチング（active stretching）

　関節運動を伴いながら伸張したい筋の拮抗筋を収縮させ、相反性神経支配を利用しながら伸張させていき、最後に伸張位でスタティックに保持しながら、目的とする筋肉を伸張していく方法である。バリスティックストレッチングに類似しているが、ダイナミックストレッチングでは相反性神経支配を利用し、反復反動動作は避けながら実施する。

ストレッチングの具体的方法

　ストレッチングは継続的かつ正確に行うことが重要となる。そのため、ストレッチングを行う本人が普段より一人で実施可能なセルフストレッチングが基本となる。しかしながら、セルフストレッチングでは正しく効果的に実施できない場合などはパートナーストレッチングを実施することもある。指導者はそれぞれの特徴を理解して、より効果的に実施することが望まれる（表2）。

　また、スポーツ活動の種類によるが、相対的に腰部や膝周囲、肩周囲に傷害の割合が高い。考えられる要因として、隣接される関節（頚部、胸郭、股関節）や周囲筋の柔軟性

表2 各ストレッチングの特徴と注意点

	セルフストレッチング	パートナーストレッチング
特徴	・自分のみで実施可能 ・過度な伸張によるケガを生じにくい ・継続性が保ちやすい	・セルフよりも筋を伸張しやすい ・セルフでは伸張の難しい部位も伸張可能 ・過度な伸張により、筋の損傷が起きる可能性
注意点	・伸張する筋を意識しないと効果が減少 ・正しい方法で出来ているかの判断が難しい	・伸張感や痛みなどの考慮が必要 ・コミュニケーションを取りながら行う必要あり
その他	・指導者は相手の身体的な特徴を考慮し、ストレッチング指導を行う ・場所によって効果、種類に影響するため、特に寒冷、床面、周囲の環境を考慮する	

の低下が挙げられる。これらの傷害を予防するには、正しい姿勢や方法でストレッチングを行い、腰部や肩、膝にかかる負荷を分散させる必要があると考えられる。

以下に、スポーツ活動前後、および普段より継続していただきたいストレッチングを紹介する。

1 静的ストレッチング（写真1～13）

スタティックストレッチングのことであり、動きを伴わずに行うストレッチ運動である。

①頸部前後屈・側屈　②肩・肩甲帯　③前腕掌側・背側　④大胸筋
⑤広背筋　⑥体幹側屈　⑦体幹前屈（体幹腰背部と殿部、大腿後面）
⑧大腿前面　⑨股関節前面　⑩股割り
⑪臀部外側　⑫ふくらはぎ（アキレス腱）

1-a　前屈　　　　　　　　　　1-b　後屈　　　　　　　　　　1-c　側屈左

写真1　頸部前後屈・側屈

2-a 肩水平屈曲　左

2-b 肩水平屈曲　右

写真2　肩・肩甲帯

3-a 前腕掌側

3-b 前腕背側

写真3　前腕掌側・背側

4-a 大胸筋（中間）

4-b 大胸筋（上方）

4-c 大胸筋（下方）

写真4　大胸筋

写真5　広背筋のストレッチ

写真6　体幹側屈（左胸郭、腹側のストレッチ）

7　ストレッチング　　231

7-a　体幹前屈＋膝屈曲位　　　　　7-b　膝を伸ばしていく

写真7　体幹前屈（体幹腰背部と殿部、大腿後面ストレッチ）

8-a　立位でのストレッチ　　　　　8-b　座位でのストレッチ

写真8　大腿前面のストレッチ

9-a　股関節前面　　　　　　　　　9-b　股関節前面＋大腿前面

写真9　股関節前面のストレッチ

10-a　股割り　　　　　　　　　　10-b　股割り（腰を立てる）

写真10　股割り

232　第4章　スポーツ・運動指導にあたって

11-a　右臀部外側　　　　　　　11-b　右臀部外側（別法）

写真11　臀部外側のストレッチ

12-a　左アキレス腱（膝伸展位）　　12-b　左アキレス腱（膝屈曲位）

写真12　アキレス腱（ふくらはぎ）のストレッチ

13-a　　　　　　　　　　　13-b

写真13　股関節　前後振り

14-a　　　　　　　　14-b　　　　　　　　14-c

写真14　股関節左右振り

　　　15-a　　　　　　　　　　15-b　　　　　　　　　　15-c
写真15　股関節分回し　外回し＋内回し

2　動的ストレッチング（写真14〜15）

　ダイナミックストレッチングのことであり、前述したバリスティックストレッチング、アクティブストレッチングもこれに含まれる。振る動作や弾む動作を利用する動きを伴うストレッチ運動である。

⑬股関節　前後振り　　⑭股関節左右振り　　⑮股関節分回し　外回し＋内回し

単語補足
伸張反射：筋が過度に伸張されると、筋内に存在する筋紡錘が、筋損傷を起こさない
　　　　　ために反射的に筋を収縮、身体の防御機構の一つである。
拮抗筋：筋の収縮時に反対の働きを行う筋。
相反性神経支配：主働筋が最大収縮しているときに、拮抗筋に最大弛緩が起こる反応
　　　　　　　　でスムーズに運動を遂行するためのものである。

参考文献

山本利春（2010）いちばんよくわかるストレッチの教科書、新星出版社。
栗山節郎監訳、川島敏生訳（2013）ブラッド・ウォーカー　ストレッチングと筋の解剖　原書第2版、南江堂。

（加藤知生）

8 テーピング

テーピングとは

　テーピングは、1880年代のアメリカ陸軍兵の足関節捻挫に巻いたのが最初とされ、その後、アメリカンフットボールの隆盛とともに世界に拡がったと言われている。日本では整形外科による足関節絆創膏固定法として用いられていたが、スポーツ界で利用されるようになったのは1975年以降である。そもそもテーピングとは、解剖学的な構造および外傷・障害の発生機転（メカニズム）などにそって、身体の一部に粘着（接着）テープ、伸縮性粘着テープを規則正しく貼ったり、巻いたりする方法のことである（公認アスレティックトレーナー専門テキスト6より抜粋）と定義されている[1]。

　テレビでスポーツ番組を見ていると、相撲では白や茶色のテープを手首や膝に巻き、バレーボールでは指に白いテープを巻いたりしている。オリンピックの映像では青やピンクのカラフルなテーピングを肩や膝に貼っている。テーピングの歴史は浅いが、スポーツに欠かせないものとなってきている。

テーピングの目的

1　ケガの予防

　スポーツによってケガが起こりやすい部位は異なるが、テーピングによって補強し、ケガや障害の発生を予防する。

2　応急処置

　ケガの直後に患部を保護するために、また、医療機関までの応急処置としてテーピングを行う。

3　再発予防

　リハビリテーション中などケガからの回復過程や競技復帰後に再度同じケガをしない

ようにテーピングを行う。

テーピングの効果

1 関節の動きの制限・制動の効果
関節を痛めた場合、テーピングをすることで痛めた部位を保護することができる。
テープによる不適切な方向への動きの制限（足関節捻挫など）と痛みのない範囲での制動（外反母趾など）が可能。

2 局所の固定と圧迫の効果
一般に捻挫などのケガをした直後は、患部を動かさない処置が行われる。例えばテーピングによって、足関節捻挫など急性期の局所の安静のための固定と腫れの防止のための圧迫が可能。

3 ケガの部位の保護・補強の効果
ケガをした部位は筋肉にしても関節にしても完全な回復までには時間がかかる。その間、テーピングをすることによって痛めた部位の負担を軽減、補助し、固定による安心感が得られる。

テーピング時の注意点

1 施行前
事前にテープを巻く範囲の確認が重要である。

- 皮膚は清潔か
- 傷はないか（傷がある場合は事前に処置）
- 皮膚は弱くないか（本人に確認し、テープの種類や粘着剤、皮膚保護材などを考慮）

2 施行中
テープを巻きながら状況を確認することが、後々のテーピングの失敗をなくす。

- テープにしわがないか
- 強く巻き過ぎていないか（圧迫、張力は適切か）

3　施行後

テープを巻き終えた後、対象者に以下のことを必ず確認する。

- 循環障害、神経障害はないか（血液を止めていないか、しびれはないか確認）
- 筋肉・腱の障害はないか
- 過度な運動制限はないか（パフォーマンス低下につながる）

4　運動後（テープをはがすとき）

人によって肌の強弱があり、また、テープの種類によっても粘着性に差がある為、テープをはがす時は十分な注意が必要である。

- 皮膚のトラブル（水ぶくれ、肌荒れ、かぶれ、湿疹などはないか。皮膚からテープをはがす時は、体毛に沿ってゆっくりはがす。粘着除去剤などを使用する）

テーピングの実際

1　指のテーピング（近位指節間関節内側側副靱帯保護）（写真1）

ボールを扱う競技では頻繁に発症する突き指など、予防目的でのテーピングや動きを制限したい急性期、競技復帰時に装用されることが多い。開始肢位は指が軽くカーブを描くように維持し完全伸展位にはしない。

　　使用テープ　13mm非伸縮テープ
　①アンカーテープ（基節骨と中節骨に）
　②Xサポート（指の内側でテープがX状に交差　反対側も同様）
　③垂直サポート（中節骨から基節骨へまっすぐ　反対側も同様）
　④留めアンカーテープ
　〈指のテープ別法　指の保護用〉
　①表裏連続テープ（指の背側から腹側まで）
　②らせん状テープ（末節骨から基節骨まで）

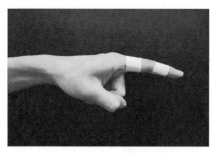
1-a アンカーテープ（基節骨と中節骨に）

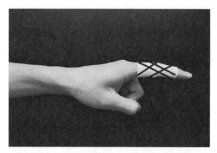
1-b Xサポート（指の内側でテープがX状に交差　反対側も同様）

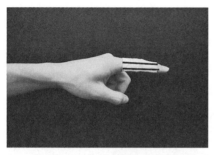
1-c 垂直サポート（中節骨から基節骨へまっすぐ　反対側も同様）

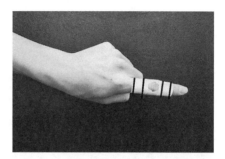
1-d 留めアンカーテープ（完成）

写真1　指のテーピング（近位指節間関節内側側副靭帯保護）
（使用テープ　13mm非伸縮テープ）

2　手関節のテーピング（手関節背屈制限）（写真2）

とび箱など手を突く動作のように手関節背屈位で痛みを有する場合、背屈制限となるようなテープを実施する。開始肢位は手関節中間位（手首を曲げたり反ったりしない）で拇指は開いておく。

　　使用テープ　38mm伸縮（ソフト）テープ
　①アンカー（手部に1周）
　②アンカーより連続して拇指・示指間から手関節へ（フィギュアエイトの要領で）
　③手首一周して手関節
　④手部を周回（必要に応じて①→④を繰り返す）
　〈手関節のテープ別法〉
　①手関節部に冠状テープ一周（指は広げておく　前腕掌側より始める）
　②さらに少しずらして冠状テープ一周（血液循環に留意）

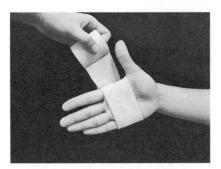
2-a アンカー（手部に1周）

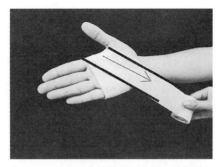
2-b アンカーより連続して拇指・示指間から手関節へ

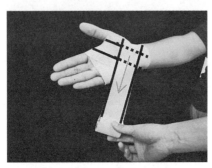
2-c 手首一周して手関節（フィギュアエイトの要領で）

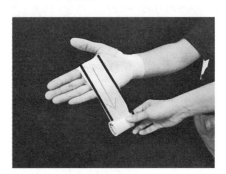
2-d 手部を周回（必要に応じて①→④を繰り返す）

写真2　手関節のテーピング（手関節背屈制限）
（使用テープ　38mm 伸縮（ソフト）テープ）

3　肘内側のテーピング（肘関節内側側副靭帯）（写真3）

　テニスのフォアハンドのボールインパクト時や野球の投球動作、あるいは、転倒時、肘を伸ばしたままで手を着いたときなど肘の内側を痛めることがある。いずれも、医者の診断を仰いだ後にテーピングすることが望まれる。開始肢位は肘関節を軽く曲げた軽度屈曲位で行う。

> 使用テープ　50mm 伸縮（ハード）テープ
> ①アンカーテープ（上腕部と前腕部）
> ②Xサポート（前腕部から内側側副靭帯部を通り上腕部へ）
> ③垂直サポート（前腕部から内側側副靭帯部を通り上腕部へ）
> ④留めアンカーテープ（上腕部と前腕部）

8 テーピング 239

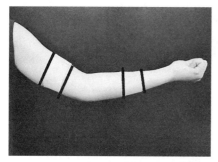

3-a アンカーテープ（上腕部と前腕部）

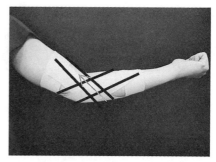

3-b Xサポート（前腕部から内側側副靱帯部を通り上腕部へ）

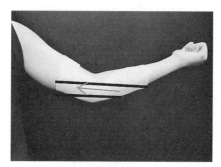

3-c 垂直サポート（前腕部から内側側副靱帯部を通り上腕部へ）

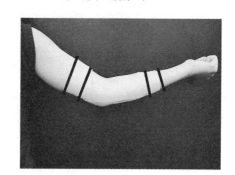

3-d 留めアンカーテープ（完成）

写真3　肘内側のテーピング（肘関節内側側副靱帯用）
（使用テープ　50mm伸縮（ハード）テープ）

4　足関節のテーピング（足関節内反捻挫予防）（写真4）

　足関節のテーピングは最も行う機会が多いテーピングである。開始肢位は足関節中間位（直立立脚時の足関節角度）で、テープを巻く間は、この角度を保持する。

　　使用テープ　38mm非伸縮テープ
　①アンダーラップ（外果上10cmから足まで。拇趾球にかけない）
　②アンカーテープ（足首2～3本　足1本）
　③スターアップ3本（内側のアンカーより内果上を通って反対側へ1本。2本、3本目は1本目の前後に1cm程度ずらして1本ずつ）
　④ホースシュー3本（足部のアンカーの内側から外側へ　2本目、3本目は少しずつ上にずらして貼る）
　⑤ヒールロック1本目（内側ヒールロック）
　⑥ヒールロック2本目（外側ヒールロック）
　⑦フィギュアエイト2本（外果直上より巻き始め、内側アーチを通り8の字を描くように巻く）
　⑧留めアンカーテープ（足首と足部）

240　第4章　スポーツ・運動指導にあたって

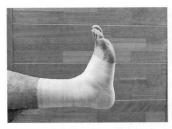
4-a　アンダーラップ
皮膚を保護するために巻く。しわやたるみ、丸まりに注意

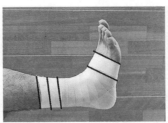
4-b　アンカーテープ
足部アンカーは母指球に、下腿アンカーは腓腹筋にかからないように巻く

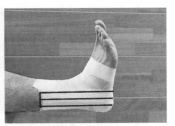
4-c　スターアップ
スターアップは3本。真ん中の一本を最初に貼り、次いで少しずらして前後に貼る

4-d　ホースシュー
足首のフォルムへ合わせ下から3本貼る

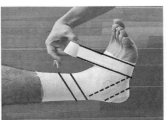
4-e　内側ヒールロック
踵骨に外反方向のテンションを加え、内反を制動

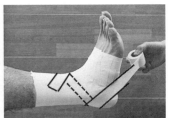
4-f　外側ヒールロック
踵骨に内反方向のテンションを加え、外反を制限

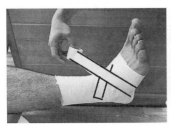
4-g　フィギュアエイト
外果の上から土踏まずに向かい足底を横切り、第五中足骨にかからないよう引き上げ内果上方へ

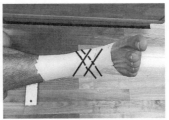
4-h　フィギュアエイト
完成時は内外果の中点でテープは交差する

4-i　留めアンカーテープ完成

写真4　a～i　足関節捻挫用テーピング

参考文献

鹿倉二郎（2007）テーピング、公認アスレティックトレーナー専門テキスト6　予防とコンディショニング、財団法人日本体育協会、pp.214-253。
田中透治総監、櫻井勝医学監ほか（2016）新訂版 救急処置スキルブック―上巻―晴れ書房。

（加藤知生）

第 5 章
ケガ・事故の防止

1 応急手当（ファーストエイド）

応急手当とは

　我々は、学校や職場、家庭、そして通勤・通学途中など日常生活の中で突発的な事故や体調を崩した人に遭遇することがある。これら急な病気やケガに対して、一般市民が家族や職場でできる手当のことを広い意味での「応急手当」という。

　応急手当には、心肺停止の傷病者に対するもの（いわゆる救命処置）と、その他の応急手当として区分される、一般的なケガや病気に対する悪化防止、苦痛軽減のために行われるファーストエイドの2つに大別される（図表1）。主として骨折、脱臼、捻挫、熱傷、出血などの処置を指す。本稿では、ファーストエイドの中でも、スポーツ現場で多く発生する捻挫や打撲に対するRICE処置を中心に紹介する。

図表1　応急手当

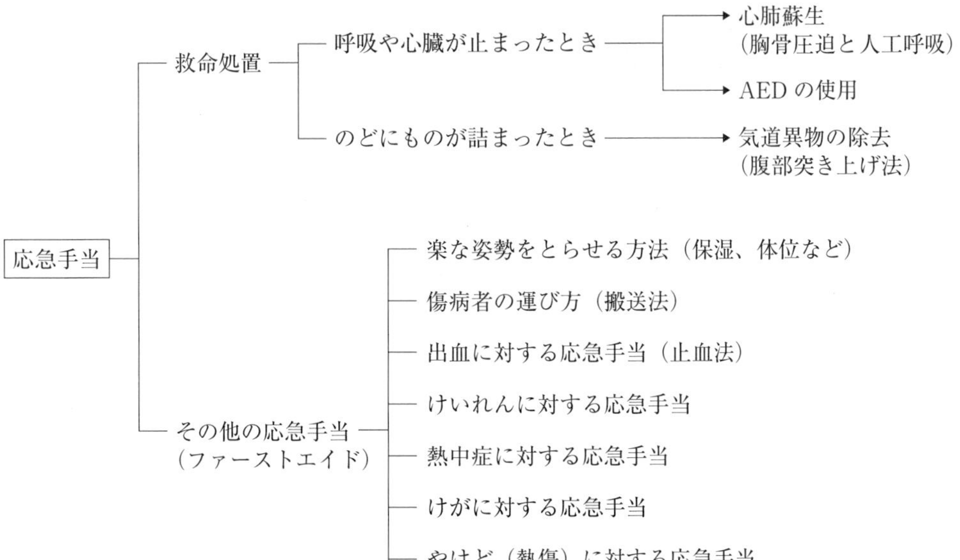

- 応急手当
  - 救命処置
    - 呼吸や心臓が止まったとき
      - 心肺蘇生（胸骨圧迫と人工呼吸）
      - AEDの使用
    - のどにものが詰まったとき
      - 気道異物の除去（腹部突き上げ法）
  - その他の応急手当（ファーストエイド）
    - 楽な姿勢をとらせる方法（保湿、体位など）
    - 傷病者の運び方（搬送法）
    - 出血に対する応急手当（止血法）
    - けいれんに対する応急手当
    - 熱中症に対する応急手当
    - けがに対する応急手当
    - やけど（熱傷）に対する応急手当
    - 溺水（水の事故）に対する応急手当

（総務省消防庁ホームページ「応急手当の基礎知識」より http://www.fdma.go.jp/html/life/pdf/oukyu1_kaitei4.pdf）

捻挫や打撲、肉離れに対する RICE（ライス）処置

　RICE処置は、急性外傷に対する応急処置である。スポーツ現場で行われる応急処置の基本、Rest（安静）、Icing（冷却）、Compression（圧迫）、Elevation（挙上）の頭文字をとったもので、捻挫や打撲、肉離れなど、よく起こるケガに対応できる応急処置である（写真1）。通常、ケガをした場合、外傷による組織の反応として炎症＊がおこるが、応急処置では炎症を抑止するのではなく、過剰な炎症を抑え、損傷拡大を制御することを目的として行われる。それゆえ、受傷後の処置が早ければ早いほど、その後のケガの回復も早いとされる。RICE処置は、工夫すれば簡易に安価でできるため、救急時にはすぐに実践できるよう、方法を正しく理解して行いた。

　ただし、RICE処置はあくまで「応急処置」であり、「治療」ではない。RICE処置のあとは、必ず整形外科などの医療機関での受診をすすめる。

> 炎症
> 　…刺激に対する身体の局所的な組織レベルの反応であり、①発赤　②熱感　③腫脹　④疼痛　⑤機能障害を炎症の5兆候と呼ぶ。

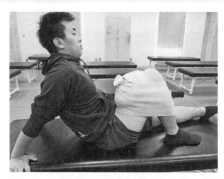

写真1　大腿前面の打撲に対するRICE処置
大腿前面の打撲では腫れを抑え、膝関節可動域の改善を考慮し膝屈曲位で、RICE処置を行う。

1　Rest（安静）

　患部の安静には、手当を行う場所の環境（安全・寒暖・床面など）の選定を行う必要がある。

目的

　患部を安静にすることで、腫れや炎症、内出血を最小限に止め、不必要な痛みを抑え、ケガの悪化を防止する。

方法

　足や膝、大腿のケガでは体重を掛けないようにして、場合によってはテーピングや副木（厚紙、板きれなどでもよい）、ギプスなどで固定する。手や肘・肩では三角布や弾性包帯、テーピングなどを用いて安静を維持する（三角巾の代わりにタオルや紐などでもよい）。

2　Icing（冷却）…

　アイシングは比較的簡易で効果があるとされ、一般に良く行われる応急処置である。しかし、寒冷刺激に対しては個人差があり、また、身体部位により感受性も異なる。気を付けなくてはならないものとして凍傷、そして寒冷アレルギー症状がある。

目的

　患部を冷やすことで、痛みの緩和、血管収縮による内出血や腫れ、炎症の抑制。

方法

　アイスバッグ（氷嚢）やビニール袋に氷と少量の水を入れたものが一般的。その際、患部やその周辺へ均一に氷が当たるように袋の中の空気は抜く（図2-a、b）。アイシングの時間は体質、環境、部位により異なるため、皮膚が「赤く」なり「ピリピリ」して、次いで感覚が「鈍く」または「無感覚」になったら、いったん休止する。感覚が戻ってきたら再度、アイシングを行う。このような状況確認をしながらのアイシングが重要だが、一応の時間の目安としては、15分〜20分のアイシング、次いで30分〜50分の間隔を開けた後に再開。これを24〜72時間ほど継続する。

> **凍傷に注意**
> 　特にゲル状のアイスパックやコールドスプレーは冷却温度が低く、皮膚表面のみを冷却をするため、凍傷になりやすい。アイスパック使用時は、直接あてずに、アンダーラップやタオルなどを巻いてから行う。

写真2-a
左：アイスパック
右：空気を抜いたアイスパック

写真2-b
アイスパックに氷と少量の水を入れ、中の空気を吸い出す。

3　Compression（圧迫）

圧迫は圧迫部位の選定や、圧迫する素材・形状、圧力等を考えて行う必要がある。

目的

圧迫により内出血や腫れが制限され、腫れによる痛みの軽減をはかる。損傷部位周辺の組織間への浸出液浸透を防ぎ2次的損傷を防止する。また、その吸収も促進するため治癒期間の短縮に寄与する。

方法

これまでは、ケガ直後からアイシングとともに行われていた。最近では、圧迫を行うことで症状を最小限に抑えることが期待できるとして、アイシングよりも先に患部への圧迫を優先することも多くなっている。

圧迫は、テーピングや弾性包帯などで適度に患部を圧迫しながら巻く。その際、ウレタンパッドなどを利用し、圧迫したい部分の形に切って患部にあて、その上からテーピングや弾性包帯を巻く（図3-a、b）。

圧迫が強すぎると痛みを助長、血液循環を阻害したり、神経を圧迫するので注意が必要である。

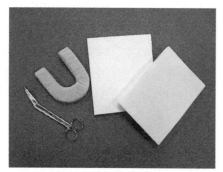

写真3-a
左からテーピン用はさみ、U字パッド、形成前の厚さの違うウレタンパッド2枚。

写真3-b
足関節内反捻挫用の外踝周辺U字パッドを足に合わせているところ。

4　Elevation（挙上）

挙上は環境やケガの部位によって可能か否かが決まるが、可能な限り実施するように努める。

目的

エレベーションは、患部を心臓より高い位置におくことで、流れてくる血液やリンパ液の量を減らし、出て行くことを助け、腫れを抑制し、痛みを緩和する。

方法

　できるだけ患部を自分の心臓より高い所に持ち上げる。イスや台、クッションや枕など、手頃な高さのものを用いて患部をのせる。下肢のケガ（特に足関節捻挫）では腫れが出やすいため、2〜3日の間は就寝時も挙上することをすすめる。

　また、損傷部位のリスクを理解し、拳上の方法も考慮する必要がある。例えば、足関節内反捻挫後は踵を床面や台座に置くと、損傷靭帯を伸ばす方向にストレスが働くため、踵は浮かしておく。同じく足関節内反・底屈は避ける（写真4）。

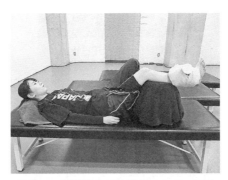

写真4　足関節内反捻挫後のRICE処置

その他の応急手当

1　すり傷、切り傷

　スポーツ現場では頻発するケガであり、土や砂などで傷口が汚れたままだと、化膿や感染の恐れがある。傷口が深い場合や汚れがひどい傷では、洗浄後、医師の診察を受けることが肝要である。

> **手当て**
> 　受傷後すみやかに水道水など清潔な流水で十分に洗い流す。痛みがひどくて洗えない場合や傷が深く、かなりの出血がある場合は、清潔なガーゼやタオルで傷口を圧迫・止血し、すぐに医療機関を受診する。感染防止に配慮し、ビニール袋などを介して出血部位を直接圧迫する。部位によっては心臓より出血部位を上に保持する（写真5、直接圧迫止血）。人間の全血液量は、体重1kg当たり約80mlで、短時間でその1/3以上失うと生命に危険が生じる。

248　第5章　ケガ・事故の防止

写真5　直接圧迫止血

2　骨折

　骨折には、開放骨折（骨折端が傷口から見えているような、骨折部が体の傷とつながっている）と非開放骨折とがあり、また、骨が完全に折れている完全骨折と、ひびが入る不完全骨折とに分けることもできる。手足に「変形」や「腫れ」が見られる場合や、「動かすと異常に痛がる」場合は、骨折として手当てを行い、医療機関へ。

> 手当て
> 変形した手足を固定することで、移動時の痛みを和らげ、さらなる2次損を防ぐ。固定には添木、三角巾などを使用する。変形した状態を元に戻す必要はなく、全身および患部を楽な体位にして安静にし、毛布などで保温する。開放骨折の場合は、出血を止め、傷の手当をしてから固定する。

3　眼球打撲

　スポーツ現場では、ボールや転倒、対人種目で目をぶつけることが多くある。視力の低下や眼球の運動障害、痛みの継続などが確認された場合には速やかに医療機関を受診する必要がある。

> 手当て
> 腫れ痛みがあればアイシングを行なうが、目を強く圧迫しないように注意する。

4　鼻出血

　いわゆる「鼻血」で、打撲等で起きる。鼻に変形が見られる場合は鼻骨骨折や脱臼が疑われるので、医療機関の受診が必要となる。

> 手当て
> 目線を下にしてややうつむき加減にし、小鼻を両側から押さえ、口呼吸をして5～10分ほど押し続ける。合わせて、可能であれば鼻根部周辺を冷却する。

5　熱傷（やけど）

熱傷が深く、面積が広いほど重症となる。また、高齢者や乳幼児では同じ程度の熱傷でも重症になりやすい。

> 手当て
> すぐに水道水などのきれいな水をかけるか、水道水を入れた容器に患部を浸し、痛みが和らぐまで10分以上冷やす。水疱ができている場合は、つぶれないように冷却し、触らないで保護する。冷却後は患部を清潔なガーゼ、タオルなどで覆って保護し、医療機関を受診する。

6　過換気症候群

精神的不安や極度の緊張などにより、息を激しく吸ったり吐いたりする状態（過呼吸）となり、血液が正常よりもアルカリ性となることで様々な症状を呈する。自覚症状には息がしにくい、呼吸がはやい、胸が痛い、めまいや動悸などがあり、手足のしびれや硬直、筋肉のけいれんなども特徴的である。

> 手当て
> 意識的に呼吸を遅くする、あるいは呼吸を止めさせることであるが、対象者は不安が強くそれができない。そのため、まずは対象者ををできるだけ安心させゆっくり呼吸するように指示する。ビニール袋などを口にあて、吐いた息を再度吸わせることで、血液中の炭酸ガス濃度を上昇させる方法（ペーパーバック法）などがあるが、知識を有したものが行うべきである。

参考文献

日本救急医療財団心肺蘇生法委員会監修（2015）JRC 蘇生ガイドライン2015市民用（オンライン版）、http://www.fdma.go.jp/neuter/topics/kyukyu_sosei/sisin2015.pdf（参照日2017年10月20日）。

（加藤知生）

2

一次救命処置（Basic Life Support：BLS）

　BLSとは呼吸と循環をサポートする一連の処置である。BLSには胸骨圧迫と人工呼吸による心肺蘇生（CPR：Cardio Pulmonary Resuscitation）とAED（自動体外式除細動器：Automated External Defibrillator）の使用が含まれ、誰もが直ちに行わなければならない処置である。ランニング中の致死性不整脈発作や胸部への鈍的外力による心臓震盪などのように運動中の選手の突発的な心停止は比較的よく起こる事象であるが、指導者や周囲の人間が救命処置の知識を習得していることはその選手の生命予後が大きく左右する。競技場や公的施設にはAEDは設置されていることは通常のこととなっていることから一次救命処置の知識はいまや社会的常識とも言えるであろう。

市民救助者が行うBLSの流れについて

　一般市民が傷病者に接した場合に以下の1～6の手順でBLSを行うことが一般的である（図表1参照）。特に重要な点は傷病者に対して迅速に行うことである。迷った場合は心肺停止と判断して行うことが重要である。なお、BLSを行ったにもかかわらず傷病者が死に至った場合でも刑事上の処罰を受ける責任はない。

1　意識の確認と救急通報

　傷病者の肩を軽く叩きながら大声で呼びかけて反応をみる。反応がなければ大声で周囲の人を呼び、119番通報とAEDの手配を依頼する。人員確保と救急車要請が救命処置のまず第一歩である。119番通報をした救助者は通信指令員から心肺蘇生の助言を受けることができる。傷病者に反応がなく、呼吸がないか異常な呼吸（死戦期呼吸）が認められるは心停止と判断し、直ちにCPRを開始する。

2　心肺蘇生の手順

(1)　意識を確認後、胸骨圧迫から開始する。
(2)　胸骨圧迫の実施：傷病者を仰臥位にし、救助者は患者の横にひざまずく。

図表 1　主に市民が行う一次救命処置（BLS）の手順

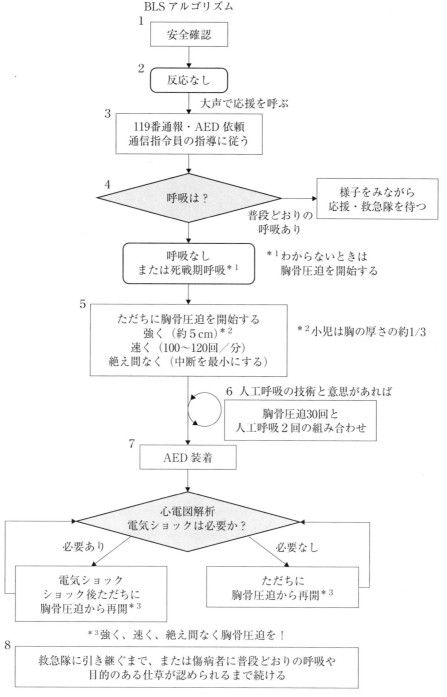

（JRC 蘇生ガイドライン2015）

(3) 胸骨圧迫部位の決定：胸骨圧迫部位は胸骨の下半分とする。目安は胸の真ん中とする。
(4) 胸骨圧迫の深さ：成人心停止傷病者では胸が少なくとも5cm以上沈むように圧迫すべきである。小児・乳児では胸郭前後径の約1/3を圧迫する。
(5) 胸骨圧迫解除時の除圧：毎回の胸骨圧迫の後で完全に胸壁が元の位置に戻るように圧迫を解除する。
(6) 胸骨圧迫のテンポ：1分間あたり少なくとも100回のテンポで胸骨圧迫を行う。
(7) 胸骨圧迫の質の確認：複数の救助者が互いに監視し、胸骨圧迫の位置やテンポ、深さが適切に維持されていることを確認する。
(8) CPR中の脈拍の確認：市民救助者は脈拍を確認するために胸骨圧迫を中断すべきでない。正常な呼吸や目的のある仕草が出現しない限り、胸骨圧迫を中断してはならない。
(9) 救助者の交代のタイミング：救助者が複数いる場合には、1～2分毎を目安に胸骨圧迫の役割を交代する。

3　気道確保と人工呼吸

(1) 気道確保：反応のない成人や小児に対する気道確保は頭部後屈あご先挙上法を用いる。
(2) 換気量と換気回数：すべての年齢において1回換気量の目安は人工呼吸によって傷病者の胸の上がりを確認できる程度とする。成人に口対口人工呼吸を行う場合、約1秒かけて、胸が上がるように行う。但しあくまでも胸骨圧迫が必須であることや感染予防の観点から必ずしも人工呼吸は必要ではない。

4　心肺蘇生中の胸骨圧迫と人工呼吸

(1) 心肺蘇生中の胸骨圧迫と人工呼吸の比：胸骨圧迫と人工呼吸の回数の比は30：2とする。小児・乳児においても同様である。
(2) 心肺蘇生中の胸骨圧迫の中断：やむなく胸骨圧迫を中断する時は人工呼吸を行うときや脈拍を評価するとき、電気ショックを実施するときである。
(3) 胸骨圧迫のみの心肺蘇生：訓練を受けていない市民救助者は胸骨圧迫のみを行うべきである。なお、小児の心停止、窒息、溺水、目撃がない心停止、遷延する心停止状態では人工呼吸を組み合わせることが望ましい。

5　AEDの使用

(1) AEDが到着したらすみやかに装着する。
(2) パッドの貼付：AEDの説明書にしたがい前胸部と側胸部にパドルやパッドを装着する。未就学の小児に対してはできるだけ小児用パッドを用いる。
(3) 電気ショックと胸骨圧迫の再開：AEDによるリズム解析が開始されたら、傷病者に触れないようにする。AEDの音声メッセージに従って、ショックボタンを押し電気ショックを行う。その後直ちに胸骨圧迫を再開する。
(4) 永久ペースメーカーもしくは植込み型除細動器（ICD）永久ペースメーカーもしくはICDを使用している成人患者においては、除細動パッドやパドルをペースメーカー本体より少なくとも8cm離し、胸壁の前面と側面に装着する。

6　一次救命処置の継続

　心肺蘇生は患者に十分な循環が回復するか、あるいは医師・救急隊などに引き継ぐまで続ける。AEDがある場合にはAEDの音声ガイドに従ってECG解析、必要なら電気ショックを行う。電気ショックを行ったら直ちに胸骨圧迫からCPRを行う。

参考文献

日本蘇生協議会著（2016）JRC蘇生ガイドライン2015、医学書院。

（河﨑賢三）

3

リスクマネジメント（法的対応）

理解しておくべき安全管理関連の法知識

1 スポーツ基本法と事故防止

　2011年に制定（スポーツ振興法の全面改正）されたスポーツ基本法は、その前文及び第2条で「スポーツは、これを通じて幸福で豊かな生活を営むことが人々の権利である」と述べ、スポーツ活動が、あらゆる国民の権利（スポーツ権）であることを2箇所にわたって述べている。そして、第14条で「スポーツ事故の防止等」との見出しの下、「国及び地方公共団体は、スポーツ事故その他スポーツによって生じる外傷、障害等の防止及びこれらの軽減に資するため、指導者等の研修、スポーツ施設の整備、スポーツにおける心身の健康の保持増進及び安全の確保に関する知識（スポーツ用具の適切な使用に係る知識を含む。）の普及その他の必要な措置を講ずるよう努めなければならない。」と規定する。スポーツ事故に限定しないで、スポーツにより生じた外傷や障害等までも広く対象としていること、事故等が生じた場合の外傷等を軽減するための措置までをも対象としていることが、スポーツ振興法との違いである。

2 イベント開催中の事故における従事者の法的責任

　イベント開催中に事故が発生した場合の法的責任は一般的に、民事責任（損害賠償責任）、刑事責任、行政責任の発生が想定される。民事責任[1]は主として損害賠償責任が問題となり、刑事責任は、業務上過失致傷（死）罪等の犯罪行為に対して生ずる責任である。行政責任は、イベント主催者が地方公共団体で、従事する公務員に重大な落ち度があったような場合に下される懲戒処分がこれに該当する。

3 イベント開催中の事故で問題となる不法行為責任上又は債務不履行責任上の「過失」

　イベント開催中に事故が発生した場合に生じる損害賠償責任は、一般的に不法行為に基づく損害賠償責任（例：障害者の補助者が他の障害者に不注意で衝突し、その障害者を負傷させ

た場合）及び債務不履行に基づく損害賠償責任（例：イベント主催者が開催を中止すべきであったのにせず、中止をせず事故が発生した場合）の２種類がある。同じ事故で双方の責任が競合的に発生する場合も有る。判例は、双方で問題となる「過失」はほぼ同義と解している。

　過失とは、人の行為であり、権利侵害回避のために法秩序が命ずる一定の注意義務に違反することであり（注意義務違反）。①結果予見義務違反（結果発生を予見できたのに予見しなかったこと）、②結果回避義務違反（結果の発生を回避できたのに回避しなかったこと）という二つの要素によって構成される。

　そして、注意義務には、一般的注意義務と具体的注意義務がある。例えば、イベントの主催に関わる者は、イベントの開催にあたり参加者の事故を未然に防止するための義務を一般的に負っている。これが一般的注意義務である。イベントの開催に従事する者は、スポーツイベントを開催するに際して、具体的な危険の発生が予測される場合に、危険の発生を未然に防ぎ、指導中にあっては事故の発生の危険を取り除き、事故発生後には、被害者の救済及び事故による被害の拡大を阻止すべき義務を具体的に負う。これが具体的義務である。この具体的義務を怠ることが、「注意義務違反＝過失」である。

4 「過失」の判断と基準

　注意義務違反の判断は諸要素を総合的に判断して行われる。最近の判例では、熱中症事故について「夏期の部活動において部活動顧問が熱中症を予防する注意義務を履行したか否かについては、①部活動が行われた環境、②暑熱馴化の有無、③練習内容、④休憩、給水の頻度や有無、⑤部活動顧問が認識し得た生徒の体力差、肥満であったか否かを含めた体格差、性格等の生徒の性格等を総合考慮して判断すべき」（名古屋地裁一宮支部平19.9.26判決、判例時報1997号98頁）としている。

　そして、どの程度の注意をすればよいかの標準は、加害者自身の注意能力ではなく、その職業・地位・階級などに属する一般普通の人の注意能力であるとされている。したがって、スポーツ事故にあっては、事故発生時に同様な立場にあったスポーツ指導者を標準とすべきこととなる。

　ところで、最高裁判決は、平成18年にサッカー部引率兼監督の落雷を具体的に予見すべき注意義務について、「たとえ平均的なスポーツ指導者において、落雷事故発生の危険性の認識が薄く、雨がやみ、空が明るくなり、雷鳴が遠のくにつれ、落雷事故発生の危険性は減弱するとの認識が一般的なものであったとしても左右されるものではない。なぜなら、上記のような認識は、平成８年まで多く存在していた落雷事故を予防するた

めの注意に関する本件各記載等の内容と相いれないものであり、当時の科学的知見に反するものであって、その指導監督に従って行動する生徒を保護すべきクラブ活動の担当教諭の注意義務を免れさせる事情とはなり得ないからである」（最高裁小法廷平18.3.13判決、判例時報1929号41頁）と判示した。この最高裁判決によって、スポーツ指導者は、周囲のスポーツ指導者に「右へ習え」では済まされなくなってきた。

　ボランティア指導者の注意義務の程度については、無償を理由に注意義務が軽減されるのではない。三重県津市子ども会児童ハイキング中溺死事件津地裁判決は指導を委嘱された者の一部について「過失」を認め損害賠償責任を肯定した。

5　イベント開催中に施設・設備の不備（瑕疵）によって事故が発生した場合の責任

　上記3及び4で登場した「過失」は、人の行為である。イベントの会場は、公の施設であったり、民間施設で合ったりするが、イベント会場の施設・設備の管理・運営に落ち度があれば、「過失」行為があったとして、該当者は損害賠償責任を負う。しかし、現在の法制度では、人の「過失」がなくとも、それら施設・設備に設置・管理上の「瑕疵」（判例は、通常有すべき安全性を欠く状態と解している）の存在及び発生した害との因果関係を主張・証明すれば、損害賠償責任が認められる。人の「過失」を問わないことから無過失責任といわれる。なお、ここでいう施設・備品には、イベント会場で使用されるスポーツ用具等も含まれるとされている。

6　免責条項の有効・無効

　イベントの開催要項に「開催中の事故について、応急処置はしますが、その事故に関して一切責任を負いません。」と書かれていることがある。イベントの開催に当たって、その際に発生した損害について責任を免除するという趣旨の規定は、免責条項といわれる。以前から、このような契約条項の有効性について問題とされ、イベント参加者の多くは、有効なものだと考えてきた。しかし、現在では、消費者契約法第8条により、イベント主催者が、故意、重過失、普通の過失、軽い過失で契約に違反したのに（不法行為の場合も）、損害賠償額を全くなしにする条項は無効とされている。したがって、前記開催要項の記載は無効となる可能性が高い。

　なお、故意とは、一定の結果が発生することを認識して、その結果の発生を容認していることをいう。これに対し、過失とは、一般的に要求される程度の注意を欠いた場合である。その中で、重過失は、不注意の程度が著しい場合をいう。ほんの少し注意すれば結果の発生を防ぐことができたのにそれをしなかった落ち度である。軽過失とは、不

注意の程度が軽い場合をいう。少し至らないところがあった程度の落ち度である。中程度の過失を普通の過失ともいう。

事故発生直後の対応とリスクマネジメント

1　事故が起きた場合の対応

　事件・事故災害発生時には迅速かつ適切に対応することが求められる。危険等発生時対処要領（危機管理マニュアル）に沿って、危機管理責任者（予め指定しておく）を中心に遺漏なく対応し、イベント参加者等の安全を確実に確保し、速やかな状況把握、応急手当、被害の拡大の防止・軽減等を実施する。事態が収拾した直後から、保護者及び関係者への連絡・説明を速やかに行い、事件・事故災害の再発防止対策を実施する。また、心のケアなど必要な対策を講じることも必要である。

2　AED 使用上のマネジメントについて注意事項

　参加者が傷害を受けた場合は、被害の解消または拡大を阻止するために、素早い対応をしなければならない。現状では、傷害への応急処置（負傷箇所の治療、AED での救済）や医療機関による救済への行動である。

　AED は、近時、多くの箇所で配置されている。AED の設置は法的義務ではないが、イベント開催会場では、その有無、配置場所の確認を求められよう。現在は、AED の設置のみならず、参加チームが試合会場へ持参・携帯する法的義務もない。しかし、参加者の安全確保、事故防止の観点から、設置や参加者の携行への呼びかけを行ってもよい。最近は、AED の設置の有無だけでなく、AED の不使用が問題とされている。具体的な状況にもよるが、設置してある以上、自信が無くても、操作を試みることが必要である。

　新たな課題もあり、部品の使用期限徒過、電池切れ、AED の限界（野球用の胸部保護パッドでもすべての衝撃を消去できない）等は、適切な管理・使用方法への理解が必要である。

3　救急車を呼ぶ場合の留意事項

　事故発生時の救護として、応急手当の次の段階として医療機関（消防署・救急車、救急病院）による救命救急が重要である。幾つかの留意事項を述べる。

　イベント会場で救急車を呼びことへのためらいはさほど無いとは思うが、必要なとき

は、積極的に発動依頼をするべきである。また、最近は携帯又はスマホが通報手段として使われるが、携帯電話による救急車の呼び方は、市外局番をつけずに「119」で掛ければよい。

　イベント会場と医療機関が近距離にあったりする場合もある。このような場合、傷害した参加者が自力で医療機関に出向けない場合、担架で運ぶか、救急車を呼ぶかの判断を求められる場合がある。担架で運ぶ場合は、医療機関へ運ぶ時間が予測できる点に長所があり、負傷者を動かすことになること、医療機関では一般外来患者扱いとなること（例外あり）の短所がある。救急車要請の場合は、救急患者として扱われるという長所があるが、到着時間が読めないこと等の欠点がある。

4　事故が発生した場合の警察への連絡

　受傷事故の場合、消防機関への協力を依頼することはあっても、警察機関への連絡は通常はしないが、重大事故の場合には、警察機関への報告が必要となる。

　警察機関との関係は、重大結果の発生に対して、指導教員などの過失（業務上過失致死傷罪：刑法211条など）が問題とされる場合において生じる。警察機関の捜査には、現状保存、収集資料の提供など、誠実に協力するべきである。なお、携帯から警察に通報する場合は単に「110番」のみでよく、市外局番は必要がない。

5　保護者らへの事故情報の提供

　参加者（特に子ども）が傷害を受けた時は、原則として、参加者の受傷とともに、事故状況を保護者に伝えるべきである。死に瀕しているような場合や保護者に受傷の内容を伝えなかったために、病院への通院の機会を失い、受傷が重くなり、また後遺症が残ることもあることから、保護者への連絡は必要である。保護者に連絡しなかったために、訴訟に至ったケースもある。軽微な受傷で、参加者自身が受傷の内容を理解し、自ら保護者に伝える意思表示をしているようなケース等では、そのような義務はないと解される。

　事故発生後しばらくすると事故に関する情報の提供を保護者から求められるのが通常である。その際に学校側は丁寧な応対を心がけようとするが、情報をできるだけ提供とするあまり、また保護者の強い姿勢に折れて、不正確な情報を提供してしまうことがある。後日、その誤りに気が付いて訂正とお詫びをしても不信感を払拭することは極めて難しい。保護者への情報提供には特別の慎重さが求められる。

6 事故状況の把握・記録のつけ方等

　受傷事故が発生したのが特に校内であるような場合、現場の保全は、事故状況の正確な把握の観点から重要である。警察からの要請がある場合には、警察への協力に努めるべきである。また、事故の原因となった物（例えば、落下したバスケットボールのゴール、倒れたサッカーゴール）は、事故原因を突き止めるためにも重要である。

　記録を取ることは、事故が発生した場合のリスクマネジメントとして最も重要なものの一つである。録音、写真、関係者からの事情聴取等が有る。ここでは一覧表［事故発生前後の状況一覧表］の作成例（図表1）を示す。

図表1　事故発生前後の状況一覧表

発生日時分	発生事実	現場従事者の対応	主催者本部の対応	備　　考
9月14日 10時0分	イベント開始。	全員各担当業務従事。	本部席待機。	
10時15分	車いす競技開始。			
10時27分	A選手とB選手とが車椅子同士衝突・転倒。B選手負傷。	即座に審判が試合をとめた。監督らが駆け寄りB選手に声掛け。即座に監督が人口呼吸開始。	役員の一人が救急車を呼ぶ（10時30分）。	
10時38分		人工呼吸終了（救急隊に引き継ぐ）。		救急車到着（10時38分）

（作成日時　平成　　年　　月　　日　　時　　分
　　　　　　　　　作成者＿＿＿＿＿＿＿＿＿＿）

（筆者作成）

7 事故を引き起こした参加者への対応

　負傷した参加者への配慮は当然であるが、事故の直接の原因行為を行った参加者にあっても、落ち度のない場合（例えば、車いすバスケットボールの試合中に双方がボールを追いかけていって衝突し、その一方の選手が死亡したようなケース）もある。このような場合、もう一人の参加者の心のケアも重要である。選手の中には、必要以上に罪悪感を持ち、自分の行動を懐疑的にみる者もいる。また、熱心に取り組み、不幸にも事故発生に関わることになった従事者もいる。おそらく、このような事故に遭遇して、何も感じないスポーツ愛好者はいないであろう。

注

1）民事責任については、改正民法が2020年4月1日から施行されることになったので注意を要する。基本的概念に変更は無いが、消滅時効などで取扱いが変更された。

参考文献

小笠原正・諏訪伸夫編（2014）体育・部活のリスクマネジメント、信山社、2014年。

（吉田勝光）

4 熱中症対策

熱中症とは何か？

　ヒトの身体は通常、産熱と放熱のバランスによって核心温度は36〜37℃の狭い範囲に調節されている。暑熱環境への曝露や運動などによって熱産生が昂進し、体温が上昇する。体温が上昇してくると、体温調節反応により皮膚血流量が増加してくる。その結果、皮膚温が上昇し、外気への熱伝導・対流により空気中へ熱を放散する。もう一つは、発汗による体温調節である。汗が蒸発するときの気化熱により、580カロリー／汗1グラムの熱を奪うことかできる。

　激しい運動や身体労作が長時間にわたると、体温調節の大部分は発汗に頼ることになる。しかし、大量に発汗するものの、流れ落ちるばかりでほとんど蒸発しなくなり、熱放散ができなくなってくる。そして、大量の発汗によって身体から水分や塩分（ナトリウムなど）が失われ、体温が著しく上昇してくる。このような体温調節機能のバランスの破綻した状態が熱中症である。

　熱中症は暑熱障害の総称であり、その病態は以下の4つに分類される。

(1) 熱失神
　皮膚血管の拡張によって循環不全となり、脳の虚血を引き起こすことにより生じる。症状として、顔面蒼白、全身の脱力感、めまい、失神などを生じる。
(2) 熱疲労
　大量に発汗して著しい脱水状態になることにより生じる。症状として、脱力感、倦怠感、めまい、頭痛、吐き気などを生じる。
(3) 熱けいれん
　大量に発汗し、水だけを摂取して血液中塩分濃度が低下した時に生じる。症状として、足、腕、腹部の筋肉の疼痛、けいれんなどを生じる。
(4) 熱射病
　異常な体温上昇（時には40℃以上）によって中枢神経障害をきたした状態をいう。症状として、頭痛、めまい、嘔吐などの症状から運動障害、錯乱、昏睡に至る。熱中症の中で最も重症であり、死亡する危険が非常に高いので、速やかに集中治療のできる医療機関に搬送する必要がある。

環境条件の把握（暑熱の指標）

熱中症発症の主たる原因は暑熱環境である。暑熱環境を表す指標には様々なものがあるが、WBGT（湿球黒球温度）は気温、湿度、気流（風）、輻射熱（直射日光）を考慮した指数であり、熱中症の発生と関連性が高く、熱中症の指標として広く用いられている。

WBGTは以下の式で計算される。

> 屋外：WBGT = 0.7Twb + 0.2Tg + 0.1Tdb
> 屋内：WBGT = 0.7Twb + 0.3Tg
> Twb：湿球温度、Tg：黒球温度、Tdb：乾球温度

熱中症の発症はこのような環境要因の他に、運動や労作などの活動要因や体調、水分・塩分の補給状態等の身体的要因など様々な要因によって影響される。したがって、運動時や労働時には、これらの要因を考慮した熱中症の発生を予防するための判定基準が用いられている。

図表1　日本生気象学会・日常生活における熱中症予防指針

温度基準（WBGT）	注意すべき生活活動の目安	注意事項
危険（31℃以上）	すべての生活活動でおこる危険性	高齢者においては安静状態でも発生する危険性が大きい。外出はなるべく避け、涼しい室内に移動する。
厳重警戒（28～31℃）		外出時は炎天下を避け、室内では室温の上昇に注意する。
警戒（25～28℃）	中等度以上の生活活動でおこる危険性	運動や激しい作業をする際は定期的に充分に休息を取り入れる。
注意（25℃未満）	強い生活活動でおこる危険性	一般に危険性は少ないが激しい運動や重労働時には発生する危険性がある。

（日本生気象学会日本生気象学雑誌、2013）

日本生気象学会は、日常生活の場での熱中症を予防するため、「日常生活における熱中症予防指針」を公表している。日常生活における熱中症予防指針は図表1に示したように、その温度基準を「危険」（WBGT：31℃以上）、「厳重警戒」（28～31℃）、「警戒」（25～28℃）、「注意」（25℃未満）の4段階に区分し、生活活動水準を「軽い」、「中等度」、「強い」の3つに分類して各温度基準域での注意すべき生活活動の目安を示している。特に31℃以上になると「危険」とされているので要注意である。近年では、熱中症予防

指針が考慮された簡易な携帯型 WBGT 計が安価に市販されており、利用すると便利である。

熱中症予防対策

1　暑熱順化

　暑熱順化とは、暑さに身体が適応した状態のことをいう。身体が暑さに慣れると、血液循環が良くなり効率良く汗がかけるようになる。大量に汗をかいても適切な水分を補給すれば体液バランスがすぐに回復するので、熱中症を発症しづらい身体になる。したがって、本格的に暑くなる前に、身体を暑さに慣らしておくことが重要となる。暑さに慣れることで、血液量や汗の量が増え、体温調節能力が高まり、結果、熱中症の予防につながる。

　暑熱順化するためには、真夏になる前、5月から6月に、例えば10分のウォーキングを1日5回、休憩をはさんで行えば、早い人で4～5日、遅くとも1週間程度で暑さに慣れることが報告されている。せっかく順化しても、運動をやめたり暑さに身体をさらさない日が続くと効果は薄れてくるので、汗をかける環境をつくり続けることが重要である。

2　こまめな水分補給

　汗の成分は水分だけでなく、塩分も含まれる。したがって、摂取する飲料は0.1～0.2％の塩分を含んだもの、特にスポーツ飲料が有効である。運動量の多い場合、適度な糖分を含んでいる方が疲労回復に役立つといわれている。

3　適度な休憩

　運動時の休憩は、「上昇した体温を下げる」「水分の補給をする」の2つの観点から極めて重要である。30分に一度程度の目安で休憩することが望ましい。また、風通しが良い日陰で休憩することはより効果的である。防具をつけるスポーツ（剣道、アメリカンフットボールなど）では運動時に使用する保護具などは休憩時には緩めるか、はずすなどして、熱を逃がすようにすることも忘れてはならない。

　運動時の服装は、できるだけ薄着で、吸湿性や通気性の良い素材にする。また、帽子をかぶる等で直射日光を防ぐようにすべきである。

4　個人差・体調の考慮

　高齢者、乳幼児や学童、仕事やスポーツをがんばりすぎる人、仕事で厚着などをする人、持病のある人、肥満者は熱中症を発症しやすいことが認められており、注意すべきである。

　さらに、スポーツの現場では、運動前・運動中に健康状態を確認する、体調の悪そうな選手・参加者がいないか注意する、体調不良を訴えたり、体調不良を相談できる雰囲気を作りをする、具合が悪くなったら早めに対応する等、必要な措置・体制を整えることが熱中症を予防するには極めて重要である。

脊椎損傷患者の対応

　ヒトの体は自律神経系の支配を受けている。自律神経系には交感神経系と副交感神経系が存在する。これらは心拍、呼吸、消化、そして発汗などの身体機能を調節する機能を担っている。前述したように、通常、ヒトの体は体温調節反応によって自動的に産熱と放熱のバランスが保たれている。しかし、障害のある人、特に脊髄損傷障害がある場合は、その障害の水準により体温調節障害が起こるので、健常者に比べて環境の変化に影響されやすい。熱放散機能、特に発汗機能に障害がある場合は、気温が上昇する期間は特に注意が必要である。

　事実、高位胸損と頚損は、汗をかく機能が低下・消失し、高位胸損は肩や頭部の発汗は可能であるが、頚損は全く発汗することができない。このような自然な発汗を行えない場合は、霧吹きで顔や手足の露出部分に霧を吹きかける、アルコール清拭で体温を下げる等、他の方法で体温を下げる必要がある。

参考文献

日本生気象学会（2013）日常生活における熱中症予防指針、ver 3、日本生気象学雑誌50（1）：49-59。

（星　秋夫）

5 障害者を対象としたイベント運営

　第2期スポーツ基本計画では、スポーツの「楽しさ」「喜び」こそがスポーツの価値の中核であり、全ての人々が自発的にスポーツに取り組み自己実現を図り、スポーツの力で輝くことにより、前向きで活力ある社会と、絆の強い世界を創ることを基本方針としている。とはいえ、過去1年間にスポーツ・レクリエーションを行った日数を障害者と障害のない人と比較してみると、成人一般が、週1回以上が51.5％（2017スポーツ庁）であるのに対し、障害者は20.8％（2017スポーツ庁）である。
　こうした状況を少しでも改善するにあたり、日常的なスポーツやレクリエーション活動の支援のみならず、障害の有無を越えて地域の人が活動の場を共有できる機会を拡大することも重要な取り組みのひとつであるといえる。その代表的なものが、「イベント」であろう。以下は、ひとりでも多くの障害者が、地域で開催されるイベントに参加できうるような働きかけとしての、ひとつの提案である。

企　画

1　コンセプト
　障害者の参加に特化したものや、障害の有無を越えて参加できるものなど、どのような人を対象としているのかを検討することが重要である。コンセプトにより、当日のプログラム内容も決まってくる。

2　時期
　足元が滑りやすい雨季を除くことを前提とし、春や秋などの季節を選ぶと良い。

3　場所
　近くでアクセスの良い場所を選ぶ。参加対象者に車いす使用者が多い場合は、車いす用のトイレの確保、エレベーター、スロープなどが設置されているかも事前の確認が必要である。スロープにおいては、障害の程度にもよるが、一人で昇ることが難しい急斜

面のスロープであるのか否かも確認しておくとよい。「動線」を確認しておくと、当日の混乱のリスクを下げることができる。また、基本的には狭い場所でのイベント開催は避けるべきである。特に肢体不自由者を対象としたイベントにおいては、衝突を避けるために物理的なスペース確保も重要である。

4　参加規模と参加対象者

障害者の参加に加え、大会運営ボランティア、視覚障害や重度の身体障害の方などが参加されるイベントであれば、そうした障害に特化し対応するボランティアなどの確保も重要である。障害の種別や程度によって、介助を必要としない人や、ある特定の場面で介助が必要な人など、参加者の情報を事前に確認しておくとよい。

5　広報

イベント情報をどのように伝達するのかは、非常に重要な視点となる。イベントの規模や参加対象により、利用する広報媒体は異なってくる。チラシやポスターなど紙媒体の広報、新聞・ラジオ・テレビなど公共の報道媒体の活用が考えられる。また、インターネットの普及や、Twitter、Facebookなどのソーシャルネットワーキングサービス（SNS）の充実に伴い、ウェブ（Web）サイトに掲載される広告の利用も増えてきている。

視覚障害の方、知的障害の方、聴覚障害の方などそれぞれの障害の種別に対応した情報の伝達（音声ガイド、字幕、点字、手話動画など）に工夫が必要である。

6　障害者の声を聞く

イベントを開催するにあたり、障害当事者（難しい場合は関係者）の声も反映すると良い。特に、当事者が参加プログラムやイベント主旨に対し何を希望し、どういった介助が必要であるかなど、当事者でないと知り得ない情報を企画担当者は知り得るからである。仮に改善点などの提案事項が提示された場合は、再度内容の検討をすることも必要である。

7　わかりやすい掲示物の作成

文字を大きめに作成し、ルビを振るなどの配慮が必要である。また、漢字を多用した文字のみでの情報伝達も避けた方がよい。さらに、必要な掲示をわかりやすい場所に設置することも、イベント開催前に確認しておくことが必要である。

当日の大会運営

1 障害者に対する対応

　最も重要なことは、参加者・スタッフ共に、イベントを楽しもうとする姿勢である。「参加して良かった」「また来たい」と思えるような雰囲気をつくりあげることは、先に述べた障害者のスポーツやレクリエーション活動の機会拡大につながりうるのである。

　次に、障害種別やレベルに照らし合わせた対応である。障害の特性を知りうるスタッフであっても、障害者がどのようなタイミングで、どういった介助が必要なのか、すべてを理解しているとはいいがたい。重要なことは、声をかけ、時に「お手伝いできることはあるか」などと当事者に聞くことである。「いらない」と回答すれば、「また何かあれば声をかけてください」といえばよいのである。こうした意思統一を、スタッフ、ボランティアでイベント直前に行っておくことも重要である。

2 動線の確保

　当日は、多くの人が出入りするため、気づかないところに物がおいてある場合もあることを予期すべきである。

終了後

1 アンケートの実施

　イベントがどのようなものであったか、参加者からのフィードバックをもらうことは重要である。

2 終了後の会議

　イベントのアンケートを集計し、考察する。参加者の声やスタッフの声を元にした改善点などを提起することにより、次回からのイベントをより良いものに高めていくことができる。

参考文献

一般社団法人日本イベント産業振興協会能力・コンテンツ委員会（2015）ユニバーサルイベント検定公式テキスト　いま、求められるユニバーサルイベント．

一般社団法人日本イベント産業振興協会、JACEブレインネットワーク（2012）チカラ解き放て　スポーツイベントで社会を元気に。
公益財団法人日本レクリエーション協会（2015）障がいのある人とない人のスポーツ・レクリエーション交流事業ガイドブック。
スポーツ庁（2017）スポーツ基本計画の概要、http://www.mext.go.jp/prev_sports/comp/a_menu/sports/micro_detail/__icsFiles/afieldfile/2017/05/12/1383656_001.pdf（参照日2017年10月10日）。

（兒玉　友・田中暢子）

第 6 章
地域支援

1 防災支援・農業支援・健康支援

防災支援①―防災の予備知識―

　大都市には、様々な災害リスクが潜んでいる。地域の多様な地域特性、都市構造、住民のライフスタイルなどを考慮して行動することが大切である。知識を身に付けるだけではなく、具体的な行動を考えなくてはならない。

1　地震発生
　発生時には以下の点に留意する。

- 地震発生の瞬間：突然の揺れに驚き、適切な判断が難しくなることから、日頃からとるべき行動を考えておくことが大切である。
- 地震後の行動：初期消火をする。ブレーカーを落とす。ガスの元栓を閉める。近所の人の安否を確認する。
- 避難の判断：避難するかしないかは人任せにせず、ラジオ・テレビや行政などからの情報、自分が確かめた情報を基に判断する。

2　災害時に助け合う
　大地震が起きたら、皆が総力を挙げなければ、乗り切ることはできない。自分や家族だけが助かればいいということではなく、周りの人と協力し、一人でも多くの人を助けることで、震災の被害を最小限にすることができる。

- 倒れている人に声を掛けて反応がなかった場合は、大声で近くの人に協力を頼む。
- 柱や梁などに挟まれた人を発見したら、周囲の人に声を掛けて協力して助ける。
- 大災害時は、負傷者が多くなり、救急車の到着が遅れ、救急活動が間に合わないことも考えられる。軽いケガなどの処置法を身に付けておく。

3　避難所の生活
　避難所の生活での留意点：避難所の生活ではルールを守り、避難者は役割分担をして

助け合いながら生活する。

> ・妊娠中の女性や産後まもない女性に対しては、健康面やプライバシーに配慮する。
> ・子供に対しては、気持ちを表出できるような空間や時間などを確保し、気分転換が図れるようにする。
> ・高齢者に対しては、明るい声で積極的に話し掛け、孤独感や不安感を抱かないよう配慮する。
> ・外国人に対しては、積極的にコミュニケーションを図るとともに、外国語を理解できる仲介者や通訳を介し、正確な情報を伝えることができるようにする。

4　家具類の転倒・落下・移動防止対策

近年の地震による負傷は、家具類の転倒・落下・移動などが原因になっている。建物の中を確認し、地震に備える。

> ・家具類の配置を工夫する：家具配置のレイアウトを工夫する。
> ・家具類の転倒・落下・移動防止対策をとる：ネジ止めが基本である。

5　建物の安全対策

安全対策としては以下のような点が挙げられる。

> ・建物の耐震化：阪神・淡路大震災の死者の多くが建物倒壊による圧死である。昔の耐震基準で建築された建物は、大地震への安全性が低いといわれている。
> ・出火・延焼を防ぐ対策：大震災時の出火原因は、主に電気の漏電や電気が復旧した際の通電火災、ガス漏れ火災、石油ストーブによるものである。自宅の住宅用消火器や住宅用火災警報器などを確認し、出火・延焼を防ぐ対策を強化する。
> ・電気・ガス・水道の点検：震災時には、電気・ガス・水道が止まることがある。復旧まで、相当の日数がかかるとされている。避難するときは、電気のブレーカーを落とし、ガスは屋外のガス栓、水道も水道メーターの元栓を閉める。あらかじめ設置場所を確認し、更に止め方、復旧の方法を覚えておく。

6　安否確認や情報収集の手段

発生時に備え以下の点に留意する。

> ・災害情報サービスへの登録：災害時には、電話が通じなくなることを想定し、連絡手段を複数用意しておく。
> ・正確な情報収集：災害時には根拠のないうわさに惑わされ、誤った行動をとってしまうことがある。公的機関やテレビやラジオ、新聞等の災害情報等信頼できる情報

を入手し、混乱することのないようにする。

7　自分たちの地域を守る

地域ぐるみの対策も心がける。

- ・防災市民組織

　近所の人たちが互いに助け合い、自分たちの町は自分の力で守るという地域の防災対策を効果的に行うための組織である。町会や自治会の防災担当などが中心になって呼び掛け、それぞれの地域の実情に合わせて編成し活動する。参加することによって、地域のコミュニティ力と防災力の向上につながる。

- ・消防団

　消防署と同じように地域の消防活動を行う組織だが、団員は、自営業、会社員、主婦、学生などの本来の仕事などを持ちながら、火災や風水害、震災などが発生した際に、消防活動を行う。

- ・防災資機材

　地域の実情を踏まえ、どのような防災資機材が必要となるかを事前に検討しておく。

8　大雨や台風に関する特別警報

以下のような警報にも留意する。

- ・大雨特別警報

　台風や集中豪雨により数十年に一度の降雨量となる大雨が予想される場合と、数十年に一度の強度の台風や同程度の熱帯低気圧により大雨となるときに発表される。大雨特別警報が発表されると、浸水や土砂災害などの重大な被害の発生するおそれが著しく大きい状況が予想される。雨がやんでも、重大な土砂災害などのおそれが著しく大きい場合は発表を継続する。

- ・暴風特別警報

　数十年に一度の強さの台風や同程度の熱帯低気圧により、暴風が吹くと予想される場合に発表される。

- ・波浪特別警報

　数十年に一度の強さの台風や同程度の熱帯低気圧により、高波になると予想される場合に発表される。この「高波」は、地震による「津波」とはまったく別のものである。

- ・高潮特別警報

　数十年に一度の強さの台風や同程度の熱帯低気圧により、高潮になると予想される場合に発表される。

9　噴火警戒レベル

　噴火警報・予報の中で発表される噴火警戒レベルは、危険度に応じてレベル1からレ

ベル5まである。

> レベル5：居住地域から避難する
> レベル4：居住地域で避難準備をする
> レベル3：居住地近くの危険地域の立ち入り禁止
> レベル2：火口周辺の立入禁止
> レベル1：特別な対応は必要ないが注意が必要

防災支援②―学生団員として―

1　防災における大学生への期待

　防災は、全ての国民、住民で対応しなければならない事態である。中でも、地域防災にあっては、若く、活動的で、体力があり、かつ時間的制約が一般社会人に比して緩やかである大学生に対する期待は大きい。近時、国家的政策として、大学生によるし消防団活動への協力要請は強い。その一つが、大学生の消防団への加入の促進政策である。

　現在、各地で大学生、専門学生等を消防団員として採用する動きが広まりをみせており、平成28年4月1日現在で3,255人の学生団員が活躍している（総務省消防庁HP）。男子学生だけでなく、女子学生の加入もみられる。

2　横浜市での入団者の募集

(1)　大学生へも呼びかけ

　横浜市は、「消防団は、普段は自分の職業や学業を持ちながら、平常時には地域の防火・防災の担い手として、また、災害発生時には、消火・警戒などの消防活動を行い、地域の防災リーダーとしての役割を担っている。近年、消防団員数は減少傾向にあり、高齢化も進んでいることから、将来の担い手となる若い団員の確保に取り組んでいる。今後、市内企業の社員の方々や大学生に入団を呼びかけ、消防団の活性化に繋げるとともに地域防災体制の一層の充実を図っていきたいと考えている。」と呼びかけている。

(2)　消防団員の身分と入団資格

　消防団員の身分は、特別職の地方公務員とされている。このため、報酬、手当等の支給やその他の処遇が受けられる。

　入団資格は、年齢18歳以上で横浜市に居住し、勤務し、又は在学している人ならば、男性でも女性でも入団できる。

(3)　横浜市学生消防団員活動認証制度

　消防団員として活躍している学生たちの活動が積極的に社会に評価されるよう、そ

の活動実績を市長が証明する制度である。横浜市の各消防団に在籍している学生消防団のうち、真摯かつ継続的に消防団活動に取り組み、顕著な実績を収め、地域社会に多大な貢献をしている団員に対し、「認証証明書」を交付するものである（平成28年1月から実施）。この証明書を就職活動の際に活用し、自分の実績をアピールできるようにする制度である。総務省が国家的に推進している。
参考資料：横浜市消防局HP（平成29年11月15日アクセス）

（櫻井智野風）

農業支援

　日本の農業は、TPP（環太平洋パートナーシップ協定）を始めとして、様々な問題を抱かえている。農業経営の面では、農業の担い手の不足（高齢化、減少化）が課題とされ、地域との関係では、地産地消、地域ブランド化の促進などが企図されている。神奈川県では、就農・農業参入支援が政策課題の一つとされ、農業に関心の有る者への働きかけを行っている（神奈川県HP）。

　横浜市は、「横浜には、歴史のなかで育まれてきた都心臨海部の緑豊かな街並み、樹林地や農地で構成される郊外の里山など、豊かな緑の環境が存在します。一方で、横浜の緑の量は、都市化とともに大きく減少してきました。そこで、市では『緑豊かな横浜を次世代に』引き継ぐため、平成21年度から、『横浜みどりアップ計画』に基づき、緑の減少に歯止めをかける取組や、市街地における緑の創出を進めています。」（横浜市HP）と市民に提唱している。この計画を確実に実行するために、横浜みどり税を市民から徴収している。

　上記横浜みどりアップ計画では、市民とともに次世代につなぐ森を育む取組み、市民が実感できる緑をつくる取組みとともに、市民が身近に農を感じる場をつくる取組みを掲げている。農を感じる取組みは、二つ掲げられ、施策1として、農に親しむ取組み（良好な農景観の保全、農と触れ合う場つくり）を、施策2として、地産地消の推進（身近に感じる地産地消、市民や起業と連携した地産地消の展開）を挙げている。

　このような横浜市の政策に沿うように、特定非営利活動法人青葉みらい農くらぶの前身となった団体（任意団体）が結成され、その後、法人格を取得し、現在も農業支援の団体として活動している。

（吉田勝光）

健康支援

　現在、国及び全国の地方自治体は、こぞって、医療費削減のため健康寿命を唱えている。高齢化による医療費の膨張により、財源が圧迫されているからである。今後、更に高齢化が進みことが予測され、いわゆる団塊の世代が後期高齢者を迎える時期には、財政の破綻さえ危惧されている。国及び地方自治体は、健康長寿を謳いながらも、寝たきり防止等をすすめ、健康づくりに力を入れている。

　一方、近年、大学の役割について検討されるにいたった。中央教育審議会（大学分科会）では、「我が国の高等教育の将来(審議の概要)」が2004年に公表され、2006年には、教育基本法が改正され「大学は、学術の中心として、……これらの成果を広く社会に提供することにより、社会の発展に寄与するものとする」（第7条第1項）と規定された。翌年の学校教育法改正により、大学の「目的」として、教育、研究の他に、社会貢献が明記された（第83条第2項）。大学に対して、社会の一員として、社会ないし地域への貢献が、確たる使命となるに至ったのである。また、大学の設置状況をみても、10年ほど前から、スポーツ系の大学のみならず、新規参入の大学・学部が健康関係の大学・学部を設立している。従来の体育学部がスポーツ科学学部といった名称に変え、その際に健康関係の教育研究環境を整備している。スポーツ系の学部には、健康づくりの部門は必要不可欠なものとなっている。

　このような状況の中で、近時では、地方自治体と大学とが連携して地域づくり（地域活性化）ないし健康づくり事業が実施されている。健康づくり事業は、様々な形で行なわれ、栄養面や体づくり面でのサポート、高齢者支援、子育て支援（母親の健康保持増進）、それらに対する環境面での支援など、多方面に渡っている。大学によっては、地方自治体の健康教室に健康運動指導を学ぶ学生を派遣したり、東日本大震災の被災者（避難所）への健康指導を実施するなどしている。

　神奈川県においては、スポーツ推進条例が2017年3月に公布され、そこでは「未病」いう、健康とも不健康ともいえない境界線上の概念が盛り込まれ、その減少・撲滅が意図されている。そして、県内の幾つかの大学と包括連携協定が結ばれている。

　横浜市においては、住民の健康寿命を延ばすために、ウオーキングポイント制度を取り入れ、一定の歩数を歩いた住民に対して、商品を抽選で付与する制度を実施している。この事業に関して、大学との連携が実施されており、桐蔭横浜大学では、青葉区と連携して、ウオーキングイベント、講演会などを開催している（320頁参照）。

参考文献

横浜市の連携事例の詳細、http://www.city.yokohama.lg.jp/seisaku/daigaku/partnership/（参照日2018年4月15日）。

大学連携に係るポータルサイト、http://www.pref.kanagawa.jp/cnt/f6238/（参照日2018年4月15日）。

（吉田勝光）

第 7 章
実習現場から

1 サービス・ラーニング実習―桐蔭横浜大学の例―

　桐蔭横浜大学スポーツ健康政策学部（神奈川県横浜市）では、「スポーツの力で社会に貢献できる人材の育成」を掲げて、2008（平成20）年の学部開設と同時に、大学で学んだ知識や技術を活かし、地域社会の様々な課題解決に向けて行動し、その体験を通して自己成長や学問のさらなる探求を目指して、大学と地域社会との協働による教育プログラム、講義科目「社会貢献論」と社会貢献活動体験実習「サービス・ラーニング実習」を展開している。ここでは、本学部の教育実践とその成果を紹介する。

1　1年間の授業の流れ

　学生は、講義「社会貢献論」において、「サービス・ラーニング実習」の事前学習・準備に取り組む。「社会貢献論」の前半授業では、現代社会における社会貢献の意義やボランティア活動の基本的理念などを学習し、後半は、「サービス・ラーニング実習」の協力機関や団体から直接、それぞれの活動理念や活動内容について説明を受けながら、社会課題の把握や課題解決の実践方法などへの理解を深めていく。その後、学生は各自の興味や関心に基づいて、社会貢献活動体験を行う実習先を選択し、大学側と相談・調整の上、決定する。

　「サービス・ラーニング実習」は、主に大学の長期休業期間（夏休みや春休み）を活用

図表1　1年間の授業の流れ

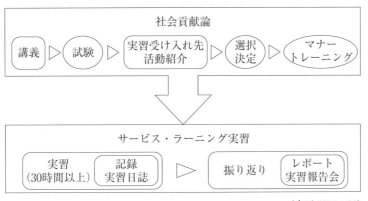

（木下 2015：34）

して行い、学生は一人あたり30時間以上の現場活動を体験する。実習終了後には、事後学習として、実習レポート（2,000字以上）の作成と実習報告会での学生同士によるグループワークショップの機会を通して、実習での学びや気づきを振り返り、その後の学生生活や学問にどう結び付けていくかを考える（図表1）。

なお、「社会貢献論」ならびに「サービス・ラーニング実習」は、学部共通の選択科目で、前期（履修は2年生以上）と後期（履修は1年生以上）の二期に開講されている。

2　運営体制

本実習を円滑に推進するために、学部教員によるワーキンググループを組織化し、実習事務機関としてサービス・ラーニングラボを設置し、専任スタッフが学生と地域の懸け橋としての役割を担う。さらに、学部はNPO法人アドバイザーネットワーク神奈川と協働事業協定を締結し、実習先の開拓やトラブル対応、学生の実習先選択相談などの助言を受けている。学生のニーズや変化する社会課題などを反映しながら、若い力が十分に発揮できるように、実習協力機関・団体と共により良い実習プログラムづくりに努めている（図表2）。

図表2　「サービス・ラーニング実習」の運営体制について

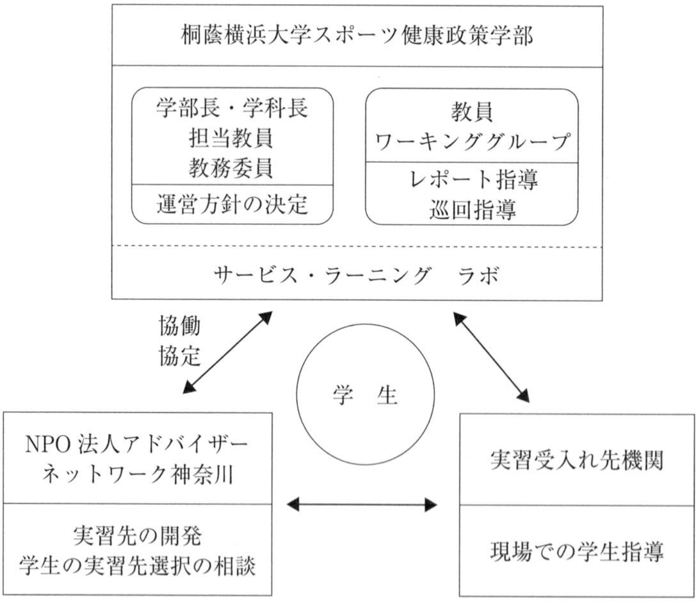

（木下 2015：35）

3　「サービス・ラーニング実習」協力機関・団体の特徴について

　「サービス・ラーニング実習」の協力機関・団体は、2009（平成21）年度はわずか12ヵ所であったが、カリキュラム改定による実習時期の拡大や履修希望者の増加に伴い、2018（平成30）年度は37の機関・団体と協働関係を築き、履修希望の学生全てを受け入れる体制を整えた。活動分野は、青少年の健全育成やスポーツ指導、学校教育支援、地域子育て支援、障がい者の生活支援、国際協力、芸術、福祉など多岐に渡り、大学のある神奈川県横浜市ほか、東京都や群馬県、山梨県、長野県、静岡県、新潟県ならびに福島県など様々な地域で展開されている。組織形態は、NPO法人や公益財団法人、一般社団法人、社会福祉法人ならびに独立行政法人などであり、株式会社などの企業はのぞく（図表3）。

4　「サービス・ラーニング実習」の成果

　学生による実習後の振り返り（実習レポート・実習報告会）と、サービス・ラーニングラボで見てきた学生の様子をもとに、「サービス・ラーニング実習」の成果を、以下の3つにまとめる。

(1)　自己成長と自己課題の発見

　実習先では、乳幼児や高齢者、障がい者や外国人など、学内では出会うことがない様々な世代の人々と関わり、多様な価値観に触れて、自己を見つめる機会が得られる。これまで体験したことがない活動に挑戦することによって、新しい知識や技術を身に着けることができたり、他者と共に活動することの楽しさや相互理解の難しさ、積極的に行動することの大切さなど様々なことに気づきを得て自己成長の機会となる。現場での活動において、自分の力量のなさを実感する場合もあり、自己課題への発見にもつながる。

(2)　社会課題への関心の高まりと自発的なボランティア活動への参加意欲の向上

　学生は、自らの力が「社会に役立つ」という達成感を得たり、関わった人々から「ありがとう」との感謝の言葉をもらうことなどがきっかけとなり、その後、社会課題への興味や関心が高まり、自発的なボランティア活動への参加意欲の向上が見られる。

　実習機関・団体で関わった先にその後も引き続きボランティア活動を継続したり、社会人となってもなお関わり続ける者がいたり、実習後、複数の学生が学内にて学生ボランティアサークル「Vinca（ヴィンカ）」を設立し、熊本地震の募金活動や地域の子どもたちへのスポーツ体験機会の提供などの活動を展開している。このほか、国立青少年教育振興機構の施設での実習後、ボランティア養成講座を受けて法人ボランティアとな

図表3 「サービス・ラーニング実習」協力機関・団体一覧（2009年度〜2017年度）

No.	名称	事業・活動分野（主なキーワード）	所在地（主な活動場所）
1	あおば学校支援ネットワーク	教育	神奈川県横浜市
2	有野実苑オートキャンプ場	オートキャンプ場	千葉県山武市
3	一般社団法人 木曽ひのきっ子ゆうゆうクラブ	総合型地域スポーツクラブ	長野県木曽郡
4	岩手県 野田村	震災復興	岩手県九戸郡
5	学校法人いいづな学園 グリーン・ヒルズ小学校	私立小学校	長野県長野市
6	神奈川県立藤野芸術の家	芸術体験	神奈川県相模原市
7	公益財団法人 東京YMCA	野外教育	長野県上水内郡／新潟県妙高市
8	公益財団法人 横浜市体育協会	スポーツ	神奈川県横浜市
9	公益財団法人 横浜市男女共同参画推進協会	男女共同参画推進	神奈川県横浜市
10	公益財団法人 横浜YMCA	青少年教育・野外活動	神奈川県
11	財団法人 日本盲導犬協会	盲導犬育成	神奈川県
12	社会福祉法人 いずみ苗場の会	福祉	横浜市
13	社会福祉法人 孝楽会 特別養護老人ホーム けやき荘	高齢者福祉事業	横浜市
14	社会福祉法人 同愛会 川崎市中央療育センター／川崎市北部地域療育センター	児童福祉	川崎市中原区／麻生区
15	社会福祉法人 横浜市青葉区社会福祉協議会	福祉	横浜市青葉区
16	障害者スポーツ文化センター 横浜ラポール	障害者スポーツ	横浜市港北区
17	杉の子会	自然体験を通して青少年の健全育成	東京都西東京市
18	桐蔭学園幼稚部・小学部アフタースクール	学童保育	横浜市青葉区
19	特定非営利活動法人 RDA横浜	障がい者乗馬	横浜市港南区
20	特定非営利活動法人 青葉みらい農くらぶ	農業体験・「農」情報発信	横浜市青葉区
21	特定非営利活動法人 オーシャンファミリー海洋自然体験センター	環境教育	神奈川県三浦郡
22	特定非営利活動法人 オックスファム・ジャパン	国際協力	東京都
23	特定非営利活動法人 神奈川県歩け歩け協会	健康ウォーキング運動	神奈川県
24	特定非営利活動法人 楠の木学園	発達障碍を有する若者サポート	横浜市
25	特定非営利活動法人 コドモ・ワカモノまちing	子ども・若者とまちづくり	神奈川県相模原市
26	特定非営利活動法人 晶の会	精神障がい者福祉	神奈川県藤沢市
27	特定非営利活動法人 スペシャルオリンピックス日本・神奈川	知的障害者スポーツ	神奈川県
28	特定非営利活動法人 チャレンジドサポートプロジェクト	障害者福祉サービス／障害者のスポーツ余暇活動	川崎市宮前区
29	特定非営利活動法人 日本ガーディアン・エンジェルス	防犯活動	東京都
30	特定非営利活動法人 日本の竹ファンクラブ	竹林整備	横浜市
31	特定非営利活動法人 日本ブラインドサッカー協会	スポーツ球技団体	東京都
32	特定非営利活動法人 びーのびーの	子育て支援	横浜市
33	特定非営利活動法人 ビッグイシュー基金	ホームレスサッカー	東京都
34	特定非営利活動法人 フリースペースたまりば	フリースクール	川崎市高津区
35	特定非営利活動法人 もあなキッズ自然楽校	保育・学童／野外活動・自然環境教育	横浜市都筑区
36	特定非営利活動法人 横浜青葉国際交流の会	多文化共生	横浜市青葉区
37	特定非営利活動法人 横浜にプレイパークを創ろうネットワーク	子どもの外遊び支援	横浜市
38	特定非営利活動法人 わくわく教室	総合型地域スポーツクラブ	横浜市青葉区
39	独立行政法人 国立青少年教育振興機構 国立赤城青少年交流の家	自然体験	群馬県前橋市
40	独立行政法人 国立青少年教育振興機構 国立信州高遠青少年自然の家	青少年教育	長野県伊那市
41	独立行政法人 国立青少年教育振興機構 国立中央青少年交流の家	青少年教育	静岡県御殿場市
42	独立行政法人 国立青少年教育振興機構 国立那須甲子青少年自然の家	青少年教育	福島県西白河郡
43	独立行政法人 国立青少年教育振興機構 国立磐梯青少年交流の家	青少年教育	福島県耶麻郡
44	梨の正果園	梨園	川崎市宮前区
45	認定NPO法人 あっとほーむ	子育て支援	横浜市都筑区
46	認定NPO法人 STスポット横浜	芸術振興	横浜市西区
47	認定NPO法人 スペシャルオリンピックス日本・東京	知的障害者スポーツ	東京都
48	認定NPO法人 スマイルオブキッズ	難病の子どもと家族の支援	横浜市南区
49	緑と大地の会	農村支援・地域振興	山梨県韮崎市
50	横浜市反町地域ケアプラザ	高齢者福祉	横浜市神奈川区
51	横浜市立東山田中学校ブロック地域学校協働本部	学校と地域の連携・協働による子どもの育成	横浜市都筑区
52	ロッジピノキオ	ロッジ運営	長野県長野市

実習協力機関・団体の数（ヶ所）: 12, 18, 20, 17, 20, 19, 21, 20, 31, 26, 31, 29, 38, 31, 38, 33

実習修了生の数（人）: 69, 68, 63, 20, 78, 59, 59, 67, 84, 90, 81, 94, 121, 84, 105, 101

■：協力年度　□：非実施年度

り、数年間に渡り自発的にボランティアに携わった学生が、その功績が認められて表彰を受けた事例もある。また、学内や地域での活動にとどまらず、全国の学生が集うイベントの実行委員や、国外のボランティア研修に参加するなど、他大学の学生とも積極的に交流しながら精力的にボランティア活動を行う学生もでてきている。

(3) 自分自身の生き方や卒業後の進路への影響

「サービス・ラーニング実習」での体験と様々な人との出会いが、自分自身の生き方を見つめるきっかけとなり、学生の将来の進路に影響することもある。例えば、東日本大震災後の震災復興活動に参加した学生は卒業後、警察の仕事に就き、小学校での教育ボランティア活動を体験した学生は、教員の道を歩んでいる。卒業後、青年海外協力隊（JICA）の一員として、海外でのスポーツ指導や教育活動に貢献している者もいる。近年は、「サービス・ラーニング実習」で関わった団体や機関に就職していくケースもある。

5　まとめ

本学部の性質上、大学入学以前に何等かのスポーツ経験を有する学生が多く、大学においても、部活動を継続する学生もいる中で、本業の学業やアルバイト等との時間的な制約もあり、ボランティア活動に興味・関心があっても実際に行動しにくい状況にあるといえる。2016（平成28）年度に行った履修学生へのボランティア活動調査結果では、これまでにボランティア活動の経験が「全くない」学生の割合は25％であった（「現在、している」は14％、「現在していないが、以前、したことがある」が61％）。

このような環境において、授業の一環（単位認定を行う教育プログラム）として、大学が地域と連携しながら学生に社会貢献活動を推進する「サービス・ラーニング実習」は、学生に地域社会に参画するきっかけを与えることができる有意義な取組みといえる。学生は、普段の環境や文化と異なる中で新たな体験を通して知識や技術を身に着けたり、多様な年代の様々な価値観の人との協同体験により社会性を身に付けたり、社会問題への関心を深めて自発的に社会貢献を実践する「人材」へと育っていく。つまり、社会に貢献する活動という「他者のため、社会のため」の行為が、学生の人間的な成長に繋がると思われる。

参考文献

木下直子（2015）　桐蔭横浜大学「社会貢献論」「サービス・ラーニング実習」、平成25・26年度奉仕活動・体験活動の推進・定着のための研究開発：社会教育行政と多様なボランティア推進主体との連携モデルの開発に関する調査報告書、pp.43-49。

木下直子（2015）　実践報告：桐蔭横浜大学スポーツ健康政策学部における「サービス・ラーニング実習」の成果と課題について、ボランティア学習研究、pp.34-38。

(木下直子)

2

「サービス・ラーニング実習」参加者の声

　2008（平成20）年からの10年間に、数多くの学生が「サービス・ラーニング実習」に参加し、大学内では出会えない異なる世代の、多様な価値観を持つ人々と出会ったり、新たな体験を通して各自が様々な学びや気づきを得ている。

　ここでは、学生時代の「サービス・ラーニング実習」を通してどのような学びや気づきがあったのか、そして、実習の体験がその後の学生生活や進路選択にどのような影響を与えたのかを卒業生7名に振り返ってもらう。さらには現在、社会人として仕事をする上で役に立っていることなどを教えてもらい、学生時代に社会貢献活動やボランティア活動に関わることの大切さについて紹介する。

佐久間　美紗貴　2015（平成27）年度卒業生／スポーツ教育学科

■ 現在のご所属

大和市消防本部

■ サービス・ラーニング実習を体験して

　私は大学1年次に、山梨県韮崎市の緑と大地の会の「サービス・ラーニング実習」に参加しました。畑作業や単管パイプを使用しての資機材庫の組み立てや、桜を摘んでのジャム作り等を体験しながら、韮崎市にお住まいの方との交流をさせていただきました。

　実習を通して最も強く感じたことは、韮崎市の人々の温かさです。実習先の地域は過疎化が進み、ご高齢の方が多く住まれていました。しかし、暮らしている人々がみんな顔見知りで、気軽に家に遊びにきて助け合って生活していました。実習の活動には、地域住民の方が必ず加わって教えてくださり、1泊2日という短い時間でしたが、多くの方々と関わり、人の温かさに触れることができました。現在の職業で大事となる「命の尊さ」や「どんな人に対しても優しく接する親切心」を築くはじめの一歩だったように思っています。

渡邉　千恵　2015（平成27）年度卒業生 / スポーツ健康政策学科

■ 現在のご所属

セノー株式会社（仕事内容：体操・バスケットゴール・バレーボール等の体育器具の製造・販売）

■ 学生時代の活動

バレーボール部（大学2年まで）、バレーボール審判

■ サービス・ラーニング実習を体験して

　私は大学1年次に、NPO法人コドモ・ワカモノまちing（神奈川県）に参加して、渋谷のNHK周辺で行われた防災イベント運営に関わりました。事前にボランティアが集まり、イベント用の作り物をして実際にそれを当日使用し、自分達で1からイベントを創りあげる楽しさを体験させて頂きました。時期が真夏だったため、熱中症にならないよう水分補給や休憩を参加者に呼びかけるなど、細かな気配りなど運営側の大変さを改めて実感しました。各ブースに来た子どもがいかに楽しんで防災を学んでくれるかと試行錯誤したり、教え方が上手い方のマネをすることで、考える力や観察力などをイベント運営を通じて身に付けられたと思います。

　また3年次には、日本ブラインドサッカー協会（東京都）の国際大会の運営に携わりました。普段、私はバレーボールの国際大会やVリーグなどの試合を近くで見ていましたが、屋外の競技ということで、また違う観点で大会運営を体験できました。私は大会の受付を担当したのですが、海外のスタッフやメディア関係者が来た際に、上手く言葉が聞き取れなかったり、片言の英語でしか対応できなく、英語力がいかに重要かを実習を通じて再確認しました。

　二つの団体での活動に参加して強く感じたことは、働いてる方の明るさや仕事に対しての誇りです。実習を通じて、私も彼らのように自分のやりたいこと、誇りを持てる仕事に就きたいと思うようになりました。

■ 後輩へのメッセージ

　時間のある学生時代に、色々なボランティアに関わることは良いと思います。その中でも、自分の興味のある分野のボランティアに参加することで、自分のやりたいことや挑戦したいことや新たな発見等があると思います。私は、ボランティア以外にもやりたいと思ったこと（バレーボールの審判やバレーボール関係のインターン、アルバイト）を学生時代に経験しました。この経験が今でも糧になっているし、そのときに出会った多くの方と今でも繋がりが持てています。

飯森　正樹　2016（平成28）年度卒業生 / スポーツ教育学科
　■ 現在のご所属
　特定非営利活動法人プレイフルキッズあざみ野（仕事内容：横浜市の放課後キッズクラブ・放課後児童支援員）
　■ 学生時代の所属
　ボランティアサークル Vinca の設立、青少年野外体験活動のボランティアリーダー
　■ サービス・ラーニング実習を体験して
　私は教員を目指していたこともあり、大学2年次に、子どもの野外体験活動を行う杉の子会（東京都武蔵野市）を選び、小中学生の夏キャンプのグループリーダーを体験しました。子どもたちがのびのびと自然の中で遊ぶ姿や、同じグループの異年齢の児童や様々な年齢の大人の言動によって、子どもの言動が変容する様子を見聞きしたことから、野外活動の体験はもちろん、異年齢の集団で過ごすことに意義を感じました。
　実習後もボランティアとして杉の子会での活動を継続しつつ、野外体験活動で共通する国立青少年教育振興機構の法人ボランティアに登録し、幅広く活動しました。卒業論文では、異年齢交流での児童の育ちに着目した研究を行い、現在は、子どもの放課後の居場所づくり事業に携わっています。学生時代の経験が、現在の仕事に強く関連しています。
　■ 後輩へのメッセージ
　様々な社会で起こる現象や社会課題に対する知識や関心がぐっと広がる学生時代。自主的に、あるいは授業を通して社会貢献活動やボランティア活動を行うことで、主体的な参画意識が身につくと思います。自分自身もボランティア活動を重ねるうちに、様々な年代の人や様々な事象に関心がある人と関わり、その結果、社会への関心がより深まり、参画意識が高まりました。

小池　祥平　2016（平成28）年度卒業生 / スポーツ健康政策学科
　■ 現在のご所属
　公益財団法人横浜YMCA・健康教育部（仕事内容：幼児や児童への水泳、体操、サッカーなどのスポーツ指導）
　■ 学生時代の所属
　水泳部

■ サービス・ラーニング実習を体験して

　私は、公益財団法人横浜YMCAの川崎YMCA（神奈川県川崎市）にて5日間、子どもたちに水泳と体操指導を行いました。クラスに入る前は、子どもたちとうまく関わって指導できるか不安でしたが、クラスが終わるとやりがいや充実感をものすごく感じることが出来ました。そのときまで私自身、子どもにあまり興味はなかったのですが、スポーツを通して子どもたちの頑張りや笑顔、初めて何かできたことで喜んでいる姿などを見て、子どもが好きになっていきました。5日間という短い実習期間ではありましたが、今後も子どもたちを指導していくことができたら、子どもたちがどのように成長していくのだろうとものすごく興味を持ちました。私はもっと続けてみたいと思い、実習後もボランティアとして指導に入らせていただきました。ボランティアを継続する中で、横浜YMCAの活動理念に共感し、卒業後、横浜YMCAに就職しました。

■ 後輩へのメッセージ

　私は学生時代、大学の水泳部の仲間と共に被災地に向かい水泳教室を行いました。参加者は小学生から高校生まで幅広く、レベルに合わせて様々な練習をしたり、レクリエーションなどをしたりして楽しいひと時を過ごす事ができました。最初はこのような状況の中で、水泳教室をすることが良くないことなのかもしれないといった思いもありました。しかし、参加してくれた子どもたちはみんな笑顔で「楽しかった」と言ってくれました。ボランティアをするかしないか悩み続けはしましたが、一歩勇気を持って何かをすることで、一人でも喜んでくれる人がいるのであれば活動してみることは良いことに繋がるのではないかと感じました。

小林　龍弥　2016（平成28）年度卒業生／スポーツ健康政策学科

■ 現在のご所属

　ジェフユナイテッド株式会社（仕事内容：チーム管理。練習、試合の準備。その他選手やスタッフ、チームや会社からの要望に対応）

■ 学生時代の活動

　サッカー部（大学4年次からは、サッカーを続けながら分析と映像編集を担当）

■ サービス・ラーニング実習を体験して

　私は大学3年次の夏休みに、山梨県韮崎市穴山で行われた小中学生の2泊3日のキャンプ（実習先：緑と大地の会）にて「サービス・ラーニング実習」を行いました。実習は子どもたちとのテント張りから始まり、キャンプでの炊事や遠足、物作りといった活動

を通して、子供たちが成長し、何かひとつでもできることを増やすことが私たち大人の役目でした。

キャンプではまず、子どもの特徴を把握する必要があり、親子関係をヒントに様々な対応を考えました。チームのキャプテンには、「一度大きな失敗をさせる」や「強めに怒る」、そして「何も口出しをしない」といった対応を試みました。その子は、怒っても鼓舞しても、何もしない子でした。いつ自分からお手伝いをするのか、友達と協力して動くのかを口出しせずに見守り続けた結果、自分の置かれている状況を理解したのか急に、チームリーダーのように行動しました。この他、子ども達に危険が及ばないようにとか、全員の名前や性格を把握しながら活動したことで、視野の広さや次に何が起こるかの予測する力が鍛えられたと思います。

私が子どもの教育や対応に力を入れた理由は、Jチーム関係の仕事で長く生きていくためには様々な能力がいると判断し、まず子ども慣れしてない自分を克服しようとしたためです。実際、今の仕事をする入り口となったのが、ジェフユナイテッドのスクールコーチでした。「サービス・ラーニング実習」を体験したことで、スクールコーチでも成功し頑張りを認めてもらい、今の仕事ができていると感じています。

また、実習後のボランティアとして、小学校のサッカー指導に何度か行ったことも力になったと思っています。子どもやサッカー指導は、現在の仕事には直接関係はありませんが、今でもスクールコーチやジュニアユースの練習に誘っていただき、仕事の幅を広げることができています。

■ 後輩へのメッセージ

学生時代を振り返り、サッカーしかしてこなかった自分を反省しています。もっと自分から行動して、知識や能力を増やし、人脈を広げておけば良かったと思いました。そう思うようになった3年次からは、「サービス・ラーニング実習」やボランティア活動、サッカー部の分析などの活動をするようになりました。ジェフへのルートができたのも、サッカー部の分析をしていたためです。

大学の先生達に、将来したいことでも何でも相談して、社会貢献活動やボランティア活動の場を提供してもらい体験すべきです。将来、やりたいことに繋がることが多いと思います。たとえそうでなくとも、社会人として必要な様々なスキルが学べると思いました。僕は視野が広がり、色々なことに気づき、気配りや発想が多くなったと思います。実際に社会人になり、このような力が大切だと実感しています。

森谷　航　2017（平成29）年度卒業生 / スポーツ教育学科

■ 現在のご所属

桐蔭横浜大学大学院スポーツ科学研究科修士課程

■ 学生時代の所属

フットサル部（主将、4年次には関東大会で得点王）

■ サービス・ラーニング実習を体験して

　私は、総合型地域スポーツクラブがどのように運営をしているのか知りたく、大学2年次に、一般社団法人木曽ひのきっ子ゆうゆうクラブ（長野県木曽郡）に関わりました。活動内容は、利用者の方と一緒にクラブの教室に参加したり、指導をさせてもらったり、場の危険管理でした。実習担当でゆうゆうクラブ理事を務める辺見元孝さんから、自分で1つの教室を考えてみるという課題を頂き取り組みました。実習中も毎日多忙な辺見さんに、「大変じゃないですか？」という質問をしたところ、「長野県の課題を解決しようとしたら、それは大変。まずはゆうゆうクラブから実践して、長野県に発信していければいいな！」という言葉が返ってきました。まさに地域スポーツクラブのミソを学んだような気がしました。

　将来は、大学教員としてフットサルの指導をする傍ら、大学フットサルの発展に携わりたいと考えています。実習で学んだことを活かし、大きな課題に取り組むことはもちろん、目の前の課題を1つずつ解決することを、今後の人生でも忘れず実践していきたいです。

■ 後輩へのメッセージ

　個人的にボランティアは、「興味がある、やってみたい」人がやるべきだと思います。嫌々やられても、逆に迷惑になるし、バイトをしてもらったほうが本人のためにもなると思います。私は子どもと関われる機会と被災地に行ってみたいという思いから、宮城県気仙沼市に1人で行ったのがボランティアに関わったきっかけです。興味があるから、経験が成長に繋がると思っているから、まだしたことのない経験・出会いが欲しいからなどの気持ちが大切だと思います。ただ難しいのが、ボランティアを始めるきっかけです。ボランティアはしたい人がすればいいではボランティアをする人は減る一方なので、「こういう機会があるんだよ」という機会の提供は、我々ボランティアを知っている人たちが絶えず伝えていかなければならないと思います。難しいですけど、知らない人は知らないのですから。

高橋　佑太　2017（平成29）年度卒業生／スポーツ教育学科

■ 現在のご所属

東京都公立学校教員（小学校）

■ 学生時代の所属

陸上競技部（走高跳）

■ サービス・ラーニング実習を体験して

　大学1年次に、あおば学校支援ネットワーク（神奈川県横浜市）を通じて、横浜市立荏子田小学校で実習をさせていただきました。活動内容として、学習支援や補助、児童との関わり、給食サポートなど、1日の学校生活を一緒に過ごして、現場の仕事を多く経験することができました。1年生から6年生までの学級に入ることがあったので、学年によって言葉の使い方や関わり方を変えることの必要性も学ぶことができました。

　私は幼い頃から体を動かすことが好きで、生徒に運動の楽しさや素晴らしさを伝えられることを目標に、中学や高校の保健体育の教師を目指していました。しかし、この実習で初めて小学校に関わり、現場の先生方は笑顔で子どもたちとの距離も近く、楽しそうに学校生活を送っている様子を見たり、多くの先生方と話す機会があり、子どもたちの成長を長く見守ってあげられることや、一緒に過ごせる時間が多いことが小学校教師の魅力であることに気づきました。実習の時には、子どもたちに積極的に話しかけたり遊んだりする中で、たくさんの笑顔に出会うことができました。先生方から学んだことがはっきり子どもたちの表情に出たことは、私自身とても嬉しく心に残るシーンの一つになりました。この体験をきっかけに、実習後も小学校で引き続きボランティアとして関わらせていただき、本格的に小学校教師を目指そうと思うようになりました。そして現在は、東京都内の公立小学校に教員として勤務しています。

■ 後輩へのメッセージ

　大学の授業や部活動などでボランティア活動に参加してみて、自分自身にとってプラスになったと思います。1つは、今まで知らなかった体験することで視野が広がったこと、そしてもう1つは、たくさんの人に「ありがとう」と言われたことです。特に感謝の気持ちを伝えてもらうと、お互い嬉しくて、さらに頑張ろうと思える起爆剤となり、次に繋がる一歩になりました。社会人になる前の大学生で、多くの活動に参加することは人生を左右する手がかりになると思います。

3

「サービス・ラーニング実習」協力機関・団体紹介

あおば学校支援ネットワーク

　子どもたちの健やかな成長のために、よりよい教育と豊かな体験活動の機会をつくりたいと考え、学校教育の分野では、ボランティアのコーディネートや授業プログラムの提案、社会教育の分野では大人向けの各種講座やフォーラムの開催、子ども向けの体験教室、居場所づくり、世代間交流を通じた青少年が参画するまちづくりなどの活動を展開しています。

　活動を継続することで、地域では体験教室やイベントに参加した子どもたちが年々成長し、年少者へ教える側へと立場を変えて参加するようになりました。生涯学習として互いに学び成長できる仕組みと、地域の人たちや企業、NPO、行政等とのつながりをつくる団体です。

【サービス・ラーニング実習受け入れ担当者より】

　学校のアシスタント・ティーチャーやイベントのマネジメント等から希望するテーマで実習します。小中学生への効果的な言葉かけや、シニア世代とともに活動する際の配慮など、いずれも様々な世代の人との関わりの中でコミュニケーションスキルを高め、社会で必要とされる力をつける機会となっています。

　失敗を経験し、難題を乗り越え、子どもたちから慕われ、大人たちから頼りにされる時間を過ごした学生さんたちは目に見えて成長し、仲間との笑顔や時には達成感の涙とともに実習を終わります。教育現場を取り巻く人やシステムを通して、地域社会の役割やあり方を考え、地域の活性化やまちづくりにつながる参加をしてもらいたいと思います。

一般社団法人　木曽ひのきっ子ゆうゆうクラブ

　ゆうゆうクラブは「スポーツ文化を広げよう！みんなの笑顔のために…」をミッションにしています。長野県木曽郡上松町の活性化の一つとして「町の健康づくり」をあげ幅広い健康スポーツ環境を確立し、ミッション達成に向けて色んな事業を展開していきます。

　スポーツというと、ただ単にカラダを動かすことだけにイメージしそうですが、スポーツには色々あります。カラダを動かす「するスポーツ」、テレビなどで観戦する「見るスポーツ」、選手を応援したりする「支えるスポーツ」。ゆうゆうクラブではこの３つのスポーツが地域を活性化させ「行動を起こすスパイス」と考えています。キーワードに「共通課題（健康づくり）」「ビジュアル」「連携」をあげ、町内の組織と連携を取りながら、事業が効率よく進められる「ネットワーク化」を促進し「スポーツ環境づくり」を展開しています。

【サービス・ラーニング実習受け入れ担当者より】
　2017（平成29）年度の実習生は１名でした。総合型スポーツクラブの活動はいったいどんな活動なのか？将来スポーツ関係を仕事に敷いていく知識を広めるという明確な目標が実習生にありましたので、「スポーツを通した町づくり」をどう進めているのか、実践を通して学んだと思います。その内容は実際に教室を体験したり、その補助を行ったり、県スポーツセンターとの懇談会や他の大学の生徒との懇談会にも参加し、いろんな情報を得て今後の将来の進路に役立つ内容だったと思います。このような事業を展開することは、将来、卒業した学生がすぐに実践力として会社や地域に貢献できる役割を担うことができると思います。大学側にも、受け入れの私たちにも、もちろん学生にも非常にメリットがある事業と考えています。

■活動に関連する資格等
・健康運動指導士
・健康運動実践指導者
・総合型地域スポーツクラブマネージャー
・同アシスタントマネージャー

公益財団法人　横浜市体育協会

横浜市くろがね青少年野外活動センター

「いつまでもスポーツが楽しめる明るく豊かな社会の実現」に向け、スポーツの普及、競技スポーツの振興、市民の健康づくりに寄与することを目指し、生涯スポーツや競技スポーツ振興事業、スポーツセンターや野外活動施設、横浜国際総合競技場、横浜国際プール、横浜文化体育館、スポーツ医科学センター、三ツ沢公園など多様な施設の管理・運営、スポーツ情報の提供、スポーツイベントの開催などを行っています。

また、スポーツ・レクリエーション人材養成講座の開催や地域連携担当職員（地域のスポーツコーディネーター）の配置をおこない、スポーツ人材の育成やスポーツを通じた地域課題の解決等もおこなっています。

【サービス・ラーニング実習受け入れ担当者より】
　学生は就職先に「教員」を希望する方が多く、「子どもとの接し方」を学ぶ好機ととらえ、積極的に話しかけるなどの光景が見られ、交流を楽しんでいる様子でした。また、日常ではあまり体験することがない野外活動を通じて、新たな「気づき」を得る機会となっていた様でした。社会人になった際は、これらの経験を基に、子どもたちや周囲の仲間へ明るく元気なパワーを伝えていっていただきたいと思います。受入れ先となった野外活動施設の設置趣意に「青少年健全育成」があり、実習を通して実習生の心の成長に資することができたとしたら幸いです。実習生を受け入れた施設としては、子どもたちと比較的年の近い学生が運営に携わったことで、お客様との交流がより活発になりました。さらに、施設職員の活気が増したように感じられました。

　■活動に関連する資格等
　　・健康運動指導士
　　・健康運動実践指導者
　　・キャンプディレクター
　　・体育施設管理士

公益財団法人　横浜市男女共同参画推進協会

アートフォーラムあざみ野

　（公財）横浜市男女共同参画推進協会は、すべての人が性別にとらわれることなく生きる権利を尊重され、個性と能力を十分に発揮して、あらゆる分野に対等に参画する豊かで活力ある社会を実現することを目的にしています。そのために、横浜市の男女共同参画センター3館を拠点として、市民の皆さんの主体的な活動を支援するとともに、情報の収集・提供、調査研究・広報啓発、学習研修、相談等の事業を展開しています。今後も、行政・企業・学校・NPO等との連携や協働により、すべての人が社会に参画することができ、人権が守られ、多様性（ダイバーシティ）が尊重される働きやすいまちづくりを目指していきます。

【サービス・ラーニング実習受け入れ担当者より】
　男女共同参画センター横浜北（アートフォーラムあざみ野）健康スタジオで行われる「心とからだのセルフケア事業」におけるヘルスケアプログラムの運営サポートが主な活動実習となりました。健康スタジオでは出産後の女性からシニア世代までの年齢層に、自分自身の心と身体をケアする大切さを伝えるプログラムを、主に女性を対象に展開しています。実習生は「女性のためのがん手術後のリハビリ体操」や、乳児の母を対象とした「産後のセルフケア」、シニア女性対象の「ロコモ・ストレッチ」などのヘルスケアプログラムを参加者と共に受講し、参加者とコミュニケーションをとり、参加者アンケートから満足度や今後のニーズを分析するなど、現場の雰囲気を肌で感じながら、日ごろの大学での学びを活かせる実習となったのではないかと思います。

　　■活動に関連する資格等
　　　・健康運動指導士
　　　・健康運動実践指導者
　　　・スポーツプログラマー（事業による）

社会福祉法人　孝楽会　特別養護老人ホーム　けやき荘

　2000（平成12）年5月に開業した、従来型の特別養護老人ホーム（介護老人福祉施設）です。入居定員は198人、短期利用のショートステイの定員は22人で合計すると220人となり、単体では横浜市内で5番目の規模となります。職員数120人のうち介護職員は90人にのぼり、食事・排泄・入浴などの生活介護を行っています。他に看護師、ケアマネージャー、生活相談員、事務員、運転手らがいます。施設周辺は豊かな自然に囲まれており、徒歩5分の農地5000平方メートルをお借りし、地域在住の高齢者とともに「けやき農園」を運営しています。けやき荘は入居者・家族・職員・地域住民すべての「幸せづくり」を理念に掲げて地域福祉を推進しています。

【サービス・ラーニング実習受け入れ担当者より】

　サービス・ラーニング実習生には高齢者介護を実践していただきながら、福祉の心構え・基本を学んでもらいたいと考えています。高齢者の日常生活を実習生に支援していただきます。24時間365日続く毎日の生活の介護がサービス・ラーニングの目的になります。本来は介護福祉士などの資格を持ったプロが担う仕事ですので活動の範囲も狭まりますが、充実したやりがいのある実習となるよう工夫します。動機は問いません。これまであまり福祉やボランティア活動に縁がなかった学生の方、将来、福祉の道に進みたいという方も大歓迎します。

杉の子会

　杉の子会は「さまざまな自然体験活動を通して子どもたちの健全育成を図る」ことを目的に、1975年に活動を開始しました。年に6回、小中学生を対象に自然体験のプログラムを実施しています。夏・冬のキャンプ、東京周辺の山、野外炊飯、都立公園でのゲーム大会など活動はいつも野外です。はじめは柳橋保育園の卒園児を中心に参加していましたが、今では卒園児以外の子どもも多く参加しています。

　ボランティアリーダーは社会人、大学生、高校生から成っており、地元だけでなく他県からも参加しています。メンバーが高校生になるとリーダーになるケースも毎年あります。リーダー会では、子どもの安全を第一に楽しいプログラムを実施するために、ディレクターを中心に企画し運営しています。

【サービス・ラーニング実習受け入れ担当者より】
　メンバー（子ども会員）たちにとって一番身近なお兄さん、お姉さんは大学生です。プログラムに参加した大学生ボランティアは、子どもたちのグループ担当リーダーとして活動します。リーダーはグループ生活がうまくいくようにアドバイス、けんかの仲裁、マナーの指導、生活の指導とプログラムに参加してともに楽しみます。

　最初は子供たちと仲良くなれるか不安に思っていた大学生も、別れる頃には仲良くなり、別れがたくなっています。この中で、他人（子供たち）の気持ちを考えることの大切さ、コミュニケーションの大事さ、多くの社会人リーダーとの交流の中で人間関係を学んでいます。又、他大学生との交流も深まっています。今では杉の子会にとって、大学生ボランティアなくしてプログラムの成立は考えられなくなっています。

桐蔭学園幼稚部・小学部アフタースクール

　幼稚園・小学校内に設置したアフタースクールを運営しています。いわゆる学童保育のような安心・安全な預かりの機能として、幼稚園・小学校内に設置されているため、移動なしでアフタースクールに参加できることが大きな特徴です。17：30と18：30の1日2回、スタッフが添乗するスクールバスによる下校も実施しています。

また、放課後の豊かな時間と学校施設を使って、毎週曜日時間を固定して実施する「定期プログラム」、イベント形式で1回〜複数回実施する「スペシャルプログラム」を企画・運営し、日々、子どもたちに多様な体験の場を提供しています。

【サービス・ラーニング実習受け入れ担当者より】
　同じ学園の幼稚部・小学部ということでご縁をいただき、実習生を受け入れさせていただくことになりました。実習生は将来、教育業界を目指す方が多く「先生になる前に子どもたちと積極的に関わりたい」や「将来に活かせるスキルを身につけたい」という強い思いをもって実習に取り組んでいます。未経験な方がほとんどですので、はじめは右も左もわからない状況ですが、実習を重ねるごとに見違えるほどの成長が見られます。
　実習を終えた方から感想を伺うと、特に子どもたちへの声かけの仕方を具体的に学べることが将来への大きな財産となるようです。実習生のみなさまが自信を持って社会に出られるよう力を入れて取り組んでいます。

■活動に関連する資格等
・放課後児童支援員
・幼稚園教諭
・小学校教諭
・保育士

特定非営利活動法人　RDA横浜

　障がいがある方々にも健常者と同じように、レクリエーションのひとつとして乗馬を楽しんでもらう機会を提供しているNPO法人です。乗馬をすることにより、活動に関わる人々及び馬とのコミュニケーションをより深め、分け隔てなく健康的な社会生活（日常生活や余暇活動の充実）ができることを目的として活動しています。主な活動は、定期乗馬会、体験乗馬会、RDA横浜杯乗馬大会、外乗遠足、講習会などです。

【サービス・ラーニング実習受け入れ担当者より】
　2014（平成26）年度からサービス・ラーニングの実習生を受け入れています。「障がい者」「乗馬」「障がいの種類」「馬」とわからないことだらけの場所に飛び込んでくるのは、高いハードルを飛ぶような感じなのではと思います。一人ひとり関わり方が違いますが、スポーツの良さを知っている学生だからこそ、種目は違いますが乗馬を楽

しむ障がい者の気持ちがわかるのではと思います。実習生の中には驚くほどの知識があり、指導する側である私たちが教わり、感心した学生もいます。皆一生懸命に取り組む姿はステキです。実習では、受け身だけではなく、積極的な行動力が必要です。授業では得られないことを習得するいい機会です。これらの経験は、社会に出た時に必ず役に立つのではないかと思います。

■活動に関連する資格等
・障がい者乗馬インストラクター

特定非営利活動法人　青葉みらい農くらぶ

　私たちは地元に広がる田んぼや畑は「地域の財産」であり、それを「次の世代にも引き継ぎたい」と思っています。そのためにはまず、農家と農家以外の人々がお互いの立場を尊重しつつ、『農』に関して共通の認識を持つことが大切だと考え活動しています。
　農家以外の人（児童から高齢者までの幅広い年代層）を対象に、実際に農作物を栽培することで農業の大変さ、楽しさを体感して貰ったり、農業・農家・農作物などの正しい知識や情報、更には『農』に育まれた知恵や文化・伝統を伝える種々のイベントや講座などを企画・運営しています。これらのイベントや講座は、農家と農家以外の人々が直に交流し、お互いの想いや意見を出し合い相互理解を深めるための機会と場という役割も担っています。

【サービス・ラーニング実習受け入れ担当者より】
　実習には想定外であったであろう要求にも素直な態度で熱心に参加して頂き、大いなる戦力として活躍して頂いたと感謝しています。今回の見聞（実習以外のことも含め）が、学生さん自身のこれからの社会生活を考える際の小さな素材の一つになれば幸いです。

特定非営利活動法人　オーシャンファミリー海洋自然体験センター

　1995（平成7）年、東京都三宅島にて、世界的な海洋生物学者である故ジャック・T・モイヤー先生が、海洋環境教育事業を行うために現在のオーシャンファミリーの前身となる「海洋自然体験事業所」を設立しました。私たちは先生の遺志を継ぎ、「海は面白くて楽しい」、「海はすばらしい」そして「海は大切だ」を合言葉に、次代を担う子どもたちを中心に海の環境教育に関する事業を行い、地球環境の保全と、持続可能な社会作りを目的に活動をしています。

　年間を通じてスノーケリングや磯の生きもの観察などの自然体験活動を行い、魚や海の生きものについて学び、さらに海から地球環境全体を考える学びの場を提供しています。

【サービス・ラーニング実習受け入れ担当者より】
　学生の皆さんには、小学生のキャンププログラムを中心に参加して頂いています。指導することは求めず、子ども達と一緒に自然に触れ、楽しんでもらいたいと思っています。体力があり、元気な皆さんは子ども達のお兄さん、お姉さんとしていつも大人気です。当団体は、私たちが何かを教えるのでなく、子ども達が体験を通してダイレクトに自然から学ぶ、「自然が先生」という考えを大事にしています。学生の皆さんには実習を通して、自然の楽しさ素晴らしさはもちろん、自然から学ぶ子ども達の姿も見てもらえれば嬉しいです。学生の皆さんと接することで、私たちも刺激を頂いています。このような機会を頂き、感謝しております。

■活動に関連する資格等
・自然体験活動指導者

特定非営利活動法人　オックスファム・ジャパン

オックスファムは、1942（昭和17）年にイギリスのオックスフォードで設立され、世界90カ国以上で活動する国際NGOです。世界20の国・地域に拠点を置き、貧困を克服しようとする人びとを支援し、貧困を生み出す状況を変えるために活動しています。オックスファム・ジャパンは2003（平成15）年に設立され、緊急人道支援、長期開発支援、調査提言活動、啓発・アウトリーチを通して、貧困のないより公正な世界の実現を目指します。また、啓発・アウトリーチの一環として、大学生や若者を対象としたユースプログラム（青少年啓発事業）を行っており、全国各地の青少年に対して地球市民理解教育を実施しています。

【サービス・ラーニング実習生受け入れ担当者より】

オックスファムでは、実習生を主にユースプログラムにて受け入れています。参加する学生たちは、最初は普段聞きなれていない国際協力や社会問題について戸惑うようにも見えますが、ユースプログラムに参加する同世代の若者たちとの対話の中で、問題が自分事になっていく姿が見られます。これまでに参加した学生の中には、その後もボランティアとして活動に参加していただけた方が多くいます。

こうした機会を通じて、より多くの若者たちが社会や他者との関係性について考え、ご自身の中での社会性を育んでいってもらえれば嬉しく思います。

特定非営利活動法人　神奈川県歩け歩け協会

この法人は、人間の本来の運動である歩けを通して「健康づくり・仲間づくり・街づくり」の歩け歩け運動を提唱し実践して、健康と体力の向上を図り、広く自然に親しみ、歩け運動を普及・推進するとともに、明るく健康な社会づくりに寄与することを目的としています。

この法人は、特定非営利活動に係る事業を行います。

(1)歩け歩け運動の普及・奨励

(2) 歩けの大会等の開催

(3) 歩け歩け運動に関する指導者の養成研修

(4) 歩け歩け運動を推進する歩け団体の未組織市区町村の解消とその育成・指導強化活動

(5) 歩け歩け運動に関する調査・研究・啓発・宣伝・研修活動

(6) 歩け歩け運動に関する関係諸団体との連絡・調整・協力

(7) 前各号に掲げるもののほか、この法人の目的を達成するために必要な事業

　会報「かながわ歩け」を月刊で17,000部印刷して、県内の行政窓口等で無料配布しています。年間650回以上の歩け企画の実施、年間参加人数は65,000人以上です。高齢社会で開催される2020年東京オリンピック・パラリンピックに向けて、科学的な理論と実技に基づき、美しく正しく楽しく歩く健康ウォーキング運動を県内で展開中です。

【サービス・ラーニング実習受け入れ担当者より】
　私たちの健康ウォーキングに参加する方々は60歳以上の高齢者が多いため、実習生は「孫」の年代にあたります。そこで若い学生が元気に参加しスタッフとして活動してもらう姿は、大いに歓迎され喜ばれています。また私たちが推進している健康ウォーキング教室などに参加することで、科学的な理論と実技に基づく健康づくりを体験することが出来ると思います。これらの経験を生かし地域での健康づくりのシステム化に取り組んで欲しいと思います。

■活動に関連する資格等
・かもめ健康ウォーキング指導者
　（1・2級）

特定非営利活動法人　コドモ・ワカモノまちing

　あらゆる感覚を使って、感動・感性・感謝の気持ちを育む『感育』をコンセプトに、子ども・若者の「内の環境＝（心、技、体、知…）」と「外の環境＝（人、自然、文化、地域、地球…）」を有機的に紡ぎ、本来の豊かなつながりのあるまちを育む＝まちing

・移動式あそび場：道路や公開空地などを遊び場や多世代交流の場にする活動

・四季の感育学校：都市と里山の交流・コドモ・ワカモノの宿泊体験型里山学校
・防災イベント＆研修：子どもや家族を対象にした防災イベントおよび研修
・3.11震災復興支援活動：被災地の子どもの居場所や遊び場づくり、地域イベントなど
・プレイワーカー育成：各地で遊び環境づくりのプロフェッショナルを育成

【サービス・ラーニング実習受け入れ担当者より】
　2017（平成29）年度の実習生には、2つの活動に参加していただきました。1つ目の「四季の感育学校」では、都市部の子どもたちと里山の大自然の中で3泊4日を過ごし、キラキラ輝く清流で遊び、360度絶景の山並みと広い空の下で、ものづくりをし、子どもたちの安全管理と共に個々の冒険心を引き出してくれました。2つ目の「NHK防災パーク2017」では、100名を超える若者たちと共に、1万5,000人の親子に楽しい防災を16プログラム提供しました。実習生たちは、家具の転倒防止について、模型を使いながらとても分かりやすく伝えていました。また、学外のたくさんのワカモノとつながれたのも大きかったようです。このようにNPO等と大学が連携して、社会を共に育むことが、次世代育成に大きく貢献すると感じています。

■活動に関連する資格等
　・プレイワーカー
　・一級建築士
　・地域コーディネーター

特定非営利活動法人　昴の会

　本法人は、精神障がい者に対する理解の普及・啓発及び社会復帰対策の充実・整備を図る事業を行い、もって居宅精神障がい者の社会的自立を援助することを目的とし、1996（平成8）年に設立されました。
　本法人は、精神障がい者の社会的自立を援助するために、就労継続支援B型事業所「カフェすばる」を運営しています。「カフェすばる」での作業は、大きく2つに分けられます。一つは、ランチの提供、昼の弁当配達、月二回の市役所でのロビー販売です。ランチはカレーと日替わり弁当で、どれも福祉事業所ならではの、素材からこだわりを持って調理されたものです。もう一つの作業は、染物やプチ・ガトーショコラの作製です。これらは、バザー等で販売しています。これらは、

メンバー（利用者）達の意向を確認しながらの作業で、メンバー達の就労へ向けてのスキルアップを目指しています。

> 【サービス・ラーニング実習受け入れ担当者より】
> 　本法人における実習を通して学んでいただきたいことは、先ず、「精神障がい」に対する正しい理解と、その上で、精神保健福祉とは何かということです。これらを少しでも理解していただければ幸いです。学生時代に、普段とは違う社会との接点を持ち、それまでとは違う価値観を持つことを体験できれば、実習の殆どの目的は達せられたと言えるのではないでしょうか。
> 　どこで行われる実習においてもそうだと思いますが、知識ではなく、体験する事によって得られる知見は本物で、これから人生を歩むにあたっての、一生の糧となります。知見を得ることは、決して難しいことではありません。積極的に、目的意識を持って実習に取り組むということが、実は、一番の近道です。
> 　そのためにも、大学で提供される貴重な講座を最大限活用し、実習を通して、これからの人生を豊かにする体験をして頂きたいと思います。
>
> ■活動に関連する資格等
> 　・精神保健福祉士
> 　・社会福祉士

特定非営利活動法人　チャレンジドサポートプロジェクト

　障がいのある人とその家族が、地域社会での快適で安全・安心な生活が実現できるようグループホームや余暇活動等を通じて、障がいのある人と家族を支援する事業を行うとともに、多くの人々と手をつなぎ、障がいの理解をすすめることで、地域福祉の増進に貢献することを目的としています。これらの事業を通して、地域で生活する障害のある方とその家族に対し、共同生活の支援、余暇スポーツ活動の支援、防災訓練等安全・安心な地域生活を送るための支援、障がいの理解推進のための支援、障害のある方の就労推進のための支援等に取り組みます。

【サービス・ラーニング実習受け入れ担当者より】
　毎年11月に川崎市高津区の高津中学校グランド・体育館をお借りし、「チャレンジドカップスポーツ大会」を開催しています。昨年は約150名の方が参加しました。実習生にはこのスポーツ大会の企画から当日の運営をお願いしています。このスポーツ大会は、日頃ふれあいの機会が少ない障害のある方たちと地域住民とのスポーツ活動を通しての交流の場として、地域に期待されるイベントに育ちつつあります。実習生には、事前に障害のある方たちとスポーツを楽しむ場を設け、楽しく有意義な場所・時間となり、自己の将来を考えるきっかけになっていただけたら幸いです。

■活動に関連する資格等
・児童発達管理責任者
・保育士
・幼稚園教諭
・児童指導員（教員免許）
・社会福祉士
・精神保健福祉士
・介護福祉士

特定非営利活動法人　びーのびーの

　核家族化、少子化が進行し地域的なつながりが薄れる中、子育てに悩む親を支援するとともに、子どもたちの健全な育成をめざし、地域の中で支え合い育て合うための施設運営事業を行い、活力のある住み良い地域社会を作ることを目的として活動しています。事業の運営においては、当事者の親世代の参画はもとより、ボランティアとして学生からシニア世代まで幅広く受け入れて活動しています。その他、新たに多世代交流から始まる"まるごと家庭支援"に取り組んでいます。

【サービス・ラーニング実習受け入れ担当者より】
　実習生は、0歳児を抱いて命の重みを感じたり、元気な幼児と力一杯遊んだり、子育て広場ではお母さんたちとも交流しながら自主的に活動しています。普段、小さな子どもと接する機会のない学生は、最初は戸惑いながらも次第にリラックスし、笑顔で対話を楽しむことができていました。子どもたちが普段スタッフに見せない表情を見せてくれることもあり、活動を通じて、命の大切さを十分感じてもらえたと思います。子育て支援について更に深く学びたいと思う学生が実習後、関連する授業を受けることができれば、一層活動経験が深まり、学生の未来にもつながっていくのではないかと感じています。

学生受け入れにより、客観的に子どもの姿を見ることができ新たな気付きがあったり、受け入れ先で「事前準備〜受け入れ〜活動報告」の情報交換を行うことにより、法人内の連携も強化・活性化にも繋がりました。

■活動に関連する資格等
　・保育士
　・社会福祉士

特定非営利活動法人　もあなキッズ自然楽校

　子どもたちの健全な育成環境を取り戻すことを目指して、もあなキッズ自然楽校は設立されました。子どもたち一人ひとりが伸び伸びと育つ場として、たくさん遊び、自然の中での様々な体験を通して感じ、気づき、発見していく過程を見守りながら、子どもたちを大切に育んでいくことを目標に、乳幼児期の子どもたちの日常的な保育事業と、小学生の放課後の居場所事業を展開し、一貫したコンセプトで0歳から12歳までの子ども達の成長を見守っています。

　未来を創る子どもたちが、子どもらしく過ごすことのできる環境を守るために、もあなキッズ自然楽校が取り組んできた体験活動の場づくりの経験を軸として、子どもの環境をデザインする事業を実施しています。未来を創る子どもたちを育成する「おとな」の育成、子どもが子どもらしく過ごすことのできる環境づくり、地域づくりなどに関わっています。

【サービス・ラーニング実習受け入れ担当者より】

　このサービス・ラーニング実習は、学生時代の中で社会と繋がる大事な経験及び好機だと思います。今までの実習生にもお伝えしてきたことですが、子どもとの実践の中では、子どもは学生である皆さんを"実習生"という目では一切みていません。実践の中では、子ども達は皆さんのことを"ひとりの大人"、もっと言えば"一人の人間"としてみているわけです。また、私たちも情動あふれる子ども達のことを"一人の人間"と

してみています。その参加の輪の中に入る以上、子ども達に向けて胸をひらき、子ども達の訴えに対して真剣に耳を傾ける姿勢が必要です。そして、自身が成長できる大きなチャンスであると思い、このサービス・ラーニング実習にのぞんでいただければと思います。

■活動に関連する資格等
・保育士
・放課後児童支援員

特定非営利活動法人　横浜青葉国際交流の会

地域住民がボランティアで自主運営している国際交流活動の拠点となる横浜市青葉国際交流ラウンジを運営しています。ラウンジでは、外国人市民を支援するために役だつ生活情報を提供したり、相談や問い合わせに応じています。外国人市民が地域の人々と親しみ、互いに異なる文化を理解するために様々な事業を行っています。運営・管理は横浜市から委託を受けています。

ラウンジの主な活動を行っている部会は、情報広報部会、事業企画部会、日本語部会の3部会と、外国人相談対応を行う窓口事務部です。情報広報部会は多言語での生活情報の提供、広報紙「青葉ラウンジニュース」の発行などをしています。事業企画部会は地域の住民と外国人との相互理解、親睦を目的として色々なイベントを行っています。日本語部会では地域の外国人向けに日常生活に必要な日本語を中心に授業を行っています。また、外国につながりをもつ子どもたちのために、学習補習や日本語学習をサポートしています。窓口事務部では、日本人スタッフと外国人スタッフが来館者や電話の相談・問合せに応じています。

【サービス・ラーニング実習受け入れ担当者より】
　横浜青葉国際交流の会の担当者としましては、当会の紹介のために貴校をお伺いした時からこの事業は始まっておりました。紹介をしている最中も沢山いる学生さんたちの中から、どんな方が私たちの会に興味を持って積極的に関わってくれるのかと期待と不安でいっぱいでした。実習受入初日に3人の学生

さんたちにお会いした時に、その不安は吹き飛びました。3人ともとても明るく、それぞれのご経験から国際交流に大きな関心を持っていらっしゃることがわかり、担当者としても嬉しい限りです。

実習にはラウンジで実施している外国人向けの日本語教室、地域住民向けのイタリア語教室、外国につながる児童の保護者を支援するSCS事業部の研修会のサポートや、情報広報部会、国際児童画の事業内容説明、窓口事務部外国人スタッフによる外国人相談の実情などの実習を行いました。それぞれの活動の中で、学生さんたちはとても興味を持って積極的に参加していらっしゃいました。これから社会に出て行かれる中で、沢山の異文化に出会われることと思います。その時には是非、横浜青葉国際交流の会での経験を思い出して頂き、「多文化共生」というキーワードをもとに更に積極的に外国の方々に関わって頂きたいと思います。

横浜青葉国際交流の会に大学生の方々が実習という形でかかわって頂く事で、当会としても今後の展開の方法がひらけてくると思います。是非これからも受け入れをしたいと考えております。

特定非営利活動法人　横浜にプレイパークを創ろうネットワーク

失われやすい、子どもが自由に遊べる空間、一緒に集える仲間、自分だけの時間、それらを大切にしているのがプレイパークです。そのプレイパークをもっと広げて、増やしていきたい、知ってもらいたいと動いているのが、私たち横浜にプレイパークを創ろうネットワークです。

【サービス・ラーニング実習受け入れ担当者より】
実習生は、皆、真面目で真摯に実習を行う等、実習態度が良好でした。子どもやプレイパーク活動に興味を持って来る学生さんが多く、現場で実際に子どもや親御さん達と接する中で、自分自身の育ちを重ねたり、将来親になることに思いを馳せていた学生さんがいて、嬉しく思いました。学生さんが来ると子ども達ばかりでなくママ達も近しい存在と感じる様で、交流が出来て場に活気が生まれることが有難いと感じます。こちらからは、プレイリーダーの仕事や役割を知る中で、今問われる子どもが抱えている問題を感じてもらいたいとの思いや、地域との連携が見える事柄や企画があれば伝えたいと接していました。短い時間の中で出来た繋がりは大事にしたいと思い、終了後にも遊びに来て欲しいと声かけしています。実

習を通して感じた事や学んだ事を、将来社会に巣立っていく時に何かの形で活かしていって欲しいと願っています。

　実習生は日誌に記録することで自身の1日を振り返り、翌日に繋げていました。現場でも日々の振り返りの時に、気付いたことをプレイリーダーと共に聞くことで、新しい視点や違った角度から見えた事等を知り、受け入れ団体としての学びも多くありました。前回の実習報告会に参加した感想ですが、活動現場での体験を生き生きと発表していた実習生達を目にし、体験することの重要性を強く感じました。グループの話し合いも体験を通して学んだ事を共有していく作業があり、コミュニケーションを取る等の配慮が感じられました。サービス・ラーニングのねらいが達成されていると感じました。

特定非営利活動法人　わくわく教室

　地域の方々の御協力を頂き、地域住民の皆さんのアイディアによって自主運営され、地域の特色を生かし、健康のため、更に地域活性化となるよう活動しています。

【サービス・ラーニング実習受け入れ担当者より】

　毎日の地域の運動・文化の活動指導の補助（放課後の運動指導）が主な仕事です。主に子供の教育や指導等に役立つと思います。地域の桐蔭横浜大学への評判は良く、指導補助で来てくれた学生は本当に良く働いてくれ、子供達や父兄からの信頼度も高いです。又、参加してくれた学生がそのままクラブのコーチとして指導者になってくれています。手伝ってくれた学生が卒業後も指導者、教員等になり頑張ってくれていることをすごく嬉しく思います。「わくわく教室（総合型地域スポーツクラブ）」の歴史を一緒に作って下さい。

独立行政法人国立青少年教育振興機構　国立赤城青少年交流の家

　国立赤城青少年交流の家は、1970（昭和45）年4月（昭和46年4月開所）に全国7番目の国立青年の家、『国立赤城青年の家』として誕生しました。国の中央省庁等改革により2006（平成18）年4月に「独立行政法人国立青少年教育振興機構」に移管され、『国立赤城青少年交流の家』となりました。当所は、百名山に選ばれた赤城山南麓の森林に囲まれた中にあり、眼下に関東平野が広がり、榛名山や妙義山、秩父連山等の山々を望むことができます。この豊かな大自然の中、共に学びあえる施設づくりに努めています。赤城の自然の中で、自然体験活動・スポーツ・創作活動ができます。また、食事の配膳や寝具の準備・片付け、清掃なども自ら行うなど、生活体験もプログラムと考えている「社会教育施設」でもあります。

【サービス・ラーニング実習受け入れ担当者より】

　昨年度まで毎年8月に、当所の看板教育事業である「赤城やまなみチャレンジキャンプ」が実施されました。このキャンプは、7泊8日の長期キャンプであり、1週間かけて、赤城山七山登頂制覇していきます。桐蔭横浜大学からサービス・ラーニング実習生として、毎年受け入れを行っております。マネジメントスタッフとして、特に力仕事をメインに運営に関わり、また参加者の子どもたちに対しても積極的に関わっていく様子がたくさん見られました。事業運営だけでなく、子どもたちと1週間関わることで、たくさ
んの学びや気づきが得られたようです。最終日には、参加者たちと涙、涙のお別れになり、それだけこのキャンプに対し、一所懸命取り組んだことの証がその姿として表れたものであると言えるでしょう。

　昨年度の実習生が、今年度のキャンプに、法人ボランティアとして、スタッフの一員となって参加してもらったという実績も生まれました。実習で学んだことを十分に生かし、2年目にはスタッフの核となって、キャンプを運営していきました。担当者として、2年間この実習生と関わり、その成長ぶりには驚くとともに、大変頼もしくも感じました。

　この実習生のように、1年目は実習生として、2年目は法人ボランティアのスタッフとして、やまなみチャレンジキャンプに関わっていく流れを、できることなら今後も続いていってほしいと切に願います。ちなみに2018（平成30）年度から、赤城山だ

けでなく榛名山も舞台として1週間のキャンプを実施します。

■活動に関連する資格等
・自然体験活動指導者（NEALリーダー）

独立行政法人国立青少年教育振興機構　国立信州高遠青少年自然の家

　壮大な南アルプス・中央アルプス・八ヶ岳連峰の秀峰を望む「晴ヶ峰高原」の雄大な自然の中で「自然の豊かさを見つけよう！考えよう！味わおう！楽しもう！」をキャッチフレーズに、次世代を担う青少年の健やかな身体と豊かな心を育むことを目的とした教育施設です。当施設で体験できる主な活動は、「ハイキング」「登山」「自然観察」「野外炊飯」「テント泊」「キャンプファイヤー」「オリエンテーリング」「食文化体験」「創作活動」「冬の運動（そり・歩くスキー・スノーシュー）」などがあります。星空がきれいなことが特色で、300mm望遠鏡や双眼鏡を使って年間を通じて星空観察ができます。天候が悪い場合でもプラネタリウムで星の学習をすることもできます。

【サービス・ラーニング実習受け入れ担当者より】
　桐蔭横浜大学からのサービス・ラーニング実習生を受け入れるようになってから5年目になります。実習生たちは、外見も気持ちもすがすがしい若者ばかりです。当施設での実習は、子供達が1泊2日で体験活動をする事業のサポートをしてもらうことが多いのですが、法人ボランティアの大学生と一緒に朝早くから夜遅くまで子どもたちのサポートやミーティングに関わってくれています。今後もたくさんの実習生を受け入れることにより、学生にとっても施設にとっても有意義なサービス・ラーニング実習になることを期待しています。

■活動に関連する資格等
・自然体験活動指導者（NEALリーダー）
・社会教育主事任用資格
・法人ボランティア

独立行政法人国立青少年教育振興機構　国立中央青少年交流の家

「国立中央青少年交流の家」（当時は「国立中央青年の家」）は1959（昭和34）年に設立された日本で最初の国立青少年教育施設です。「体験活動を通した青少年の自立」を教育理念に掲げ、様々な体験活動の機会を提供し、青少年一人ひとりの成長・発達を促し、その自律と社会性の涵養を目指しています。世界文化遺産に登録された富士山を間近に望み、首都圏や中京圏からも近く、富士山麓トレッキングやウォークラリーなどの多様な自然体験ができます。また、大小の研修室やクロスカントリーコース（1.6km）等のスポーツ設備も充実しており、学びや活動の場として最適です。

【サービス・ラーニング実習受け入れ担当者より】

実習生は、「教育事業」では企画・運営の基本的な知識・技術の習得に努めます。特に「わくわくキャンプ」は、実習生やボランティアが中心に企画・運営を行い、子供たちの成長を支援します。また、「研修支援」では利用者の受入対応や団体の研修を支援し、職業人として求められる基礎的なマナーを身につけます。

例年6月に実施しているボランティア養成研修は、教育事業の参加者への関わり方や心構えを学ぶため、その後に参加する教育事業に比較的スムーズに入っていけ、より深く実習を行うことができます。このことから、事前にボランティア養成研修も受講することが望ましいと考えています。どのような職業に就くことを希望しても、実習で身につけた社会意識や基礎的なマナーは生かしてほしいと願っています。特に青少年教育に携わることを希望している実習生は、青少年教育施設に対する関心を深め、さらに指導者に求められる資質やスキルの向上に努めて欲しいと思います。

■活動に関連する資格等
・自然体験活動指導者
　（NEAL リーダー）
・社会教育主事任用資格
・法人ボランティア

独立行政法人国立青少年教育振興機構　国立那須甲子青少年自然の家

　独立行政法人国立青少年教育振興機構では、青少年をめぐる様々な課題へ対応するため、教育的な観点からより総合的・体系的な一貫性のある体験活動等の機会や場を提供しています。

　また、青少年教育指導者の養成及び資質の向上、青少年教育に関する調査及び研究、関係機関・団体等との連携促進、青少年教育団体が行う活動に対する助成を行い、我が国の青少年教育の振興及び青少年の健全育成を図ることを目的としています。

　国立那須甲子青少年自然の家（以下、「自然の家」という）は、国立第2番目の少年自然の家として昭和51年に設置され、毎年10万人以上、今日までに500万人を超える方々に利用して頂いています。自然豊かな日光国立公園内の約130万 m^2 の広大な敷地に本館・キャンプ場・野外炊事場等が点在しています。阿武隈川源流での環境学習、森林をめぐるハイキング、パウダースノーを楽しむ歩くスキー・スノーシューなど、自然体験活動を通した学びを大切にする「川と森の楽校」です。

【サービス・ラーニング実習受け入れ担当者より】
　自然の家では、大学との連携・協力のもと社会教育実習等を受講する学生を対象として、青少年教育の現状及び青少年教育施設の役割について、体験を通して学習する機会を提供するために社会教育実習生等の受け入れを行っています。実習の内容は、自然の家の業務を通した実習及び期間中に利用している小中学校の活動プログラムや教育事業の補助として活動することが多いです。

　年齢が近い実習生は、子供たちと親密に関わり、様々な体験活動の補助に入り、事業成功の大きな原動力となっています。その中で、子供たちとの接し方においても向上が見られます。また、自然の家職員からの助言や実習生同士の話し合いで、活動上の不安や悩みを解消することができ、社会教育への関心が更に高まっています。

■活動に関連する資格等
・自然体験活動指導者
　（NEAL リーダー）
・社会教育主事任用資格
・法人ボランティア

独立行政法人国立青少年教育振興機構　国立磐梯青少年交流の家

　国立磐梯青少年交流の家は、磐梯朝日国立公園の磐梯山南側に位置し眼下には雄大な猪苗代湖を望み、近くには多くの湖沼群を有する裏磐梯などの豊かな自然環境が広がっています。登山やハイキング、スキー、天体観測、会津の歴史探訪、防災・減災教育などを提供しています。体験活動を通して様々な"感動"を得ることができます。

【サービス・ラーニング実習受け入れ担当者より】
　2017（平成29）年8月に「チャレンジ・ジオキャンプ（13泊14日）」を実施し、ボランティアとして活動してもらいました。特にスポーツ科学を学んでいる視点から、長距離歩行にふさわしい歩き方、水分補給、テーピングの処置などについて専門的な助言やサポートを頂きました。また、子供たちが体力面できつい状況下において、「がんばろう！」など元気になるような声掛けを頂き助かりました。子供たちにたくさんのエネルギーを与えてくれました。お陰様で事業を成功裏に終えることができました。ありがとうございました。

■活動に関連する資格等
・自然体験活動指導者
　（NEAL リーダー）
・社会教育主事任用資格
・法人ボランティア

認定 NPO 法人スマイルオブキッズ

　神奈川県立こども医療センターから徒歩5分ほどの場所で、患者家族滞在施設「リラのいえ」を運営しています。医療センターには全国から難しい病気を治療するため入院されるお子さんが大勢いらっしゃいますが、付き添うご家族は病院に泊まることができませんので、滞在施設をご利用いただきます。ボランティアの協力により、ご自宅から遠く離れた横浜で闘病生活を送られるご家族が、経済的にも精神的にも安心して

過ごす事が出来る環境作りを心掛けています。また、「リラのいえ」のホールでの入通院するお子さんのきょうだい児預かり保育の実施、重症心身障がい児への音楽支援活動等で、病気や障がいを持つお子さんとご家族を支援しています。

【サービス・ラーニング実習生受け入れ担当者より】
　2009（平成21）年度から大学との連携により快く受け入れられ、事業柄緊張感のある施設と思われがちですが、利用者とスタッフがごく普通の雰囲気で家庭的である事を感じているようです。作業は入院する子ども達が利用する事で、普段目や気がつかない所までも清掃が必要とされます。電話や慣れない土地での利用者には、より丁寧な対応が望まれます。事業を進める上で欠かせない支援者である個人・企業・団体・行政との関わり方なども勉強してもらいます。滞在施設という実習・研修から、厳しい病気の我が子を家族が離れ離れで見守る現場を体験し、命・健康・家族の絆がより大切な事と感じているようです。

■活動に関連する資格等
・保育士

緑と大地の会

　会の目的は、地域資源を活用して、世代間や地域間交流を深め地域社会の活性化や青少年の健全育成に寄与することです。山梨県韮崎市に古民家「結いの家」を開き、現地の拠点として次のような活動をしています。

　地域社会支援として、耕地の再生、遊休耕地の活用や農作業の手伝い、また、公民館活動や移住定住促進等の韮崎市の政策に協力しています。生涯学習支援として、優しく賢くたくましい青少年の育成を目指して、「子ども寺子屋」、野外教育活動、社会参加体験の受け入れをしています。

　さらに、ふるさとの風土を次世代により良く伝えるために、フェアツーリズムに則って地域資源の開発として、耕作放棄地を再生して「花の谷造り」を進めています。

【サービス・ラーニング実習生受け入れ担当者より】
　社会貢献論の座学に肉付けができるようにと考えて、実習生を受け入れています。山梨県韮崎市での泊まりがけの実習となりますが、地域社会が実習の場になるように、市役所や地域の関係団体等との連携をコーディネートしています。

実習の内容は、主に地域のニーズに応じた社会貢献活動であり、地域の方々と触れ合うことができるように配慮しています。地域で抱える問題や課題に気づき、その解決に汗を流すことは、積極的な社会参加の姿です。韮崎市での実習が、社会の形成者としての資質・能力を養う原体験になることを願っています。

実習期間中は、スタッフと共に合宿生活です。生活全般を通して活動をし、振り返り、意見交換をしながら実習の充実を図る配慮をしています。実習に限らず、現地の拠点古民家「結いの家」訪問大歓迎です。

横浜市立東山田中学校ブロック地域学校協働本部

東山田中学校は2005（平成17）年、神奈川県初のコミュニティ・スクールとして開校、その後2009（平成21）年には中学校区4校を対象に学校支援地域本部を発足しました。これらの実績を土台に、2018（平成30）年より中学校区ブロック4校で、学校運営協議会と地域学校協働本部を両輪としてスタートし、小中一貫教育と地域とともにある学校を推進しています。

（具体的実施事業）
・中学校キャリア教育コーディネート：1年「プロに学ぶ」、2年「職場体験」、3年「模擬面接」「赤ちゃんふれあい授業」
・小学校学級支援：特別支援・一般級の児童見守り、校外学習付き添い、コーディネート、宿泊体験付き添い
・小中学生対象の土曜日・放課後学習支援：やまたろうクラブ、Jクラブ
・土曜日等の活動企画・コーディネート：土曜クラブ、やまたろうBOSAI、テュフガールズデー
・地域と学校との情報の共有：コミュニティカレンダー、ホームページ「やまたろうねっと」

【サービス・ラーニング実習受け入れ担当者より】
放課後の学習支援なので、夜間17：30〜20：30までの活動ですが、熱心に来校して対象の中学生に丁寧に接して教えてくれています。大学生にとって中学校の英語や数学は簡単だと思われがちですが、いざ教えるとなると難しく、わからない生徒にどの

ように教えればわかって貰えるか工夫が必要です。そうしたことにも気づいて、教科書を持ち帰りあらかじめ教える準備をするなど適確に対応してくれています。教える事を通じて子ども達と接し理解し、我々やまたろう本部との付き合いを通じて、地域社会の仕組みや社会貢献の在り様などを学び、成長してく
れることを期待しています。これからの学校は地域と共に子どもを育てることが求められています。地域には大学生も含まれます。特に教職を目指す学生がこうした学習支援に参加してくれることは大きな助けとなりますし、また本人にとって社会の入り口への良い経験の場になると思います。大学自らが地域支援・社会貢献のカリキュラムを組んでいただけることに感謝いたします。

4

官学連携事業での健康支援ボランティア

青葉区（横浜市）との連携事業「青葉バラウオーク」開催

　平成29年5月20日（土）には、本学と横浜市青葉区と連携事業の一環として、田園都市線たまプラーザ駅近くの「美しが丘公園」から「荏子田太陽公園」（通称バラ公園）に至るコース（5.9km、約8,000歩）で、ウオーキングイベント「青葉バラウオーク」を開催した。青葉区との連携ウオークとしては平成27年11月の第1回目「秋のファミリーミステリーウォーク」から4回目となる。毎回学生たちが以前とは異なったコースを考えて実施した。今回は、45人の応募があったが、事前に、当日の気温が高くなるとの報道（実際は27.7度でした）が盛んになされており、そのせいか、30名の参加で実施することになった。

　今回のバラウオークは、学生が特に熱心で、2月あたりからコース開設のための下見を幾度も（多い学生は6度）した。コース周辺の美しが丘地区は、町並みがきれいなところで、地元の方々によっても、幾つかのウオーキングコースが作られている。そこで、学生たちは、これらのコースとは一味違ったコースを開設することに意欲的だった。何度も下見や情報収集（歩行者や住民の方々への聞き取り）を行った。このようにして出来上がったのが、今回のコースである。青葉区外の菅生緑地（川崎市）もコースに組み入れたのは、その考えによるものである。

　当日朝に配布したウオーキングマップの作成も学生が行った。数人のマップ班が、修正を幾度もしながら完成させた。できるだけ学生のアイデアを尊重した。多少の手直しをしたものの、もう少し、もう少しとよく頑張ってくれた。今回も、イベントの宣伝のためラジオ出演（地域ラジオ「アフタヌーン・サルース」、FMサルース「バリューラジオあおば」）の声かけをいただいた。学生にとって貴重な経験となった。新3年生は、おしゃべりの好きな学生が多く、呼びかけに積極的に応じてくれた。

　当日は、美しが丘公園での学生による準備運動から始まった。学生たちとの話し合いで、参加者へは、沿道の風景や施設への説明をすること、積極的に話しかけることなどを打合せし、かつ参加者の皆さんを一人ぼっちにしないようにした。アンケートを見る

と、これは成果があったようである。

参加者からは、「初めて行った花桃の丘に大感動、美しが丘に住んでいるのに驚き！！」「青葉区に住んで40年近くになりますが、知らないところも多いと思いました」「菅生緑地、緑が多く涼しく良かった」「若い学生さん達とのコミュニケーションで、元気良く楽しく歩けました」「初対面の人や学生さんと話ができて楽しかったです。一人暮らしなので…」といった感想をいただいた。

このときの様子は、田園都市線沿線地域のテレビ及びラジオの放送で紹介された。

（吉田勝光）

写真　案内する学生

あ と が き

　お忙しい身でありながらご執筆いただいた先生方に、この場を借りて心より感謝申し上げます。おかげさまで、学生の社会貢献について多様な分野の専門的な観点から学ぶ知見を得ることができました。

　さて、この本の執筆は、神奈川県から桐蔭横浜大学スポーツ健康政策学部に対して「かながわパラスポーツコーディネーター養成会」を依頼されたことが発端でした。神奈川県では、平成27年1月に「かながわパラスポーツ推進宣言」を発表し、全ての人が自分の運動機能を活かして同じように楽しみながらスポーツをする、観る、支えることを実現するための取り組みを進めようとした背景があったのです。ここでの依頼は、手引きの執筆、その手引きに基づいた神川県内3カ所での講習会が主要な内容でした。講習会を終えた後、専門家の先生方に執筆いただいた手引きの内容について、これを機会に一冊の本にしたいという話が担当メンバーの中で持ち上がりました。丁寧な説明等を載せるには執筆いただいた手引きの分量があまりにも少なかったということ、何よりも専門家の先生方に書いていただいた内容が手引きのみで終わるのはもったいないということからでした。

　ほぼ1年をかけて本書ができあがりました。何よりも社会貢献を真剣に考えている多くの方に本書をご活用いただくことが重要です。とりわけ、社会貢献を学ぶ意欲を持ち、実際の現場で活動する学生諸君に使ってもらえれば嬉しい限りです。

　最後に、この本の制作にあたり、中心的に関わっていただいた吉田勝光先生、田中暢子先生、櫻井智野風先生、加藤知生先生に感謝申し上げます。また、出版に際しては成文堂の篠崎雄彦様に多大なご援助をいただきました。この場を借りて御礼申し上げます。

2018年8月

桐蔭横浜大学スポーツ健康政策学部長
松　本　格之祐

事項索引

(注) 頁については、掲げる用語の定義や概要を解説する箇所を中心にて摘示した。
　団体の法的性格をあらわす株式会社、特定非営利活動法人などは、配列順の基準とせず、それらを除く名称を基準とした。
　「以下」の表記は、同一用語が同一項目で再掲される場合に使用している。

ア

アイシング（Icing） 224以下、245
アイスパック 245
あおば学校支援ネットワーク 293、294
青葉みらい農くらぶ 301
アクティブストレッチング 228
アシスタントマネージャー 92、295
アスレティックトレーナー 89
新しい社会的養育ビジョン 130
悪化防止 243
圧迫（Compression） 246
アドバイザーネットワーク神奈川 282
アドボケイト 42
RDA横浜 300
アンガーマネジメント 197
アンケート 267
安全対策 224以下
暗点 57

イ

一次救命処置（BLS） 250以下
一級建築士 305
一般財団法人 153
一般社団法人 153以下
一般の注意義務違反 255
移動支援従事者ガイドヘルパー 88
イベント 225、254以下、265以下
　──検定 87
インクルーシブ 120、135
　──教育 120以下
　──教育システム 120以下
インクルージョン 82
インストラクション 205以下

インペアメント 52、78

ウ

ウエルビーイング 39
ウオーミングアップ 219、227
うつ病 70、96
運動 199以下
　──・トレーニング指導 200
運動強度 202以下、217
運動指導 199、205以下、210以下
　──論 199以下、205以下、210以下、215以下
運動処方 199
運動部活動 118以下
　──の在り方に関する総合的なガイドライン 118
運動量 217

エ

AED（自動体外式除細動器） 250以下
営利組織 152
エクササイズ（EX） 202
HRR 202
NGO 6、8以下、157
ata Alliance（エーティーエー・アライアンス） 86
NPO 6以下、8以下、157、186
NPO法人 6以下、8以下、10以下、107、159、161
NPO法人制度 8
エリクソン 100
エンゼルプラン 103
エンパワメント 41以下

オ

応急処置 234
応急手当 243以下
オーシャンファミリー海洋自然体験センター 302
公の施設 161以下
オタワ憲章 41
オックスファム・ジャパン 136以下、303
オリンピック・パラリンピック・ムーブメント 135

カ

介護医療院 173
外国人 134以下
介護施設 173以下
介護福祉士 88、307
介護保険施設 173
介護療養型医療施設（療養病床） 176以下
介護老人福祉施設（特別養護老人ホーム） 175
介護老人保健施設（老健） 176
「介助者＝手足」論 21
ガイド者 75以下
海洋自然体験センター 189以下
過換気症候群 249
学習指導要領 117
学生団員 274
学童 102
過呼吸 249
過失 254以下
学校教育法 11、121
学校教育活動 115以下
学校支援 159

学校支援ボランティア……………110
学校法人………………………157以下
神奈川県歩け歩け協会…………303
かもめ健康ウオーキング指導員……304
体の弱い子ども…………………129
加齢…………………………93以下、141
感音難聴…………………………58
眼球打撲…………………………248
感情障害（気分障害）……………70

キ

企業の社会貢献……………………11
義肢装具士…………………………88
寄宿舎……………………………126
基礎トレーニング…………………220
木曽ひのきっ子ゆうゆうクラブ
　………………………………292、296
機能的クラス分け…………………77
気分障害………………………67、70
キャンプインストラクター………86
キャンプディレクター………86、296
救命講習……………………………90
救命処置…………………………243
教育基本法………………………121
教員免許状…………………………91
共益団体…………………………152
胸髄損傷……………………………57
行政責任………………………254以下
共生社会…………………33以下、82、135
共同体主義……………………18以下
胸骨圧迫………………………250以下
挙上（きょじょう。Elevation）……246
　以下
切り傷……………………………247
筋力トレーニング………………212

ク

クオリティ・オブ・ライフ（QOL）
　……………………………………98
具体的注意義務違反……………255
クラブマネージャー…………91、295
クラシファイヤー…………………77
クラス分け………………………77以下
クーリングダウン………………227
クールダウン……………………224
グループホーム（共同生活援助）
　………………………………………169以下
車いす……………………………72以下
　――使用者……………………71以下
車椅子バスケットボール………78以下
車椅子ラグビー…………………78以下

ケ

ケアリング…………………………42
軽過失…………………………256以下
刑事責任………………………254以下
頚髄損傷……………………………57
軽度難聴…………………………58
ケガ……………………218以下、235
ゲゼルシャフト……………………167
結果回避義務違反………………255
結果予見義務違反………………255
月経………………………………142
欠損…………………………………57
ゲマインシャフト…………………157
限局性学習障害（SLD）……………64
健康……………………39以下、139以下
　――管理………………………43
　――支援……………………271以下、320
　――寿命………………………139
　――スポーツ…………………193以下
　――づくり……41以下、139以下、201以下
健康運動実践指導者………89、295、296
健康運動指導士……………89、295、296
健康・体力づくり事業財団………89
言語障害……………………………55
権利能力…………………………152

コ

故意………………………………256
公益財団法人……………………153
公益社団法人……………………153
公益団体…………………………152
光覚弁………………………………58
コーチ………………………………85
　――クリニック……………………85
公的組織…………………………152
高度難聴……………………………58
孝楽会特別養護老人ホームけやき
　荘………………………………298
高齢化…………………………93、177
　――率…………………94、177以下
高齢者………………93以下、215以下
高齢社会…………………………178
高齢者、障害者などの移動などの円
　滑化の促進に関する法律（バリア
　フリー法）…………………………36
国際オリンピック委員会（IOC）……9
国際貢献……………………………5
国際障害者分類（ICIDH）…………50
国際生活機能分類（ICF）…………50
国際ボランティア…………………19
国立赤城青少年交流の家………312
国立信州高遠青少年自然の家…313
国立青少年教育振興機構………189
国立中央青少年交流の家………314
国立那須甲子青少年自然の家…315
国立磐梯青少年交流の家………316
個人主義………………………18以下
子育て支援……………………105以下
骨折………………………………248
子ども………99以下、102以下、110以下、115以下、125以下、130以下、206以下
　――の権利条約…………………99
　――の貧困…………………130以下
子ども・子育て支援新制度………103
子ども食堂………………………133
コドモ・ワカモノまちing……288、304
コミュニティ……………………166
　――づくり……………………166
　――の再生……………………166
ゴールデンイヤーズ…………33以下

サ

災害リスク………………………271
最小障害……………………………53
財団法人…………………………154
債務不履行責任………………254以下
作業療法士…………………………88
笹川スポーツ財団………………194
里親制度…………………………131
サービス・ラーニング実習……17、281以下、287以下、294以下

シ

ジェンダー……………………143以下

CSR（企業の社会貢献）	4、11	
CSV	4	
資格	84以下	
視覚障害	53以下、57、75以下、77以下、82以下	
──者	55以下、75以下、266	
自覚的運動強度（RPE）	203	
指数弁	58	
次世代育成支援対策推進法	103	
施設・設備の瑕疵	256	
自然体験活動	186	
──指導者	302、313、314、315、316	
肢体不自由	53、128	
実習現場	279以下	
失明（全盲）	58	
指定管理者	161以下	
──制度	161以下、186	
児童	99	
──指導員	307	
──施設	130以下	
指導員	85	
自動体外式除細動機（AED）	250	
児童発達管理責任者	307	
児童発達支援	181	
児童福祉法	99、180	
児童福祉法等の一部を改正する法律	130	
自発性のパラドックス	24以下	
CPR（人工呼吸による心肺蘇生）	250	
自閉症スペクトラム障害（ASD）	63	
JICA（国際協力機構）	6、137	
社会教育主事任用資格	313、314、315、316	
社会貢献	39以下	
──活動	3以下、13以下、39以下、151	
──論	281以下	
社会的養護	130	
社会福祉士	88、306、307、308	
社会福祉法人	107	
社会モデル	51以下	
社団法人	154	
重過失	256	
柔軟性トレーニング	212	
手動弁	58	
手話通訳士	88	
巡視	207	
障害	49以下、55以下	
障害児	125以下	
──施設	180	
障害者	47以下、53以下、61以下、66以下、71以下、75以下、77以下、85以下、169以下、210以下、265以下	
障害者基本法	48、52、67	
障害者差別解消法（障害を理由とする差別の解消の推進に関する法律）	35、48、122	
障がい者乗馬インストラクター	301	
障害者自立支援法	48、169	
障害者スポーツ	77以下、159、193、224	
障がい者スポーツ医	84	
障害者スポーツ指導者	84	
障がい者スポーツコーチ	84	
障がい者スポーツトレーナー	84	
障害者総合支援法	48	
障害者権利条約	52、122	
障害受容	69	
小学校	110以下	
──教諭	300	
少子化社会	102以下	
──対策基本法	103	
少人数学級	125	
少年	99	
少年自然の家	187以下	
消防団員	274	
女性	139以下	
暑熱環境	262	
暑熱順化	263	
自立活動	125	
人工呼吸	250以下	
身体障害	47、53以下	
──児	55	
身体障害者	55、211	
──手帳	53以下	
身体障害者福祉法	49、53	
身体組成	140	
心肺蘇生	250以下	
心拍数	202	

ス

水泳指導士	90
杉の子会	289、299
スキー指導員	86
スクーバダイビングライセンス	86
スクールバス	126
スタティックストレッチング	228
ストレス	194
ストレッチング、ストレッチ運動	201、216、226、227以下
昴の会	305
スペシャルオリンピックス日本	85
スポーツ外傷	218
──・障害	218
スポーツイベント検定	87
スポーツ活動	218以下、224以下、228以下
スポーツ基本法	5、6、33以下、185、254
スポーツ基本計画	33以下
スポーツクラブ	161
スポーツ現場	224以下
スポーツ支援	196
スポーツ実施率	146
スポーツ指導者	255以下
スポーツ傷害	218以下
スポーツ障害	219
スポーツ振興法	34、185
スポーツ振興基本計画	164、193
スポーツ団体	158
スポーツ庁	33以下、136
スポーツデンティスト	89
スポーツ・フォー・トゥモロー	135
スポーツプログラマー	297
スポーツボランティア	27以下
スポーツボランティア養成プログラム	87
スマイルオブキッズ	316
すり傷	247

セ

生活困窮者自立支援制度	132
性差	140
青少年交流の家	186以下
青少年自然の家	187以下

事項索引

青少年野外活動センター ………… 189
精神障害 ………………… 47、66以下
　──者 ……………………… 213以下
精神保健福祉士 …………… 306、307
精神保健福祉法 ………………………… 49
精神障害者保健福祉手帳 ……………… 49
静的ストレッチング ………………… 229
青年海外協力協会 ………………… 135以下
青年海外協力隊（JOBC） ……………… 5
青年教育支援 ………………………… 160
成年年齢 ……………………………… 99
青年の家 …………………………… 186以下
政府開発援助（ODA） ………………… 5
世界保健機関（WHO） ……………… 50
脊髄損傷 ………………… 56、78、264
赤十字救護ボランティア ……………… 90
セクシュアリティ …………………… 143
セクシュアルハラスメント ………… 197
セクシュアル・マイノリティ ……… 148
セックス ……………………………… 143
切断 …………………………………… 57
設立準拠法主義 …………………… 158
セルフストレッチング …………… 228以下
全国大学実務教育協会 ………………… 87
全身持久力 …………………………… 212
漸増運動負荷テスト ………………… 202
全日本スキー連盟 ……………………… 86
全盲（失明） …………………………… 58

ソ

組織 ………………………………… 151以下
双極性障害（感情障害） ……………… 70
総合型地域スポーツクラブ ……… 164以下
相互作用 …………………………… 208
ソーシャルサポート ……………… 40以下
ソーシャルネットワーキングシステム
　（SNS） ………………………… 266
損害賠償責任 …………………… 254以下

タ

体育施設運営士 ……………………… 91
体育施設管理士 …………… 91、296
ダイナミックストレッチング ……… 228
第2期スポーツ基本計画 …… 33以下、
　164、265
ダイバーシティ …………………… 135

WBGT（湿球黒球温度） …………… 262
体力 ………………………… 91以下、141
団体 ………………………………… 151以下

チ

地域貢献 ……………………………… 5
地域子育て支援拠点事業 …………… 105
地域コーディネーター ……………… 305
地域支援 ………………………… 269以下
地域未来塾 ………………………… 132
知的障害 ……………… 47、61以下、81以下
　──者 ……… 81以下、212以下、266
知的障害福祉士 ……………………… 88
知の発達 …………………………… 128
知能指数 ……………………………… 81
地方自治法 ………………………… 162
チャレンジサポートプロジェクト
　………………………………… 306
注意義務違反 …………………… 255
注意欠如多動性障害 ………………… 64
注意能力 …………………………… 255
中央教育審議会 ……………………… 11
中学校 …………………………… 115以下
中等度難聴 ……………………………… 58
中途失聴者 ……………………………… 58
聴覚言語障害 ………………………… 53
聴覚障害 ………… 55、58、75以下、82
　──者 ……………… 75以下、82、266
重複障害 ……………………………… 47
治療教育 …………………………… 179

テ

ディスアビリティ …………………… 52
テーピング ……………………… 234以下
伝音難聴 ……………………………… 58
てんかん ……………………………… 62
　──発作 ……………………… 62以下
電動車いす …………………………… 71

ト

桐蔭学園幼稚部・小学部アフタース
　クール …………………………… 299
動機づけ …………………………… 195
東京オリンピック・パラリンピック
　競技大会組織委員会 ……………… 31
東京2020大会 ………………………… 31

東京2020大会に向けたボランティア
　戦略 ………………………………… 31
統合失調症 ……………………… 67、70
同性愛者 …………………………… 148
動線 ………………………………… 266
動的ストレッチング ………………… 233
特定非営利活動促進法 ……… 8以下、157
特定非営利活動法人（NPO法人）
　…………………………… 10、155
特別警報 …………………………… 273
特別支援学校 …………………… 125以下
特別支援教育 …………………… 120以下
独立行政法人 ……………………… 156
トレーニング指導士 ………………… 91

ナ

内部障害 ………………………… 53以下
難聴 …………………………………… 58

ニ

2020年東京オリンピック・パラリン
　ピック競技大会 ……………… 33以下
日本国憲法 ………………………… 121
乳児 …………………………………… 99
乳幼児 ……………………………… 102以下
認知症 ………………………………… 97
認知症対応型共同生活介護 ………… 169
認定コーチ研修会 …………………… 85
認定特定非営利活動法人（認定NPO
　法人） ……………………… 10、150
日本イベント産業振興協会 …………… 87
日本オリンピック委員会（JOC） … 158
日本キャンプ協会 …………………… 86
日本障がい者スポーツ協会 …… 84、159
日本スポーツ協会 …… 85、158以下、194
日本スポーツ振興センター ………… 156
日本スポーツ精神医学会 …………… 69
日本スポーツボランティアネットワ
　ーク ……………………… 32、87
日本赤十字社 ………………………… 90
日本ソーシャルフットボール協会 … 67
日本体育施設協会 …………………… 90
日本知的障害者福祉協会 …………… 88
日本ドリームバスケットボール協会
　…………………………………… 67
日本パラリンピアンズ協会 ………… 36

事項索引　*329*

日本パラリンピック委員会（JPC） ……………………………………… 159
日本ボランティアコーディネーター協会 ……………………………… 88
日本レクリエーション協会 ………… 87
任意団体 ………………………… 157、161

ネ

熱けいれん ………………………… 261
熱傷（やけど） …………………… 249
熱失神 ……………………………… 261
熱射病 ……………………………… 261
熱中症 …………………………… 261以下
熱疲労 ……………………………… 261

ノ

農業支援 ………………………… 271以下
脳性麻痺 …………………… 59、78以下

ハ

配慮なき放り込み（ダンピング）… 123
%HRmax …………………………… 202
発育年齢 …………………………… 141
発達支援 …………………………… 181
発達障害 ………………………… 61以下
発達性協調運動障害（DCD）… 64以下
パートナーストレッチング …… 228以下
鼻出血（鼻血） …………………… 248
ハラスメント …………………… 196以下
パラリンピック種目 ………………… 78
バリスティックストレッチング … 228
パワーハラスメント ……………… 197

ヒ

ピアジェ …………………………… 100
非営利組織 ……………… 8以下、152
非政府組織 ……………………… 8以下
びーのびーの ……………………… 307
病気の子ども ……………………… 129

フ

ファシリテーション ……………… 42
ファーストエイド ……………… 243以下
フィットネストレーナー …………… 90
フィランソロピー ……………… 4、11
フェアトレード ……………………… 6

福祉レクリエーションワーカー …… 87
普通の過失 ………………………… 257
不法行為責任 …………………… 254以下
フリースクール（フリースペース） …………………………………… 159
プレイワーカー …………………… 305
プロボノ ……………………………… 11
噴火警戒レベル …………………… 273

ヘ

平均寿命 …………………………… 139
ペーパーバック法 ………………… 249
ヘルスプロモーション ……………… 41

ホ

保育士 ……… 300、307、308、309、317
法人 …………………………… 152以下
　──制度 ……………………… 152
法人法定主義 ……………………… 153
法人ボランティア …… 313、314、315、316
放課後子供教室 …………………… 107
放課後子ども総合プラン ………… 107
放課後児童支援員 …… 91、300、309
放課後児童クラブ ………………… 107
放課後児童健全育成事業 ………… 107
放課後デイサービス（放デイ） …………………………………… 182以下
冒険遊び場 ………………………… 108
防災支援 …………………………… 274
暴力的指導 ………………………… 198
保健体育授業 ……………………… 117
補聴器 ……………………………… 58
ボッチャ …………………………… 79
ボランティア … 5、18以下、27以下、110以下、117以下、123、266、284、320
ボランティア活動 … 3、6以下、11以下、14以下、18以下、110以下、284以下
ボランティア元年 ……………… 18以下
ボランティアコーディネーター …… 88
ボランティア実務士 ……………… 87
ボランティア保険 ………………… 111
ホモフォビア ……………………… 148
本拠地法主義 ……………………… 158

マ

マニュアル ………………………… 225

ミ

緑と大地の会 ………… 287、290、317
民間組織 …………………… 152、186
民間非営利組織 ……………………… 8
民事責任 ………………………… 254以下
民法の一部を改正する法律 ……… 99

メ

メセナ ………………………… 4、11
メッツ（METs） ………………… 202
メッツ・時 ………………………… 202
メタアナリシス（メタ解析）… 40以下
メンタルヘルス …………………… 194

モ

もあなキッズ自然楽校 …………… 308
燃え尽き症候群 …………………… 196

ヤ

野外活動 …………………………… 185
　──（関連）施設 …………… 185以下
野外教育 ………………………… 185以下
　──団体 ………………………… 186
薬物療法 …………………………… 69

ユ

有酸素運動 ………………… 201、212
ユニバーサルツアーインストラクター …………………………………… 86
ユニバーサルイベント検定 ………… 87
指文字 ……………………………… 127

ヨ

幼児 ………………………………… 99
養成講習、養成講習会 ………… 84以下
幼稚園教諭 ………………… 300、307
横浜市青葉国際交流ラウンジ … 137、309
横浜市体育協会 …………………… 296
横浜市男女共同参画推進協会 …… 297
横浜にプレイパークを創ろうネットワーク ……………………………… 310

事項索引

横浜市立東山田中学校ブロック地域
　学校協働本部……………………318
横浜YMCA………………………290

ラ

ライス（RICE）処置…………244以下
ライフスキル……………………195

リ

理学療法士…………………………88

陸上競技……………………………78
リスクマネジメント…………254以下
離断…………………………………57
療育……………………………179以下
療育機関………………………179以下
療育施設…………………………181

レ

レジスタンストレーニング………201
Rest（安静）…………………244以下

ロ

聾……………………………………58
老化…………………………………93
ろう者………………………………59
老人性難聴者………………………58
老老介護…………………………178

ワ

わくわく教室……………………311

執筆者一覧（50音順）

安藤 佳代子（あんどう かよこ）	日本福祉大学スポーツ科学部助教
井上 誠士郎（いのうえ せいしろう）	石金病院外来医長
今泉 隆裕（いまいずみ たかひろ）	桐蔭横浜大学スポーツ健康政策学部教授
内田 匡輔（うちだ きょうすけ）	東海大学体育学部教授
大野 哲也（おおの てつや）	桃山学院大学社会学部教授
奥田 睦子（おくだ むつこ）	京都産業大学現代社会学部教授
片山 富美代（かたやま ふみよ）	桐蔭横浜大学スポーツ健康政策学部教授
加藤 彩乃（かとう あやの）	信州大学全学教育機構助教
加藤 知生（かとう ともお）	桐蔭横浜大学スポーツ健康政策学部教授
河﨑 賢三（かわさき けんぞう）	桐蔭横浜大学スポーツ健康政策学部教授
木下 直子（きのした なおこ）	桐蔭横浜大学スポーツ健康政策学部サービス・ラーニング実習プログラムディレクター
木原 洋一（きはら よういち）	桐蔭横浜大学スポーツ健康政策学部専任講師
工藤 保子（くどう やすこ）	大東文化大学スポーツ・健康科学部准教授
兒玉 友（こだま ゆう）	日本福祉大学スポーツ科学部助教
櫻井 智野風（さくらい とものぶ）	桐蔭横浜大学大学院スポーツ科学研究科教授
佐藤 国正（さとう くにまさ）	桐蔭横浜大学スポーツ健康政策学部専任講師
佐藤 豊（さとう ゆたか）	桐蔭横浜大学スポーツ健康政策学部教授
澤江 幸則（さわえ ゆきのり）	筑波大学体育系准教授
渋倉 崇行（しぶくら たかゆき）	桐蔭横浜大学大学院スポーツ科学研究科准教授
杉山 文乃（すぎやま あやの）	筑波大学体育系助教
髙峰 修（たかみね おさむ）	明治大学政治経済学部教授
田中 暢子（たなか のぶこ）	桐蔭横浜大学スポーツ健康政策学部教授
服部 英二（はっとり えいじ）	桐蔭横浜大学スポーツ健康政策学部客員教授
星 秋夫（ほし あきお）	桐蔭横浜大学大学院スポーツ科学研究科教授
松本 格之祐（まつもと かくのすけ）	桐蔭横浜大学スポーツ健康政策学部教授
吉田 勝光（よしだ まさみつ）	桐蔭横浜大学スポーツ健康政策学部特任教授
渡 正（わたり ただし）	順天堂大学スポーツ健康科学部准教授

実践で学ぶ！ 学生の社会貢献
―スポーツとボランティアでつながる―

2018年10月1日　初版第1刷発行

編著者	田中　暢子
	松本　格之祐
	吉田　勝光
	桜井　智野風
	加藤　知生
発行者	阿部　成一

〒162-0041　東京都新宿区早稲田鶴巻町514
発行所　株式会社　成文堂
電話03(3203)9201(代)　FAX03(3203)9206
http://www.seibundoh.co.jp

製版・印刷・製本　藤原印刷　　　　　　　検印省略

©2018　N. Tanaka, K. Matsumoto, M. Yoshida, T. Sakurai, T. Kato
Printed in Japan
☆乱丁・落丁本はおとりかえいたします☆
ISBN978-4-7923-8080-9 C3075

定価（本体2700円＋税）